Administração com Arte

Eduardo Davel
Sylvia Constant Vergara
Djahanchah Philip Ghadiri
(organizadores)

Administração com Arte

Experiências Vividas de Ensino-aprendizagem

Adelaide Maria Coelho Baêta
Alexandre de Pádua Carrieri
Amyra Moyzes Sarsur
Ana Sílvia Rocha Ipiranga
Catherine Gosse
Djahanchah Philip Ghadiri
Edinice Mei Silva
Eduardo Davel
Gelson Silva Junquilho
Jace Theodoro
José Luis Felicio dos Santos de Carvalho
José Roberto Gomes da Silva
Luiz Alex Silva Saraiva
Marcelo Dantas
Marcos Barros
Maria Ester de Freitas
Maria Gorete Dadalto Gonçalves
Maria Tereza Leme Fleury
Mary Jo Hatch
Mary Kimiko Guimarães Murashima
Miguel Pina e Cunha
Neusa Rolita Cavedon
Nicole Racette
Renato Guimarães Ferreira
Samara R. Bernardino Hoffmann
Stéphanie Chasserio
Stephen Linstead
Steven S. Taylor
Sylvia Constant Vergara
Sylvia Helena Constant Vergara
Tânia Fischer
Thomaz Wood Jr.

SÃO PAULO
EDITORA ATLAS S.A. – 2007

Capa: Zenário A. Oliveira
Composição: Negrito Produção Editorial

Dados Internacionais de Catalogação na Publicação (CIP)
(Câmara Brasileira do Livro, SP, Brasil)

Administração com arte : experiências vividas de ensino-aprendizagem / Eduardo Davel, Sylvia Constant Vergara, Djahanchah Philip Ghadiri (organizadores). – São Paulo: Atlas, 2007.

Vários autores.
Bibliografia
ISBN 978-85-224-4723-7

1. Administração 2. Administração – Estudo e ensino 3. Arte I. Davel, Eduardo. II. Vergara, Sylvia Constant. III. Ghadiri, Djahanchah Philip

07-1445 CDD-658.007

Índice para catálogo sistemático:

1. Administração com arte : Ensino e aprendizagem 658.007

Depósito legal na Biblioteca Nacional conforme Decreto nº 1.825, de 20 de dezembro de 1907.

Impresso no Brasil/*Printed in Brazil*

Editora Atlas S.A.
Rua Conselheiro Nébias, 1384 (Campos Elísios)
01203-904 São Paulo (SP)
Tel.: (0_ _ 11) 3357-9144 (PABX)
www.EditoraAtlas.com.br

Sumário

Nota sobre os autores

ADELAIDE MARIA COELHO BAÊTA, doutora em Engenharia de Produção pela COPPE-Universidade Federal do Rio de Janeiro, professora e coordenadora do Curso de Mestrado Profissional em Administração – MPA, das Faculdades Integradas de Pedro Leopoldo.

ALEXANDRE DE PÁDUA CARRIERI, doutor em Administração pela UFMG, professor adjunto no Departamento de Administração da Face/Universidade Federal de Minas Gerais e no CEPEAD/UFMG. É coordenador do Núcleo de Estudos Organizacionais e Simbolismo situado na UFMG.

AMYRA MOYZES SARSUR, mestre em Administração pela CEPEAD/FACE da UFMG e doutoranda em Administração pela FEA/USP. Atua como Pesquisadora, Consultora e Professora convidada em instituições de ensino e pesquisa, tais como a Universidade Federal de Minas Gerais (UFMG/Nig.one), o Instituto de Educação Continuada (IEC/PUC-MG) e a Fundação Dom Cabral (FDC).

ANA SÍLVIA ROCHA IPIRANGA, doutora em Psicologia do Trabalho e da Organização pela Universidade de Bologna (Itália), professora das disciplinas sobre desenvolvimento gerencial (graduação) e sobre gestão do conhecimento (mestrado acadêmico) dos cursos de Administração da Universidade Estadual do Ceará (UECE).

CATHERINE GOSSE, comediante independente, titular de uma especialização em Ciências Humanas, formada pela técnica de Augusto Boal do Teatro do Oprimido de Paris, bem como pelas técnicas de atores do Actor Studio, atuando profissionalmente em escolas e universidades, em setor sanitário e social em empresas.

DJAHANCHAH PHILIP GHADIRI, doutorando na Judge Business School, University of Cambridge, Inglaterra. Ele lecionou cursos de gestão nos programas de Especialização e MBA na HEC Montreal.

EDINICE MEI SILVA, doutora em Engenharia de Produção pela UFSC e professora de Marketing do Departamento de Ciências da Administração da UFSC.

EDUARDO DAVEL, Ph.D. em Administração pela École des Hautes Études Commerciales de Montreal, Canadá, e professor na Université du Québec à Montréal (TELUQ/UQAM), Canadá (Télé-Université), nas áreas de gestão e comportamento organizacional. Pesquisador e professor associado ao CIAGS da Escola de Administração da Universidade Federal da Bahia (UFBA).

GELSON SILVA JUNQUILHO, doutor em Administração pela Universidade Federal de Minas Gerais. Professor Adjunto do Programa de Pós-Graduação em Administração da Universidade Federal do Espírito Santo.

JACE THEODORO, foi repórter e comentarista da TV Vitória (ES) e, atualmente, é assessor de imprensa da Previdência e colunista do jornal *ES Hoje*. É graduado em Comunicação Social pela Universidade Estácio de Sá, Rio de Janeiro. Como bailarino profissional, atuou nas mais importantes companhias de dança cariocas.

JOSÉ LUIS FELICIO DOS SANTOS DE CARVALHO, doutor e mestre em Administração pela PUC-Rio, Bacharel em Artes Cênicas pela UNI-Rio e Bacharel em Administração de Empresas pela UFRJ, onde atualmente coordena o curso de graduação em Administração e ministra as disciplinas Introdução à Administração e Teoria das Organizações, entre outras.

JOSÉ ROBERTO GOMES DA SILVA, doutor em Administração de Empresas pela PUC-Rio, professor do IAG/PUC-Rio em disciplinas na área de organizações, entre as quais Teoria Geral da Administração e Organizações Contemporâneas. É pesquisador, autor de diversos artigos e consultor de empresas.

LUIZ ALEX SILVA SARAIVA, doutorando em Administração pela Universidade Federal de Minas Gerais, Vice-diretor e Coordenador do Curso de Administração da Faculdade de Ciências Administrativas e Contábeis da Fundação Comunitária de Ensino Superior de Itabira.

MARCELO DANTAS, doutor em Sociologia das Organizações pela Universidade de Paris VII – Dennis Diderot –, pesquisador do Centro Interdisciplinar de Desenvolvimento e Gestão Social (CIAGS), coordenador do Programa de Atividades em Desenvolvimento Local, Cultura e Turismo (PACTU) da UFBA e professor/pesquisador na Escola de Administração da Universidade Federal da Bahia.

MARCOS BARROS, mestre e doutorando em Administração pela HEC Montréal (Canadá), professor de Teoria das Organizações na Universidade de Salvador. Autor de artigos ligados à Teoria crítica e Terceiro setor.

MARIA ESTER DE FREITAS, professora titular da EAESP/FGV, doutora em Administração de Empresas com Pós-doutorado em Administração Intercultural – HEC/FRANÇA.

MARIA GORETE DADALTO GONÇALVES, doutora em Comunicação e Semiótica pela Pontifícia Universidade Católica de São Paulo. Professora Adjunta do Departamento de Desenho Industrial da Universidade Federal do Espírito Santo.

MARIA TEREZA LEME FLEURY, doutora e mestre em Sociologia pela FFLCH/USP, professora titular e diretora da FEA/USP. É autora de vários livros e inúmeros artigos e capítulos em livros publicados no Brasil e no exterior. Nos últimos anos, tem ensinado e pesquisado em instituições e universidades de países como Inglaterra, França, Japão e Coréia.

MARY JO HATCH, *C. Coleman McGehee Eminent Scholars Research Professor of Banking and Commerce* na McIntire School of Commerce da University of Virginia, Estados Unidos. Ph.D. pela Stanford University. Foi professora na San Diego State University, na University of Virginia, na Copenhagen Business School e na Granfield University.

MARY KIMIKO GUIMARÃES MURASHIMA, doutora e mestre em Letras pela PUC-RJ. Professora ajunta de cursos regulares de Pós-graduação e Graduação do Instituto de Letras da UERJ. Na FGV, participa do Programa *FGV Online* de ensino a distância como Coordenadora de Pós-graduação.

MIGUEL PINA E CUNHA, doutor em gestão pela Universidade de Tilburg, professor de Comportamento Organizacional na Faculdade de Economia da Universidade Nova de Lisboa.

NEUSA ROLITA CAVEDON, doutora em Administração pelo PPGA/EA/UFRGS, Mestre em Administração pelo PPGA/EA/UFRGS e Mestre em Antropologia Social pelo PPGAS/UFRGS. Professora adjunta da Escola de Administração da UFRGS, pesquisadora do CNPq.

NICOLE RACETTE, professora de Contabilidade na Télé-université, Université du Québec au Montréal, Canadá. Ensina disciplinas de Contabilidade, como Financiamento de Riscos, Contabilidade Gerencial e Controle de Riscos. Seu interesse de pesquisa volta-se para a motivação em educação superior a distância.

RENATO GUIMARÃES FERREIRA, doutor em Administração de Empresas pela FGV-EAESP, onde atua como professor dos cursos de Graduação, Pós-Graduação e Educação Continuada. Tem se dedicado nos últimos anos particularmente ao estudo da gestão de carreiras, com ênfase em mecanismos de orientação profissional e de apoio ao desenvolvimento de competências.

SAMARA R. BERNARDINO HOFFMANN, mestre em Administração pela UFSC e professora de Gestão Cultural na Faculdade Energia (FEAN), Florianópolis.

STÉPHANIE CHASSERIO, doutoranda em administração pela École des Sciences de Gestion, Université du Québec au Montréal, especialista de gestão de recursos humanos e análise organizacional e responsável pedagógica pelo MBA *Manager d'entreprise* do Instituto Internacional de Gerência, Conservatório Nacional de Artes e Ofícios, Centro de Ensino de Lille.

STEPHEN LINSTEAD, Ph.D em Administração e doutorado em Teoria Organizacional. Professor de Teoria Organizacional e Estudos Críticos em Administração na Universidade de York, Reino Unido. Ensina filosofia e processo de pesquisa, métodos qualitativos e estudos críticos em administração.

STEVEN S. TAYLOR, Ph.D em Estudos Organizacionais pelo Boston College, mestre em Artes Cênicas pelo Emerson College e bacharel em Ciências Humanas pelo Massachusetts Institute of Technology. Seus trabalhos foram publicados em revistas como *Human Relations, Organization Studies, Journal of Management Studies, Journal of Management Inquiry, Tamara* e *Action Research.*

SYLVIA CONSTANT VERGARA, doutora em Educação, mestre em Administração, pedagoga, professora titular da Ebape/FGV. Seu interesse de pesquisa inclui ensino, pesquisa e estudos organizacionais.

SYLVIA HELENA CONSTANT VERGARA, mestre em Gestão Empresarial, especialista em Recursos Humanos, advogada e pedagoga. Leciona em programas de pós-graduação e de extensão da Fundação Getulio Vargas e de consultoria autônoma. Autora de livro e artigos sobre o direito do consumidor.

TÂNIA FISCHER, doutora em Administração pela USP, pedagoga, professora titular da Escola de Administração da UFBA e coordenadora do Centro Interdisciplinar de Desenvolvimento e Gestão Social (CIAGS). Coordena também o Programa de Capacitação Docente em Administração da ANPAD e pesquisa sobre ensino de Administração.

THOMAZ WOOD JR., doutor em Administração de Empresas e professor titular da FGV-EAESP. Seus interesses de pesquisa envolvem o fenômeno da "estetização" nas organizações.

Agradecimentos

Somos agradecidos a Claudiani Waiandt e Maria Tereza Flores-Pereira que generosamente realizaram a tradução para o português de alguns capítulos desta obra. Além disso, agradecemos aos diversos autores deste livro que se mostraram pacientes conosco em relação ao tempo de publicação e que, assim procedendo, permitiram que o livro se beneficiasse do tempo necessário para germinar, emergir, adaptar-se, consolidar-se, refinar-se, enriquecer-se e tornar-se a obra que hoje temos orgulho de submeter ao leitor.

Introdução

A FORÇA DAS EXPERIÊNCIAS VIVIDAS: ENTRE INSPIRAÇÃO E RECURSOS

A arte no ensino-aprendizagem da administração

Pela apresentação de vários depoimentos de professores, este livro busca instigar uma revitalização do ensino-aprendizagem da administração ao propor a arte e as experiências com ela vividas como dimensões que transformam significativamente nossas práticas de aprendizagem-ensino. Com efeito, a arte é tranformadora! Transforma a relação pedagógica, transforma o processo de aprendizagem, bem como o de ensino. Enfim, a arte nos transforma tanto em aprendizes quanto em professores.

Além disso, quando utilizamos a arte no ensino-aprendizagem da administração, estamos suscitando uma aprendizagem desta que a contempla como uma experiência artística em si, na medida em que administrar com eficácia exige um mínimo de sutileza, sensibilidade e maturidade. Assim, o ensino-aprendizagem com arte significa a possibilidade de praticar a gestão com arte, conciliando subjetividade e objetividade nas tomadas de decisão.

Acreditamos que a arte ajuda a melhor posicionar os estudantes face à realidade, estimulando a criação de vínculos entre eles e favorecendo uma relação de convívio entre professor e estudante, uma vez que o professor se desloca de uma posição de simples transmissor para a de co-produtor do conhecimento. A arte facilita, portanto, uma relação de aprendizagem que é mais ancorada na reciprocidade, na abertura de espírito e na interatividade. A aprendizagem, nestes termos, aproxima-se mais de algo que é decorrente da interação, que é construído socialmente, do que de algo que se transmite, de um ente detentor (supostamente o professor) a um outro carente de conhecimento (supostamente o estudante). A arte instaura uma situação que favorece uma visão socioprática da aprendizagem.

Experiências vividas como fonte de inspiração

Além de este livro enfocar a arte como meio de revitalizar as práticas de ensino-aprendizagem da administração, ele se apóia em experiências vividas de professores que ensinaram uma disciplina no campo da administração. Tais experiências, relatadas em cada capítulo do livro, são fontes de inspiração. Elas inspiram, porque refletem a vivacidade e a complexidade com as quais deparamos em situações reais. Experiências vividas são situações refletidas e contadas que revelam uma aprendizagem que se produz na prática e na interação entre estudantes e professores. Nesse sentido, as experiências vividas revelam a vitalidade da prática não só para se aprender, mas também para se aprender a aprender.

Podemos imaginar que muitas são as razões pelas quais experiências vividas estimulam o leitor a ser criativo em suas práticas de ensino-aprendizagem. Por exemplo, as experiências vividas são relatos ricos e entusiasmados de pessoas que ousaram explorar novas formas de ensinar e aprender sobre questões ligadas à administração. São experiências, de certa forma, ousadas e inovadoras, pois se confrontam com o sentimento comum, convencional e mais ou menos generalizado de que a arte é oposta ao ensino de uma disciplina científica, instrumental e técnica, como dizem muitos ser a administração. Como sabemos todos que a administração é, antes de mais nada, uma atividade social e humana, a arte é um meio extremamente pertinente para desenvolver competências de administração.

Além disso, experiências vividas são fontes de vivacidade e expressão pessoal. As que são apresentadas neste livro são tão extraordinariamente vividas, que o leitor pode com elas se indentificar facilmente. Informações sobre experiências devem e valem a pena ser partilhadas. Às vezes, têm até o potencial de funcionar como uma epidemia benéfica. Nesse sentido, vale a pena observar que as experiências vividas refletem também o fato de que professores escolhem não só meios que correspondem ao assunto programático de suas disciplinas, como também meios que revelam seus próprios gostos pessoais ou suas aspirações artísticas.

De forma geral, as experiências vividas reunidas neste livro convidam professores e estudantes a insuflarem mais arte no mundo da administração, explorando novas possibilidades e experiências singulares de vivência e de partilha, encontrando formas de conferir expressão a seus gostos artísticos e suas aspirações na realização de disciplinas. Assim agindo, a aprendizagem da gestão é revitalizada, já que os estudantes não se encontram indiferentes nesse processo, como veremos em cada capítulo, em cada experiência contada.

Experiências vividas como fonte de recursos pedagógicos

As experiências vividas representam um repertório de recursos pedagógicos. Tais recursos podem ser replicados, tomados como base, provocar um recurso contrário, integrar-se a outro recurso, enfim, as possibilidades de utilização desse repertório são muitas. Tais possibilidades têm a dimensão da criatividade de cada leitor dessas experiências.

O leitor saberá utilizar o recurso adequado a tal ou qual tema de administração, seja inspirando-se nos depoimentos aqui apresentados, seja focalizando a sua própria prática docente.

Diferentes formas de organizar o uso do livro

A leitura deste livro pode ser organizada de formas variadas, dependendo do interesse de cada leitor. Apesar de os capítulos seguirem uma seqüência, eles podem ser lidos por, no mínimo, três tipos de interesses distintos, conforme mencionado a seguir. Primeiramente, pode-se privilegiar um interesse pelo tipo de arte e a partir daí buscar entender as experiências de ensino-aprendizagem orientadas por uma arte específica, como a fotografia, o cinema ou a literatura. Se esse for o interesse primeiro do leitor, o livro pode ser lido com base na seqüência proposta no Quadro 1.

Quadro 1 *Classificação por tipo de arte.*

Arte	Especificação	Cap.	Autor
Fotografia	A fotografia e o ato de fotografar são utilizados na aprendizagem da consultoria.	2	Junquilho e Gonçalves
	Fotos de líderes são utilizadas na aprendizagem da noção de liderança.	3	Wood Jr.

Arte	Especificação	Cap.	Autor
Cinema	Os filmes *Cidadão Kane* e *Terra em transe* são utilizados na aprendizagem das visões sobre liderança.	3	Wood Jr.
	Os filmes *Metrópolis*, *Tempos modernos*, *O encouraçado Potemkin*, *A classe operária vai ao paraíso*, *O processo*, *Laranja mecânica*, *Terra em transe*, *Rashomon* e *Blade Runner* são utilizados na aprendizagem de várias teorias da administração.	4	Saraiva
	O filme *Nascido para matar* é utilizado na aprendizagem de conceitos de cultura organizacional, tais como a socialização, a aculturação e a conformação social.	5	Barros
	O filme *Nenhum a menos* é utilizado na aprendizagem de conceitos ligados à gestão por competências.	6	Fleury e Sarsur
	Os filmes *Perfume de mulher* e *Doze homens e uma sentença* são utilizados na aprendizagem do conceito de ética e da dimensão ética na tomada de decisão.	7	Baêta
	Os filmes *O resgate do soldado Ryan*, *The Commitments*, *Henrique V* e *Apocalipse now* são utilizados na aprendizagem de conceitos relacionados à liderança, enquanto os filmes *Waterloo*, *O reverso da fortuna*, *A sociedade dos poetas mortos*, *Apollo 13* e *Tucker* são utilizados na aprendizagem de conceitos relacionados ao trabalho em equipe.	8	Ipiranga
	Filmes (curtas-metragens) realizados pelos estudantes são utilizados como meio de avaliação e aprendizagem de conceitos sobre administração intercultural.	9	Freitas
	Desenhos animados são utilizados na aprendizagem de diversas disciplinas do campo da administração.	27	Murashima
	Vários filmes são utilizados na aprendizagem de conceitos de comportamento organizacional, tais como trabalho em equipe (*Senhor dos anéis*), liderança (*Senhor dos anéis*; *Braveheart*), construção social (*Matrix*), resiliência (*A fuga das galinhas*), ética e tomada de decisão (*Wall Street*; *Doze homens em fúria*; *Recursos humanos*)	28	Pina e Cunha
	Os filmes *October*, *Brazil*, *Alinhando uma vida melhor* são utilizados na aprendizagem de abordagens diversas da administração e das organização, tais como o paradigma humanista radical, a burocracia e a mudança organizacional.	29	Vergara
Literatura	O livro *A bagagem do viajante de* J. Saramago é utilizado na aprendizagem de aspectos de metodologia de pesquisa, sobretudo de comportamentos fundamentais, tais como a curiosidade e a capacidade de surpreender-se.	10	Baêta
	Vários textos literários (Maria Adelaide Amaral, Fernando Bonassi, Roniwalter Jatobá, Victor Giudice, Machado de Assis, Dionísio Jacob, Hilda Hilst, Anna Maria Martins, Marçal Aquino, Ignácio Loyola Brandão, Mário de Andrade) são utilizados na aprendizagem de conceitos de comportamento gerencial e da dimensão humana da gestão, tais como tomada de decisão, identidade, identificação, carreira, construção social.	11	Ferreira

Arte	Especificação	Cap.	Autor
Belas artes	A pintura *Lavender mist* de Jackson Pollock é utilizada na reflexão crítica sobre as teorias clássicas de gestão e na aprendizagem de teorias simbólico-interpretativas e pós-modernas de gestão. O processo de criação da pintura é utilizado também na reflexão crítica da noção de estratégia.	12	Ghadiri
	As pinturas *Persistência da memória* de Salvador Dali e *Composição em vermelho, amarelo e azul* de Piet Mondrian são utilizadas na aprendizagem dos conceitos de racionalidade instrumental e substantiva. A pintura de forma geral é utilizada no exercício do pensamento criativo.	13	Silva e Hoffmann
	A atividade de desenhar em equipe é utilizada na aprendizagem de aspectos gerais da administração, sobretudo para tornar os estudantes mais receptivos à aprendizagem de teorias administrativas.	14	Gomes da Silva
	A atividade de colagem é utilizada na aprendizagem de aspectos gerais da administração e do conceito de cultura organizacional.	15	Carrieri
	Desenhos animados são utilizados na aprendizagem de diversas disciplinas do campo da administração.	27	Murashima
Teatro	A atividade de redigir um roteiro e de encená-lo com fantoches é utilizada na aprendizagem de conceitos de comportamento organizacional, como o trabalho em equipe.	16	Cavedon
	Técnicas e jogos teatrais são utilizados na aprendizagem das competências relacionais e do espírito de equipe.	17	Chasserio e Gosse
	Tomada de papéis, técnicas de representação teatral e jogos dramáticos são utilizados na aprendizagem de diversos aspectos da administração, tais como marketing e consultoria.	18	Carvalho
	A atividade de improvisação teatral (técnica "sim e", com movimento e música) é utilizada na aprendizagem de diversos tipos de conhecimento (e. g. explícito e tático, individual e coletivo).	19	Taylor
	Dramatização e encenação são utilizados na aprendizagem de diversas abordagens da administração e das organizações, tais como o paradigma humanista radical, novos paradigmas, a burocracia, a dialética, o funcionalismo e a organização holística.	29	Vergara
Música	As canções do rádio 2006 (BBC 2) são utilizadas na aprendizagem do conceito de cultura organizacional, principalmente sobre suas dimensões emocionais e intuitivas.	20	Linstead
	Músicas de Caetano Veloso (*Tropicália*, *Milagre do povo*), de Chico Buarque e Ruy Guerra (*Fado tropical*), dentre outras, são utilizadas na aprendizagem de conceitos ligados à gestão cultural.	21	Dantas
	A música clássica (por exemplo, Vivaldi, Bach, Haendel, Corelli) é utilizada na aprendizagem da contabilidade.	22	Racette
	A improvisação no *jazz* é utilizada na aprendizagem de concepções contemporâneas de organizações e de gestão, bem como de estrutura organizacional e de liderança.	23	Fischer

Arte	Especificação	Cap.	Autor
Música	A improvisação no *jazz* é utilizada na aprendizagem de conceitos de liderança e de trabalho em equipe e também como um meio de estimular boas discussões em sala de aula.	24	Hatch
	As músicas *Bolero* de Ravel e *Samba de uma nota só* de Tom Jobim são utilizadas na aprendizagem de noções da organização holística.	29	Vergara
Dança	A dança expressiva é utilizada na aprendizagem de noções associadas à qualidade de vida no trabalho.	25	Theodoro
	A dança de salão é utilizada na aprendizagem de noções associadas à excelência na relação com o cliente.	26	Vergara

Por outro lado, podemos buscar idéias de tipos de artes que possam servir para o ensino de conceitos ou teorias específicas do campo da administração. Por exemplo, um professor que queira preparar uma disciplina sobre Teoria da Administração tenderá a procurar em particular recursos artísticos que permitam explorar tal conteúdo programático. Assim sendo, outra forma de estruturar a leitura do livro é por meio de temas do campo da administração, o que é apresentado no Quadro 2.

Quadro 2 *Classificação por temáticas do campo da administração.*

Temática	Especificação	Cap.	Autor
Teorias da administração	O cinema (filmes: *Metrópolis*; *Tempos modernos*) permite aprender sobre conceitos da teoria da administração científica.	4	Saraiva
	O cinema (filme: *O encouraçado Potemkin*) permite aprender sobre conceitos da teoria clássica da administração.	4	Saraiva
	O cinema (filme: *A classe operária vai ao paraíso*) permite aprender sobre conceitos da teoria das relações humanas.	4	Saraiva
	O cinema (filme: *O processo*) permite aprender sobre conceitos da teoria sobre a burocracia.	4	Saraiva
	O cinema (filme: *Brazil*) permite aprender sobre conceitos da teoria sobre a burocracia.	29	Vergara
	A dramatização e o cinema (filme: *Laranja mecânica*) permite aprender sobre conceitos da teoria comportamental.	4	Saraiva
	O cinema (filme: *Terra em transe*) permite aprender sobre conceitos da teoria dos sistemas.	4	Saraiva
	O cinema (filme: *Rashomon*) permite aprender sobre conceitos da teoria contingencial.	4	Saraiva
	O cinema (filme: *Blade Runner*) permite aprender sobre conceitos das teorias pós-estruturalistas.	4	Saraiva

Temática	Especificação	Cap.	Autor
Teorias da administração	A pintura (pintor: Jackson Pollock) permite aprender sobre conceitos das teorias simbólico-interpretativas e pós-modernas.	12	Ghadiri
	A dramatização, a música e o cinema permitem aprender sobre diferentes abordagens da administração, tais como o paradigma humanista radical (filme: *October*), novos paradigmas, a dialética (filme: *Alinhando uma vida melhor*), o funcionalismo e a organização holística (música: *Bolero* de Ravel e *Samba de uma nota só* de Tom Jobim).	29	Vergara
	As artes plásticas (a atividade de desenhar) permitem aprender sobre aspectos gerais da administração, bem como tornar os estudantes mais receptivos à aprendizagem de teorias administrativas.	14	Gomes da Silva
	As artes plásticas (a atividade de colagem) permitem aprender sobre aspectos gerais da administração.	15	Carrieri
	A música (improvisação no *jazz*) permite aprender sobre as teorias contemporâneas de organizações e gestão.	23	Fischer
Cultura organizacional	O cinema (filme: *Nascido para matar*) permite aprender sobre mecanismos culturais, tais como socialização, aculturação e conformação social.	5	Barros
	A atividade de colagem permite aprender sobre o conceito de cultura organizacional, bem como suas diversas dimensões (regional, nacional) e perspectivas (integração, diferenciação e fragmentação).	15	Carrieri
	A música (*Canções do rádio 2006*, BBC 2) permite aprender sobre o conceito de cultura organizacional, principalmente sobre suas dimensões emocionais e intuitivas.	20	Linstead
Liderança	A fotografia e o cinema (filmes: *Cidadão Kane* e *Terra em transe*) permitem aprender sobre as noções e visões da liderança.	3	Wood Jr.
	O cinema (filmes: *Senhor dos anéis*; *Braveheart*) permite aprender sobre a importância da liderança e sobre a liderança de tipo carismática.	28	Pina e Cunha
	O cinema (filmes: *O resgate do soldado Ryan*, *The Commitments*, *Henrique V* e *Apocalipse now*) permite aprender sobre conceitos relacionados à liderança, tais como responsabilização, autoridade e motivação.	8	Ipiranga
	A música (improvisação no *jazz* com a música *Freddie Freeloader* de Miles Davis) permite aprender sobre a liderança.	24	Hatch
Trabalho em equipe	O cinema (filme: *Senhor dos anéis*) permite aprender sobre as virtudes, a diversidade e a complementaridade no âmbito do trabalho em equipe.	28	Pina e Cunha
	O cinema (filmes: *Waterloo*, *O reverso da fortuna*, *A sociedade dos poetas mortos*, *Apollo 13* e *Tucker*) permite aprender sobre conceitos relacionados ao trabalho em equipe, tais como coesão, resolução de problemas e mediação.	8	Ipiranga

Temática	Especificação	Cap.	Autor
Trabalho em equipe	O teatro (redação de roteiro e encenação com fantoches) permite aprender sobre conceitos relacionados ao trabalho em equipe, tais como gestão das diferenças, valorização e democratização.	16	Cavedon
	O teatro (técnicas e jogos teatrais) permite aprender sobre o espírito de equipe.	17	Chasserio e Gosse
	A música (improvisação no *jazz* com a música *Freddie Freeloader* de Miles Davis) permite aprender sobre o conceito de trabalho em equipe.	24	Hatch
Carreira	A literatura (autores: Victor Giudice, Marçal Aquino, Ana Maria Martins, Machado de Assis, Ignácio Loyola Brandão e Mário de Andrade) permite aprender sobre aspectos humanos da gestão da carreira.	11	Ferreira
Competências	O cinema (filme: *Nenhum a menos*) permite aprender sobre diversos conceitos ligados à gestão por competências.	6	Fleury e Sarsur
	O teatro (técnicas e jogos teatrais) permite aprender sobre competências relacionais e "saber ser".	17	Chasserio e Gosse
Tomada de decisão	O cinema (filmes: *Wall Street*; *Doze homens em fúria*) permite aprender sobre os aspectos não racionais dos processos de tomada de decisão.	28	Pina e Cunha
	A literatura (autores: Roniwalter Jatobá, Dionísio Jacob, Hilda Hilst, Marçal Aquino) permite aprender sobre aspectos humanos e críticos da tomada de decisão.	11	Ferreira
	O teatro (representação teatral, jogos e técnicas) permite desenvolver consciência crítica sobre a tomada de decisão.	18	Carvalho
Identidade e identificação	A literatura (autor: Machado de Assis) permite aprender sobre conceitos de identidade profissional e pessoal.	11	Ferreira
Conhecimento	O teatro (improvização por meio da técnica "sim e", de movimento e música) permite aprender sobre diferentes tipos de conhecimento: explícito e tácito, individual e coletivo.	19	Taylor
Ética	O cinema (filmes: *Wall Street*; *Doze homens em fúria*) permite aprender sobre os aspectos éticos nos processos de tomada de decisão.	28	Pina e Cunha
	O cinema (filmes: *Perfume de mulher* e *Doze homens e uma sentença*) permite aprender sobre a definição de ética e da noção de tomada de decisão ética.	7	Baêta
Resiliência	O cinema (filme: *A fuga das galinhas*) permite aprender sobre a importância da resiliência.	28	Pina e Cunha
Marketing	O teatro (jogos dramáticos e tomada de papéis) permite aprender sobre a criatividade.	18	Carvalho
Relação com o cliente	A dança (dança de salão) permite aprender sobre noções de excelência na relação com o cliente.	26	Constant Vergara

Temática	Especificação	Cap.	Autor
Estratégia	A pintura (pintor: Jackson Pollock) permite aprender sobre conceitos de estratégia deliberada e emergente.	12	Ghadiri
Administração intercultural	O cinema (o curta-metragem) permite aprender sobre conceitos relacionados à gestão intercultural como as diferenças regionais, a aceitação do outro, a questão do estrangeiro e a expatriação profissional.	9	Freitas
Gestão cultural	A música (por exemplo, *Tropicália* e *Milagre do povo* de Caetano Veloso, *Fado tropical* de Chico Buarque e Ruy Guerra) permite aprender sobre conceitos relacionados à gestão cultural, tais como as especificidades da cultura nacional e a especificidade da identidade local.	21	Dantas
Metodologia de pesquisa	A literatura (livro: *A bagagem do viajante*) permite aprender sobre comportamentos fundamentais e etapas da realização de pesquisa acadêmica.	10	Baêta
Consultoria	A fotografia permite aprender sobre a importância da percepção e do olhar na atividade de consultoria.	2	Junquilho e Gonçalves
	O teatro (tomada de papéis) permite aprender sobre aspectos da relação em consultoria.	18	Carvalho
Racionalidade	A pintura (*Persistência da memória* de Salvador Dali e *Composição em vermelho, amarelo e azul* de Piet Mondrian) permite aprender sobre conceitos de racionalidade instrumental e substantiva.	13	Silva e Hoffmann
Contabilidade	A música clássica cria condições favoráveis à aprendizagem de princípios de contabilidade.	22	Racette
Qualidade de vida	A dança (dança expressiva) permite aprender sobre noções de qualidade de vida no trabalho.	25	Theodoro

Finalmente, uma terceira forma de apreender as experiências vividas dos professores que se utilizaram da arte consiste em enfocar os tipos de situação de aprendizagem. Tais tipos são apresentados em detalhe no Capítulo 1 e dizem respeito à relação pedagógica que se estabelece por meio da arte, envolvendo diferentes papéis. Trata-se dos papéis de artista e de espectador que professor e estudantes podem desempenhar. A combinação de tais papéis produz quatro tipos de situações de aprendizagem: (a) professor e estudante como espectadores, (b) professor como artista e estudante como espectador, (c) professor como espectador e estudante como artista, e (d) professor e estudante como artistas. O presente livro pode ser consultado com base nessas situações de aprendizagem, como sugere o Quadro 3.

Quadro 3 *Classificação por tipo de situação de aprendizagem.*

Situação de aprendizagem	Especificação	Cap.	Autor
Professor e estudantes espectadores	O professor expõe uma série de fotos e trechos de filmes para suscitar o aprendizado de noções e visões sobre liderança.	3	Wood Jr.
	O professor expõe filmes para suscitar o aprendizado de conceitos de comportamento organizacional, tais como trabalho em equipe, liderança, ética, tomada de decisão, construção social da realidade, resiliência.	28	Pina e Cunha
	O professor expõe filmes para suscitar o aprendizado de diversas teorias da administração, tais como a teoria da administração científica, da administração clássica, das relações humanas, da burocracia, dos sistemas, bem como a teoria comportamental, contingencial e pós-estruturalistas.	4	Saraiva
	O professor expõe filme para suscitar o aprendizado de mecanismos (socialização, aculturação, conformação social) inerentes ao conceito de cultura organizacional.	5	Barros
	As professoras expõem filme para suscitar o aprendizado de conceitos ligados à gestão por competências.	6	Fleury e Sarsur
	A professora expõe filme para suscitar o aprendizado de conceito de ética e da noção de tomada de decisão ética.	7	Baêta
	A professora expõe filmes para suscitar o aprendizado de conceitos de liderança e de trabalho em equipe.	8	Ipiranga
	A professora convida à leitura de texto literário para suscitar o aprendizado de comportamentos fundamentais de metodologia de pesquisa, como a curiosidade e a capacidade de surpreender-se.	10	Baêta
	O professor convida à leitura de textos literários para suscitar o aprendizado de aspectos humanos da gestão e de comportamento gerencial, como construção social, identidade, identificação, carreira e gestão da diferença.	11	Ferreira
	O professor expõe pintura para suscitar a reflexão crítica de conceitos das abordagens clássicas da gestão e para suscitar o aprendizado de conceitos das teorias simbólico-interpretativa e pós-moderna de gestão.	12	Ghadiri
	O professor expõe músicas para suscitar o aprendizado dos aspectos emocionais e intuitivos da cultura organizacional.	20	Linstead
	O professor expõe músicas para suscitar o aprendizado de vários conceitos ligados à gestão cultural.	21	Dantas
	A professora convida os estudantes a escutar músicas clássicas no intuito de criar condições favoráveis ao aprendizado de princípios da contabilidade.	22	Racette
	A professora convida os estudantes a interagir com uma banda de *jazz* em sala de aula. Ao perceberem como a improvisação acontece, os estudantes aprendem sobre noções contemporâneas de organizações, gestão, liderança e estrutura organizacional.	23	Fischer

Professor e estudantes espectadores	A professora convida os estudantes a escutar a música *Freddie Freeloader* de Miles Davis e a partir da improvisação da música refletir e aprender sobre conceitos de liderança e de trabalho em equipe. A atividade permite também favorecer o desenvolvimento de boas discussões em sala de aula.	24	Hatch
Professor espectador e estudantes artistas	Os professores estimulam os estudantes a aprender sobre consultoria por meio da fotografia. Os estudantes tiram fotos e refletem sobre a influência da percepção e do olhar na atividade de consultoria.	2	Junquilho e Gonçalves
	A professora estimula os estudantes a aprender sobre administração intercultural em termos de diferenças culturais entre regiões do Brasil, entre diferentes tribos urbanas e entre sociedades por meio do curta-metragens. Os estudantes realizam curtas-metragens como trabalho final da disciplina, inspirando-se na realidade cultural diversa da cidade de São Paulo (pessoas de diferentes origens regionais, internacionais, bem como de tribos urbanas diferentes).	9	Freitas
	As professoras estimulam os estudantes a aprender sobre a diferença entre a racionalidade instrumental e substantiva, expondo pinturas de dois artistas, mas também convidando os estudantes a pintar para expressar seus entendimentos desses dois conceitos.	13	Silva e Hoffmann
	O professor estimula os estudantes a aprender sobre aspectos gerais da administração ao convidá-los a desenhar em equipe e, em seguida, a refletir sobre os desenhos, o que os torna mais receptivos a aprender sobre teorias administrativas.	14	Gomes da Silva
	O professor estimula os estudantes a aprender sobre aspectos gerais da administração e sobre as dimensões e perspectivas da cultura organizacional ao convidá-los a fazer um trabalho de colagem e a refletir sobre as colagens realizadas.	15	Carrieri
	A professora estimula os estudantes a aprender sobre conceitos do trabalho em equipe ao convidá-los a redigir um roteiro e de encená-lo com fantoches.	16	Cavedon
	O professor estimula os estudantes a aprender sobre conceitos de conhecimento tátito e coletivo ao convidá-los a realizar a técnica de improvização "sim e", com movimentos e música.	19	Taylor
	O professor atua como diretor de grupos de estudantes que elaboram um enredo e representam papéis diversos (estudantes-atores), o que favorece a aprendizagem de aspectos diversos da administração.	18	Carvalho
	O professor estimula os estudantes a apresentar diversas abordagens em teoria organizacional e administrativa por meio da arte, o que contribui para o processo de aprendizagem de tais abordagens.	29	Vergara
Professor artista e estudantes espectadores	O professor desempenha diversos papéis de professores em sala de aula (professor-ator), o que estimula e facilita a aprendizagem dos estudantes em torno de aspectos diversos da administração.	18	Carvalho

Professor e estudantes artistas	O professor participa com os estudantes em um jogo dramático que favorece o desenvolvimento da criatividade e a aprendizagem de aspectos do marketing.	18	Carvalho
	O professor participa com os estudantes na elaboração de uma dança expressiva, o que contribui na aprendizagem de noções de qualidade de vida no trabalho.	25	Theodoro
	A professora participa com os estudantes em uma atividade de dança de salão, o que permite a aprendizagem de noções de excelência no atendimento ao cliente.	26	Vergara

Cada forma de organizar a leitura das experiências vividas apresenta suas vantagens e desvantagens, cabendo a cada um escolher aquela que melhor convém aos seus propósitos. Por outro lado, se desejamos ler várias vezes o livro, podemos a cada vez nos orientar por uma lógica diferente, o que certamente enriquecerá nossa aprendizagem e assimilação dos diversos conceitos propostos.

De todo modo, este livro é um esforço no sentido de demonstrar a força de experiências vividas na tarefa educacional, alimentando a teoria e sendo por ela nutrida. Privilegia o compartilhamento de experiências que utilizam a arte no ensino-aprendizagem de administração. Esperamos que o livro – um conjunto de depoimentos – possa ser útil a todos aqueles que buscam formas diferenciadas e prazerosas de estabelecer relações pedagógicas.

1

Administração com arte: papel e impacto da arte no processo ensino-aprendizagem

Eduardo Davel, Sylvia Constant Vergara
e Djahanchah Philip Ghadiri

Introdução

A arte é difusa em nossa vida pessoal e profissional. Por exemplo: líderes ou gestores não se aproximam de compositores que escrevem músicas para outros tocarem? Membros de uma equipe não geram um desempenho a partir da leitura que fazem da composição fornecida por seus líderes, bem como da interação que desenvolvem? Organizar-se e liderar não é, metaforicamente, similar à atividade de improvisação no *jazz*?[1] O ritmo de mudanças organizacionais não seriam comparáveis à cadência musical?[2] Se assim é, a arte ocupa um papel estratégico na aprendizagem e no desempenho coditiano da administração.

Este capítulo busca seus fundamentos nos conhecimentos acumulados sobre a relação entre arte e ensino-aprendizagem, bem como nas experiências vividas apresentadas nos próximos capítulos. Por seu caráter bibliográfico, com eles contrasta. Nosso objetivo, aqui, é explicitar e caracterizar o papel e o impacto da arte no processo ensino-aprendizagem e fornecer um quadro conceitual para entender, situar e valorizar as experiências vividas e relatadas nos próximos capítulos do livro.

---

[1] HATCH, M. J. Jazz as a metaphor for organizing in the 21st century. *Organization Science,* v. 9, n. 5, p. 556-557, 1998. HATCH, M. J. Exploring the empty spaces of organizing: how improvisational jazz helps redescribe organizational structure. *Organization Studies,* v. 20, n. 1, p. 75-100, 1999.

[2] ALBERT, S.; BELL, G. G. Timing and music. *Academy of Management Review,* v. 27, n. 4, p. 574-593, 2002.

O capítulo é composto por três seções, além da introdução e das conclusões. Na primeira seção, focalizamos o papel da arte no processo de ensino-aprendizagem, elencando uma série de benefícios advindos do seu uso e destacando seu potencial como meio de estimular a co-construção do conhecimento e de mobilizar diversos tipos de linguagens. Em seguida, focalizamos a relação pedagógica em função do uso da arte e, mais particularmente, nos referimos aos diferentes papéis desempenhados por professor e estudante, seus possíveis níveis de implicação no processo de aprendizagem e as situações de aprendizagem decorrentes. Por fim, identificamos possíveis desafios ao uso da arte.

O papel da arte no processo ensino-aprendizagem da administração

Quando pensamos na dimensão estética do ensino-aprendizagem da administração, pensamos na dimensão do sentimento e da experiência perceptiva que é desenvolvida por meio dos sentidos. A experiência estética envolve um esforço que ativa as faculdades do sentido e afia a percepção de fenômenos físicos. Engaja, então, as pessoas em suas experiências sensíveis, como as sensoriais, sensuais e cognitivas.

Para Dewey,[3] a experiência é governada pela estética e quando a experiência apresenta um caráter fundamentalmente estético, como aquele fornecido pela arte, torna-se um meio de enriquecer o sentido da vida, pois mobiliza o contexto de significados e valores a partir dos quais o corpo foi aculturado.[4] Considera-se, então, que a arte e a estética são desenvolvimentos refinados do desejo fundamental humano de atribuir sentido e valor à vida. Nesses termos, a experiência constitui uma unidade devido ao seu caráter estético. Em contrapartida, a arte permite melhor apreensão da experiência na medida em que a obra artística torna a experiência intensa e concentradamente sentida.[5] A obra artística concentra e amplia a experiência vivida.

Arte, estética e emoção como dimensões da aprendizagem

O conhecimento e a experiência organizacionais não consistem somente em discurso, argumentação e raciocínio lógico. Envolvem também experiências complexas e confusas que antecedem definição e distinção, misturando odor, imagens, sensações táteis, mobilidade no espaço, consciência de tempos e ritmos, sentimentos de prazer, de frustração, de aversão e de medo. Assim sendo, o ensino-aprendizagem por meio das lentes da estética se apóia em uma forma

[3] DEWEY, J. *Art as experience.* New York: Perigee Books, 1934.

[4] ALEXANDER, T. M. *John Dewey's theory of art, experience, and nature.* New York: State University of New York Press, 1987.

[5] DEWEY, J. *Art as experience.* New York: Perigee Books, 1934.

de conhecimento humano oriundo das faculdades perceptivas da audição, da visão, do tato, do olfato e do paladar, bem como da capacidade de julgamento estético. Este último é a faculdade usada para avaliar se algo é prazeroso ou não, se é adequado ao nosso gosto ou não, se nos envolve ou nos deixa indiferentes ou mesmo se suscita repulsão.[6]

Fontes da arte, as experiências emocionais e estéticas devem ser pensadas como sendo inextricavelmente ligadas a todos os processos de aprendizagem e pensamento,[7] pois uma pessoa aprende realmente somente quando ela é emocionalmente tocada. Como a arte e a estética são vias privilegiadas de acesso às emoções, são, portanto, vias fundamentais para o aprendizado. Nesse sentido, experiências artísticas e estéticas não podem ser extinguidas ou conformadas, tampouco desvinculadas dos processos sociopolíticos da organização. Elas são produtos desses processos,[8] constituindo traços inevitáveis do aprendizado. Assim sendo, calafrios, medo, ressentimento e amor, por exemplo, ajudam a precisar e a legitimar o desenvolvimento de nossa cognição.

Pensamentos são impregnados de emoções, assim como emoções o são de pensamentos.[9] Dito de outra forma, sentimos sobre o que pensamos e pensamos sobre o que sentimos.[10] Pode-se, então, concluir que emoções participam da modelagem de pensamentos, ações e rotinas de aprendizado. Medo e ansiedade, por exemplo, contribuem para que as pessoas criem sentido a partir do que é possível aprender e do custo (e benefícios) do que é aprendido. Assim, ao aprender o que e como fazer em situações de administração, aprende-se também o que e como sentir sobre isso e sobre as pessoas e organizações para as quais o fazemos. Nesse sentido, estamos bem longe do simples fato de aprender uma resposta neutra ao que nos é ensinado e bem próximo do aprendizado de uma resposta visceral a uma experiência corporal.[11]

Para Vygotsky,[12] a arte é baseada na união de sentimentos e imaginação, produzindo uma metamorfose dos sentimentos que transcende em significado o plano individual e se generaliza no plano social. Por exemplo, o sentido de um poema sobre algo nostálgico não é transmitir a tristeza do autor ao leitor, mas sim o de transformar a nostalgia de tal forma que revela algo novo e pertinente

---

6 STRATI, A. *Organization and aesthetics.* London: Sage, 1999.

7 FINEMAN, S. Emotion and management learning. *Management Learning,* v. 28, n. 1, p. 13-25, 1997.

8 FINEMAN, S. *Emotion in organizations.* London: Sage, 1993. KUNDA, G. *Engineering culture:* control and commitment in a high-tech corporation. Philadelphia: Temple University Press, 1992.

9 FINEMAN, S. Emotion and management learning. *Management Learning,* v. 28, n. 1, p. 13-25, 1997.

10 DE SOUZA, R. *The rationality of emotion.* Cambridge: MIT Press, 1987. GALLOIS, C. The language and communication of emotion: universal, interpersonal or intergroup? *American Behavioral Scientist,* v. 36, n. 3, p. 309-338, 1993. KEMPER, T. D. Reasons in emotions or emotions in reasons. *Rationality and Society,* v. 5, n. 3, p. 275-282, 1993.

11 HOPFL, H.; LINSTEAD, S. Learning to feel and feeling to learn: emotion and learning in organizations. *Management Learning,* v. 28, n. 1, p. 5-12, 1997.

12 VYGOTSKY, L. S. *The psychology of art.* Cambridge: The MIT Press, 1971.

ao ser humano num alto grau de veracidade. Assim, a arte eleva os sentimentos. Ela transforma os sentimentos por meio de uma catarse oriunda da resposta estética ao gerar em cada um sentimentos opostos ou contraditórios. Na ascepção de Vygotsky, catarse significa a resolução de um certo conflito pessoal que proporciona a revelação de uma verdade humana mais ampla e profunda sobre o fenômeno da vida.

Pensar na arte como recurso pedagógico nos remete à dinâmica de nossos sentimentos e ao nosso inconsciente. Mas, muito mais do que isso, a arte é um veículo de cognição irresistível e necessário ao entendimento da vida[13] e à formação da identidade. Então, pode vivificar nossas práticas de ensino-aprendizagem, de forma similar àquela da noção de poética proposta por Dilthey.[14] Para Dilthey, poética é a ação de uma forma de arte que nos fala por meio de sua vitalidade. Poética é uma energia revitalizante que alimenta, reforça e desperta em nós o sentimento da vida, um sentimento que ressoa em imagens, em música, em palavras, porque contém poesia. É uma experiência que pode ser experimentada integralmente através da reflexão, sendo colocada em relação com outras experiências de vida, já que não consegue ser expressa em pensamento ou idéias. É, então, experiência viva, entendida em sua essência, em seu sentido.[15]

Um exemplo de recurso que pode favorecer a associação entre estética e aprendizagem é a música. A *performance* musical não é um resultado somente do pensamento; antes de mais nada, pensamos através da *performance* musical.[16] A música nos lembra que mente e corpo são inseparáveis, e o sentimento, a sensação e o corpo engajam as sonoridades musicais de formas variadas. Juntunen e Westerlund[17] nos convidam a examinar a música e a aprendizagem como uma experiência na qual o corpo está engajado.

Por exemplo, Jaques-Dalcroze[18] propõe um sistema de educação no qual o corpo é o intermediário entre os sons e o pensamento, estabelecendo comunicação entre sentimento e entendimento, entre sensações que informam a mente e aquelas que recriam os significados sensoriais da experiência. Enfatiza, então, o princípio sob o qual o corpo é um inseparável aliado da mente; corpo e mente devem, assim, atuar harmoniosamente em suas funções, não separadamente, mas simultaneamente. Pela harmonização das funções do corpo com as da

---

13 ABBS, P. *The educational imperative*: a defense of socratic and aesthetic learning. London: The Palmer Press, 1994.

14 DILTHEY, G. The imagination of the poet: elements of a poetics. In: MAKKREEL, R. A.; RODI, F. *Wilhelm dilthey:* selected works. Princeton: Princeton University Press, 1985, v. 5.

15 STRATI, A. *Organization and aesthetics.* London: Sage, 1999.

16 ELLIOTT, D. *Music matters. A new philosophy of music education.* Oxford: Oxford University Press, 1995.

17 JUNTUNEN, M.-L.; WESTERLUND, H. Digging dalcroze, or, dissolving the mind-body dualism: philosophical and practical remarks on the musical body in action. *Music Education Research,* v. 3, n. 2, p. 203-214, 2001.

18 JAQUES-DALCROZE, E. *Le rythme, la musique et l'éducation.* Lausanne: Foetisch, 1965.

mente, é possível assegurar livre desempenho e expansão da imaginação e dos sentimentos por meio de um estado de satisfação e de alegria que deles decorre. A música é um possante meio de educação e pode reforçar a comunicação entre os sentidos e a mente. Através do ritmo, é possível trazer a mente, o corpo, o sentimento, a música e todas as formas de arte juntas em uma experiência humana enriquecedora.

Arte e alguns de seus papéis na aprendizagem

A utilização da arte como recurso pedagógico é uma prática aberta à imaginação de quem deseja utilizá-lo. Uma infinidade de caminhos e práticas é possível. Assim sendo, não é nosso propósito propor formas de limitar e enquadrar o uso desses recursos, mas destacar alguns papéis fundamentais que podem explicar e estimular o seu uso no ensino-aprendizagem da administração. Sugerimos, então, que a arte pode ser fonte de inspiração, de conhecimento, de interpretação, de expressão e de comunicação.

Arte como fonte de inspiração

Não raro, nota-se a necessidade de desconcertar os estudantes, de questionar seus pressupostos e conduzi-los para além de visões tradicionais. Quando retirados de seus papéis usuais, os estudantes se sentem desestabilizados; subitamente, perdem a segurança oferecida por suas crenças anteriores. Neste momento, torna-se possível repensar o que foi encapsulado em conhecimento tradicional e os estudantes podem se abrir e se expor a diferentes e novas idéias, possibilidades, evocações, estados emocionais e horizontes.

De fato, a arte tem o poder de perturbar, provocar, chocar e inspirar. Ela pode nos estimular a ampliar nossas habilidades, nosso repertório comportamental e nossa flexibilidade de resposta[19] a situações diversas da vida organizacional. Como a arte nos permite experimentar sentimentos dos quais, às vezes, não estávamos conscientes, ao incorporarmos tais sentimentos em nosso repertório emocional, agimos sobre estes e nos tornamos seres humanos mais flexíveis e capazes. E a arte também pode nos ajudar a estimular e legitimar nosso próprio senso estético, nossa própria concepção singular e sensível do mundo das organizações e da gestão.

Para sair do *status quo*, nada melhor do que o universo da arte. Os estudantes de administração não estão acostumados a pensar sobre organizações nesses termos e há pouca possibilidade de eles permanecerem indiferentes ao uso de um material tão não habitual quanto a arte, em disciplinas habitualmente tra-

---

19 SCHEIN, E. H. The role of art and the artist. *Reflections*, v. 2, n. 4, p. 81-83, 2001.

dicionais. A arte nos estimula a ver mais, a escutar mais e a experimentar mais sobre o que acontece conosco e no nosso entorno. A arte amplia nossas perspectivas e nos incita a nos ligar a nossas forças internas e externas que em outras condições não teriam talvez sido percebidas.[20]

Arte como fonte de conhecimento

Certamente, uma peça de teatro sobre o ambiente de trabalho fornece aos estudantes ilustrações que favorecem o aprendizado formal encontrado, por exemplo, em manuais de administração. Neste sentido, ela oferece uma encenação de teorias e conceitos que é bem útil. Tais teorias e conceitos são, freqüentemente, utilizados em disciplinas de administração que adotam um modelo clássico baseado em estudos de caso. Entretanto, a arte oferece mais do que uma mera embalagem de teorias estabelecidas e verdades aceitas.

Muito mais do que uma simples ilustração prática, pode-se argumentar que a experiência artística fornece subsídios para desenvolver novos conhecimentos. O que significa para um estudante de administração o ato de conhecer? O que o professor quer que seus estudantes conheçam? O ato de conhecer ultrapassa o simples fato de memorizar as teorias clássicas em administração e organizações e de ser avaliado em função dessa capacidade.

Melhor aprender implica experimentar em termos de significado e afeto as dimensões existencial, emocional, moral e corporal que envolvem o processo de organizar, de administrar, de ser organizado e de ser administrado. Conhecer significa, então, construir nosso conhecimento das organizações de maneira a ampliar ou diferir do núcleo universal de idéias sobre a administração e as organizações. Contudo, para construir de forma alternativa ou enriquecedora o que as organizações e a administração são para os estudantes, necessitamos nos voltar para outros discursos e vocabulários que carregarão a experiência que desejamos suscitar.

Assim, pode-se produzir conhecimento sobre organizações e administração por meio de análise ou entendimento de um trabalho de natureza artística. Este pode veicular uma forma alternativa ou negligenciada de experimentar a vida organizacional. Por exemplo, o filme *Glengarry Glenn Ross* nos fornece uma sugestão sobre a sensação de se trabalhar em uma organização na qual a cultura é baseada na produção contínua de vencedores e perdedores. Outro exemplo é fornecido por Knights e Willmot:[21] ao ensinar conceitos de identidade e poder nas organizações, observam que o romance escrito por David Lodge (*Nice work*)

---

[20] SCHEIN, E. H. The role of art and the artist. *Reflections,* v. 2, n. 4, p. 81-83, 2001.

[21] KNIGHTS, D. e WILLMOTT, H. *Management lives:* power and identity in work organizations. London: Sage, 1999.

é uma via formidável para conhecer tais assuntos. Se transmitidos de forma usual, dificilmente seriam obtidos os mesmos resultados.

Arte como fonte de interpretação

Algumas metáforas têm sido popularizadas desde a publicação do livro sobre as imagens da organização.[22] Entretanto, acreditamos haver muitas outras metáforas a serem descobertas e utilizadas no ensino da administração. A arte é uma fonte interminável de tais metáforas. Então, pelo uso de um trabalho artístico como uma metáfora, como uma lente ou como um quadro de leitura de situações organizacionais ou experiências gerenciais, multiplicamos e diversificamos nossas formas de interpretar e, por conseguinte, de construir tais situações e experiências.

Por exemplo, uma utilização da arte como metáfora é ilustrada pela idéia de improvisação em *jazz*.[23] Na condição de metáfora, o *jazz* pode fornecer subsídios para se aprofundar o estudo de estruturas organizacionais e de processos de organização por intermédio da noção de improvisação.[24] O mesmo pode ser pensado para o teatro, ou seja, a organização como palco de teatro e as formas de organizar como forma de atuar.[25]

Arte como fonte de expressão

Além de inspiração, conhecimento e possibilidade de interpretação, a arte oferece vocabulários alternativos aos estudantes para expressarem seus conhecimentos, seus entendimentos e experiências de uma determinada questão. Tais vocabulários os habilitam a formular e a pensar sobre a administração e a organização de maneira a favorecer e a preservar sua singularidade. Trata-se de uma forma dialética de produzir conhecimento, no sentido de que o conhecimento não é somente algo que pode ser estocado e obtido mediante demanda, mas inclui também algo que nos modifica e que é modificado e singularizado por nós ao mesmo tempo.

Ao aprendermos algo, podemos expressar algo mais, veiculando nossa forma de experimentar esse algo. Nesse sentido, conhecimento e pensamento são melhor expressos na singularidade da experiência individual que pode aconte-

---

22 MORGAN, G. *Imagens da organização*. São Paulo: Atlas, 1996.

23 HATCH, M. J. Explorando os espaços vazios: *jazz* e estrutura organizacional. *Revista de Administração de Empresas,* v. 42, n. 3, p. 19-35, 2002.

24 Idem, ibidem.

25 JEFFCUTT, P.; SMALL, R. G.; LINSTEAD, S. Organization as a theatre performance. *Studies in Cultures, Organizations and Societies,* v. 2, p. 3-8, 1996. MANGHAM, I. L.; OVERINGTON, M. A. *Organizations as theatre:* a social psychology of dramatic appearances. Chichester: John Wiley, 1987.

cer por meio de modos estéticos e artísticos de expressão. Estes permitem a inclusão de dimensões negligenciadas pela forma de pensamento do estudante.

Nesse sentido, a arte é fonte de conhecimento singularizado e individualizado, pois fornece um caminho ao estudante para melhor se conhecer como sujeito da ação que estuda, colocando-se explícita ou implicitamente questões do tipo: Quem sou eu? Quem serei eu como líder, gestor ou profissional? Percebemos que a arte é uma trilha poderosa para a expressão e a criação de cada um de nós. Sendo a arte vigorosa para os processos individuais de percepção, imaginação e expressão,[26] ela nos auxilia a nos constituirmos de forma singular em um dado campo do saber.

Arte como fonte de comunicação

Contrastando-se com os debates a partir dos quais a busca pela verdade é baseada em princípios de não-contradição, o ato de comunicação com o outro sobre ou por meio da arte invoca outro tipo de troca: aquela baseada em um *ethos* de partilha, diálogo e concordância. Assim, podem-se estabelecer outros terrenos, menos definitivos, para que a troca aconteça entre os estudantes.

A arte é um recurso interativo: cria, favorece e fortalece laços. Não se espera dos estudantes que falem sobre a verdade, assim como não são julgados de acordo com algum critério de verdade da administração ou da realidade organizacional. São colocados em uma posição de elaboração e de enriquecimento mútuo por meio de várias visões singulares sobre construções do que as organizações e a administração podem ser.

Sem dúvida, a arte pode alimentar o diálogo entre estudantes e professor a respeito de questões oriundas tanto da narrativa artística quanto da narrativa sobre a gestão e a organização. Todavia, a função comunicacional inclui também o aspecto lingüístico. De fato, em aulas expositivas mobiliza-se bastante a linguagem falada e escrita. Com o uso da arte, abre-se espaço para o recurso a outros tipos de linguagem como visual, musical, corporal, sonora.[27] A arte traz outras linguagens, faz apelo a outros mapas cognitivos e emocionais.

Vejamos o cinema e a linguagem fílmica. A linguagem escrita pressupõe domínio de códigos e de estruturas gramaticais que, portanto, precisam ser ensinados. Diferentemente, a linguagem fílmica não precisa ser ensinada em sociedades audiovisuais como a nossa. Aprende-se tal linguagem, vendo e conversando sobre filmes com outros espectadores. Ao utilizar recursos como

---

[26] READ, H. *Education through art*. London: Faber and Faber, 1958.

[27] GOODMAN, N. *Languages of art:* an approach to a theory of symbols. Indianapolis: Hackett, 1976. HAGBERG, G. L. *Art as language:* Wittgenstein, meaning, and aesthetic theory. Ithaca: Cornell University Press, 1995. SCHEFFLER, I. *Symbolic worlds:* art, science, language, ritual. Cambridge: Cambridge University Press, 1997.

movimento e forma, sombra e luz, o filme conta histórias, suscita a construção de sentido e incentiva discussões a respeito do que é visto, pois favorece a confrontação de interpretações, provoca a percepção de diversidades, valores, crenças, visões de mundo.[28]

A arte como meio de co-construir o conhecimento

Sob um prisma artístico, a aprendizagem é realizada pela prática a partir de teorias sensíveis ao contexto, pela discussão, avaliação e retroação durante e depois da experiência e pela reflexão e conversa contínua e subseqüente sobre valores e ações. O foco do processo de aprendizagem muda da mente do indivíduo para estruturas de participação, sendo que o aprendizado não é mais entendido apenas como um evento individual, isolado e particularizado, mas como um fenômeno coletivo[29] e socioprático. Por conseguinte, se o corpo e a emoção não são ativa e imaginativamente envolvidos nestes processos de aprendizagem, esta não ocorre ou ocorre com deficiências.[30] Torna-se, então, mister destacar e considerar o potencial da arte neste processo.

Certamente, a co-construção do conhecimento não é privilégio do campo artístico, mas este é um meio fecundo para exercitar o ensino como espaço de co-construção do conhecimento. Como a experiência da arte pode ser objeto de diferentes interpretações e leituras, quando utilizada como meio de apreendizagem de questões administrativas, a experiência da arte desvela para estudantes e professores vários caminhos de co-elaboração, nos quais novos entendimentos podem ser produzidos.

Ao passarmos da ciência para a arte para abordar questões da administração, passamos da busca "da melhor explicação", "autoritária" (tão questionada pelos pós-modernistas), a uma co-construção de "uma" (dentre várias outras possíveis) explicação enriquecedora. Cada interpretação elaborada em sala de aula não compete entre si; antes, contribui para uma compreensão mais rica e pormenorizada do assunto estudado. Assim sendo, o conhecimento estabelecido sobre o assunto não é simplesmente descoberto e transmitido; até certo ponto, novos conhecimentos são elaborados, co-construídos por professores e estudantes durante o espaço de diálogo e discussão.

A experiência da arte é recompensadora, visto que pode tornar-se uma fonte significativa de conhecimento sobre o mais profundo de nós mesmos e sobre nossas relações com o outro e com o mundo. Para Young,[31] mesmo se a repre-

---

28 DUARTE, R. *Cinema e educação.* Belo Horizonte: Autêntica, 2002.

29 GHERARDI, S.; NICOLINI, D.; ODELLA, F. Toward a social understanding of how people learn in organizations: a notion of situated curriculum. *Management Learning,* v. 29, n. 3, p. 273-297, 1998.

30 MATTHEWS, J. C. *Mindful body, embodied mind:* somatic knowledge and education. 1994. Doctoral dissertation. Stanford University, Stanford.

31 YOUNG, J. O. *Art and knowledge.* London: Routledge, 2001.

sentação artística é fundamentalmente diferente da representação científica, a arte pode gerar novas idéias de forma tão importante e profunda quanto qualquer outra oriunda do campo científico. Ainda mais: enquanto a ciência tenta excluir a emoção, as respostas emocionais geradas pelas obras artísticas lhes fornecem todo o seu valor cognitivo. Tanto na produção quanto na percepção de obras artísticas, o conhecimento é transformado, na medida em que é simultaneamente co-construído e singularizado.

A relação pedagógica: níveis de implicação, papéis e situações de aprendizagem

Quando a arte interfere no ensino-aprendizagem de um conteúdo, a relação pedagógica é modificada, como destacamos anteriormente e como veremos adiante ao conhecermos as várias experiências vividas nos próximos capítulos do livro. A relação pedagógica pode, então, ser pensada a partir de diferentes papéis que o professor e o estudante desempenham, tais como o papel de artista, de espectador e de crítico.

O papel de crítico refere-se à reflexão crítica de significados e valores inerentes a uma obra de arte, bem como da capacidade de uma dada obra de arte de expressar certos significados congruentes com o que se espera em termos de aprendizagem do conteúdo estipulado. Sabemos que ser crítico no mundo artístico é refletir sobre o aporte da atividade artística. Ora, quando utilizado em sala de aula, é necessário ser crítico no sentido de ser reflexivo ao buscar transformar a experiência em aprendizagem efetiva no campo da administração. Sem a reflexão, a aprendizagem não acontece e a experiência decorrente da utilização da arte se torna uma simples brincadeira.

Apesar de a reflexão ser um aspecto intrínseco à condição humana e, portanto, ao processo de aprendizagem em si, a ação reflexiva não tem limites e não pode ser contida, pois é processo individualizado, acontecendo então a qualquer momento em que contrastamos experiências passadas às atuais. Todavia, julgamos que em um contexto de ensino da administração por meio da arte seria válido formalizar tal processo, identificando um momento específico para traduzir as percepções estéticas em palavras, relacionando-as metaforicamente ou não ao objeto específico de aprendizagem no campo da administração.

Se a reflexão e a aprendizagem não podem ser totalmente controladas, adotamos a postura crítica freqüentemente. Assim, como o papel de crítico é atribuído tanto ao artista quanto ao espectador, nos concentraremos nos dois outros papéis e destacamos quatro situações de aprendizagem possíveis: professor e estudante simultaneamente como atores ou como espectadores, professor como artista e estudante como espectador e professor como espectador e estudante como artista.

O papel de artista diz respeito à posição que o estudante ou o professor ocupa quando decide se expressar artisticamente para apresentar algo ligado ao assunto da disciplina a ser aprendida. Expressa-se artisticamente também para participar em uma atividade que permite revelar uma dimensão oculta do assunto, para experimentar um aspecto do assunto que é melhor apreendido de maneira estética ou para partilhar um entendimento personalizado do tema. Por exemplo, os estudantes podem se colocar na posição de fotógrafos (JUNQUILHO e GONÇALVES, Capítulo 2) para melhor apreender o trabalho de consultoria organizacional; de diretores cinematográficos (FREITAS, Capítulo 9) para melhor apreender noções de gestão intercultural; de pintores (SILVA e HOFFMANN, Capítulo 13) para melhor entender conceitos de racionalidade; de artistas plásticos (GOMES DA SILVA, Capítulo 14; CARIERRI, Capítulo 15) para melhor aprender sobre perspectivas e teorias organizacionais; de roteiristas, diretores e atores teatrais (CAVEDON, Capítulo 16; CHASSERIO e GOSSE, Capítulo 17; CARVALHO, Capítulo 18; TAYLOR, Capítulo 19) para melhor apreender os conceitos de trabalho em equipe; de dançarinos (THEODORO, Capítulo 25; VERGARA, Capítulo 26) para agir em equipe e internalizar atitudes empáticas.

Professor ou estudante podem também desempenhar o papel de espectadores, ocupando assim uma posição de recepção ao interagir e experimentar – no sentido proposto por Dewey – uma obra de arte. Isto acontece, sobretudo, quando a obra de arte é apresentada ao grupo, como ilustram várias experiências nas quais o professor expõe os estudantes a um filme (WOOD JR., Capítulo 3; PINA e CUNHA, Capítulo 28; SARAIVA, Capítulo 4; BARROS, Capítulo 5; FLEURY e SARSUR, Capítulo 6; BAÊTA, Capítulo 7; IPIRANGA, Capítulo 8), a uma obra literária (BAÊTA, Capítulo 10; FERREIRA, Capítulo 11), a uma pintura (GHADIRI, Capítulo 12), a uma música (LINSTEAD, Capítulo 20; DANTAS, Capítulo 21; RACETTE, Capítulo 22; FISCHER, Capítulo 23; HATCH, Capítulo 24), a um desenho animado (MURASHIMA, Capítulo 27). O professor se torna também espectador quando incita os estudantes a serem artistas e observa a apresentação artística que acontece em sala de aula.

Cada tipo de papel remete a um nível de implicação no processo de aprendizagem. Num nível mais baixo de implicação, encontra-se o processo de reflexão sobre o processo de criação artística. Por exemplo, quando se utiliza o *jazz* como metáfora para aprender sobre liderança, reflete-se sobre como ele é criado durante o processo de improvisação. O foco recai então sobre o processo e não sobre o produto, que é a música. Esse nível envolve mais a reflexão que o engajamento corporal e emocional, enquanto a recepção e a produção (*performing*) exigem um nível maior de implicação do aprendiz e do professor. A recepção é a percepção da obra de arte, como ver e escutar um filme. Já a produção é o realizar a arte em si; diz respeito a experimentar o processo de criação artística, a como o desempenhar um papel em uma peça teatral, a tocar um instrumento musical ou a dançar.

Desafios no uso da arte no ensino-aprendizagem

Depois de examinarmos a relação entre arte e processos do ensino-aprendizagem da administração e de discutirmos os benefícios e as formas de integrar a arte a esses processos, nos detemos, nesta seção, nos desafios e riscos de tal integração. Se o objetivo é integrar tais recursos, a prática de ensino pode ser confrontada com cinco desafios, pelo menos. Os desafios exigem do professor capacidade e sensibilidade para equilibrar e dosar em sala de aula conteúdo e forma, pensamento e sensação, demonstração e imaginação, transmissão e interação, estrutura e abertura.

O primeiro desafio a ser enfrentado pelo professor é considerar a qualidade do conteúdo dos textos a serem lidos e discutidos, como também a forma de apresentá-los e de introduzi-los em sala de aula. Sem uma forma adequada de dispor o material escrito, a aula pode ficar monótona, enfraquecendo o interesse dos estudantes pela disciplina, a qualidade das discussões, a geração de novas idéias e a assimilação de conceitos e teorias. Sem um conteúdo adequado, recursos artísticos podem gerar uma sensação de caos, inutilidade, perda de tempo e frustração em termos de aprendizagem sobre os objetivos principais da disciplina.

Um outro desafio a ser enfrentado consiste em alinhar ensino e concepção da administração. Essas duas dimensões devem ser concebidas e praticadas como fenômenos que não mobilizam somente palavras, idéias, conceitos, teorias, debates, mas também emoções, sensações, percepções. Em sala de aula, a organização, a aprendizagem e o ensino envolvem, então, coexistência e interdependência tanto de um *modus operandis* baseado em pensamento, quanto em sensação. Cabe ao professor prudência e sensibilidade para saber conciliar essas duas dimensões do mesmo fenômeno.

A lógica de raciocínio geralmente difundida e aplicada no ensino e pesquisa administrativa valoriza a dedução e a demonstração por meio de pesquisa empírica. Ao integrar a arte no ensino, o professor se confrontará com o desafio de complementar tal lógica positivista e cartesiana com uma outra que valoriza a imaginação e a projeção como fontes alternativas de conhecimento e aprendizagem. Strati sugere como o conhecimento empático pode nos ajudar a contrabalançar a ênfase dada ao conhecimento empiricamente fundado. O conhecimento empático dá mais valor à subjetividade e à habilidade de se imaginar na situação na qual a ação acontece. É, então, enraizado na experiência, na medida em que é possível dar asas à imaginação.

Outro pressuposto recorrente no ensino e na pesquisa da administração é de que o conhecimento e a aprendizagem acontecem pela transmissão de informação. Cabe ao professor equilibrar essa forma de pensar com a necessidade de se desenvolver um aprendizado que seja baseado na interação entre as pessoas. O conhecimento gerado por tal interação revela-se de natureza tácita,[32] como

[32] GHERARDI, S. Where learning is: metaphors and situated learning in a planning group. *Human*

acontece nas novas modalidades de aprendizagem organizacional presentes nas comunidades de prática[33] e nas práticas de mentoria.[34] O uso da arte suscita e favorece uma prática de ensino que não visa somente à transmissão de conhecimento, mas que busca se nutrir e valorizar o que emerge das interações estabelecidas entre estudantes e entre estudantes e professor.

Quando se busca favorecer a criatividade e a inovação, é necessário estar aberto a práticas de transgressão[35] e a imprevistos que possam acontecer. No contexto do ensino com arte, o professor se depara com o desafio de estabelecer uma estrutura de pensamento baseada em leituras sistemáticas e rigorosas de um determinado assunto, mas, ao mesmo tempo, de manter uma certa leveza e flexibilidade para permitir que a criatividade e novas idéias possam emergir e ganhar espaço de reflexão. A aprendizagem e a descoberta ganham espaço, normalmente, quando um estado de ausência de conhecimento pode ser suficientemente alimentado para permitir que as informações recolhidas pelos sentidos possam ser exploradas e consideradas até que algum padrão significativo emerja.[36]

Conclusões

Como produto das idéias elaboradas neste capítulo, concluimos que arte e ensino-aprendizagem representam uma relação fecunda para revitalizar a administração. Concluímos, também, que a influência da arte no ensino-aprendizagem é vasta, diversa e atrativa, dependendo de interesses e níveis de implicação tanto do professor quanto do estudante.

De fato, a arte pode ser considerada como o supremo centro dos processos sociobiológicos dos indivíduos, como um meio de criar equilíbrio entre o ser e seu mundo, nos estágios mais críticos e importantes da vida, como nos ensina Vygotsky. Assim sendo, a arte pode tornar-se um princípio central para desenvolver e melhorar estratégias de aprendizagem em sala de aula, ou mesmo

Relations, v. 53, n. 8, p. 1057-1080, 2000. GHERARDI, S. From organizational learning to practice-based knowing. *Human Relations,* v. 54, n. 1, p. 131-139, 2001. NICOLINI, D.; GHERARDI, S.; YANOW, D. Introduction: toward a practice-based view of knowing and learning in organizations. Dans: NICOLINI, D.; GHERARDI, S.; YANOW, D. *Knowing in organizations:* a practice-based approach. Armonk: M. E. Sharpe, 2003.

33 WENGER, E. *Communities of practice:* learning, meaning and identity. Cambridge: Cambridge University Press, 1998.

34 KRAM, K. E. *Mentoring at work*: developmental relationships in organizational life. Glenview: Foresman, 1986.

35 ALTER, N. *L'innovation ordinaire.* Paris: Presses Universitaires de France, 2000. ALTER, N. *Inovação, risco e transgressão nas organizações*. In: DAVEL, E.; VERGARA, S. C. *Gestão com pessoas e subjetividade*. São Paulo: Atlas, 2001.

36 SALZBERGER-WITTENBERG, I.; HENRY, G.; OSBORNE, E. *The emotional experience of learning and teaching.* London: Routledge & Kegan Paul, 1983.

de forma autodidata, como tão enriquecedoramente nos dizem os professores cujas experiências são relatadas neste livro.

Por outro lado, a arte é fecunda, pois se opõe ao processo de instrumentalização e de perda de sentido provocados pelo avanço da modernidade.[37] A arte encontra-se na base da atribuição de sentido e valor à vida cotidiana, transmutando a experiência humana em algo melhor e conferindo um senso de originalidade a todos que se expressam artisticamente e/ou desenvolvem um olhar artístico sobre a vida. Por isso, o ensino com arte permite evitar um tipo de prática de gestão baseada no monopólio de considerações puramente instrumentais.

O ensino com arte possibilita multiplicar os modos de conhecimento, de expressão, de tomada de decisão e de intervenção. Cabe, portanto, ao gestor se tornar não somente um bom técnico, mas também alguém que se valha da arte para desenvolver sua própria criatividade na condição de gestor, líder e analista organizacional. Dito de outra forma, percebemos que dentro de cada um de nós habita um ser artista, criativo e inventivo. Como veremos adiante, o conjunto das experiências vividas de ensino com arte chama nossa atenção para a potencialidade da arte em nossa vida.

---

[37] TAYLOR, C. *Les sources du moi*: la formation de l'identité moderne. Montréal: Éditions du Boréal, 1998.

2

Fotografia no ensino e aprendizagem da consultoria

Gelson Silva Junquilho e Maria Gorete Dadalto Gonçalves

"O que não conseguimos delimitar nem conseguimos perceber."

Ostrower

Formação Básica em Consultoria Organizacional foi um curso com 152 horas/aula, criado em nível de extensão, pelo Departamento de Administração da Universidade Federal do Espírito Santo (UFES), objetivando atender a uma turma de 40 profissionais de nível superior de áreas multidisciplinares, interessados em desenvolver e/ou aperfeiçoar habilidades básicas de consultoria organizacional. O consultor deve, no primeiro contato com a organização cliente, ter uma percepção ampla da complexidade do problema para o qual deverá estar apresentando sua proposta de atuação. Entretanto, essa percepção é dificultada, muitas vezes, porque o cliente não sabe definir exatamente as raízes de seus problemas, bem como não dispõe de muito tempo para explicar detalhadamente aquilo que deseja de uma consultoria. Por outro lado, o consultor deve buscar o máximo de informações possíveis sobre aquelas mesmas raízes para o preparo de uma proposta adequada de prestação de serviços. Para tanto, necessita ter uma sensibilidade aguçada e sistêmica da organização cliente.

Idealizador e coordenador do curso, convidei a profa. Maria Gorete para ministrar comigo a disciplina Imagens e Percepções na Consultoria com 8 horas/aula, divididas em duas sessões de 4 horas cada uma. Juntos planejamos o seu desenvolvimento, aproveitando o meu conhecimento em organizações e a experiência da Gorete com fotografia. Há alguns anos, já havíamos desenvolvido uma oficina de fotografia com servidores da área administrativa da mesma UFES, em um programa de formação de gerentes organizado pela Pró-Reitoria de Administração. A mim coube, em um primeiro momento, contextualizar a profa. Gorete sobre os significados da Consultoria Organizacional, bem como as atividades de um consultor nessa área. Num segundo instante, já montada a disciplina, trabalhei a sua introdução com os estudantes, explicando-lhes o porquê da mesma no Programa. Feito isso, a profa. Gorete assumiu a temática central.

A fotografia foi o recurso estético que utilizamos como forma de aguçar a percepção de realidades organizacionais de profissionais consultores. O recurso fotográfico foi a base da disciplina. Nesse sentido, a disciplina Imagens e Percepções na Consultoria buscou trabalhar o indivíduo e suas percepções, assim como suas particularidades, sua vivência com o grupo e suas relações, e as percepções do espaço vivido. Girou em torno da preocupação em desenvolver uma série de exercícios que trabalhassem o olhar dos estudantes, aguçando sua percepção visual, usando para isso os recursos da fotografia.

O enfoque principal foi a demarcação da multidimensionalidade da formação humana e da experiência estética associada à prática profissional, fazendo emergir uma consciência crítica fundamentada na realidade circundante. Os seus objetivos foram assim definidos: desenvolver uma ação perceptiva centrada na vivência, no olhar do sujeito; utilizar a fotografia como recurso de observação e compreensão do meio; experimentar processos que têm como procedimentos a observação crítica; fazer recortes e leituras de fotografias e do ambiente vivido.

Para ministrar a disciplina foram necessários alguns recursos instrucionais específicos, como uma máquina fotográfica digital, um computador e uma impressora para a reprodução das fotos. A sala de aula possuía uma televisão de 50 polegadas, atrelada a um microcomputador, o que facilitou a projeção de imagens para todo o grupo. Definimos como seu conteúdo programático uma estrutura que possibilitasse, de início, uma introdução básica sobre a linguagem fotográfica – as escolhas do fotógrafo e a estrutura interna da fotografia; elementos constitutivos da imagem fotográfica: luz, ângulo, composição/enquadramento, considerando-se que estaríamos trabalhando com profissionais sem conhecimento dessa temática.

A partir deste momento, buscamos aguçar a compreensão dos aspectos simbólicos da imagem fotográfica, isto é, distinguir o olho como mero instrumento de percepção, e o olhar fotográfico, aquele que cria significados, que permite múltiplas linguagens interpretativas, a partir de quem olha. Para tanto, foi construído um fio condutor da disciplina que envolveu: a *memória visual, a percepção do espaço interno, a sondagem do repertório fotográfico e, por fim, sua análise*. Basicamente, a metodologia envolveu aulas expositivas e discussões a partir de leituras de textos selecionados e quatro exercícios como proposta, que colocaram em prática as leituras e as discussões realizadas em sala.

Assim, a ementa da disciplina foi montada, abordando duas dimensões centrais, distintas, porém complementares, ou seja, uma objetiva – a linguagem fotográfica em si – e uma subjetiva – os seus aspectos simbólicos, isto é, as percepções do que não está explícito. Esta última era responsável pelo despertar do "olhar clínico" e crítico do consultor sobre a realidade na qual vai se inserir. Dito de outro modo, propiciar ao consultor a conjugação indispensável de seu conhecimento técnico específico, dimensão objetiva, à sua capacidade de observar e compreender significados "ocultos", dimensão subjetiva, capacitando-o a melhor definição de atitudes em organizações, na medida em que a maior compreensão de uma dada realidade permite a criação de soluções organizacionais únicas para cada caso, diferencial indispensável a um bom profissional consultor que não pretenda utilizar-se de "receitas" requentadas de *cases* internacionais.

Concordamos, assim, com os ensinamentos de Merleau-Ponty (1991, p. 63),[1] segundo os quais "a experiência da percepção nos põe em presença do momento em que se constituem para nós as coisas, as verdades, os bens; [...] as verdadeiras condições da própria objetividade".

Como material de leitura e instigador das discussões e acompanhamento da disciplina, foram distribuídos para os estudantes os seguintes textos:

CALVINO, I. A aventura de um fotógrafo. In: *Os amores difíceis*. São Paulo: Companhia da Letras, 1992.

KUBRUSLY, C. *O que é fotografia*. 2ª ed. São Paulo: Brasiliense, 1984.

LIMA, I. *A fotografia é a sua linguagem*. Rio de Janeiro: Espaço e Tempo, 1988.

OSTROWER, F. A construção do olhar. In: NOVAES, A. *O olhar*. São Paulo: Companhia da Letras, 1989.

Aquecendo o olhar e a memória visual

A primeira sessão da disciplina foi dedicada a uma breve explanação sobre fotografia, seus conceitos e sua possível e desejável relação como instrumento auxiliar no trabalho de consultoria. Foi solicitado que fizessem as leituras para um melhor aproveitamento do curso, o que permitiria uma discussão mais participativa e não apenas uma exposição unilateral de conteúdo.

Após essa introdução e discussão, quatro exercícios foram utilizados para o aquecimento do olhar ou de resgate da memória visual que chamamos de: *o indivíduo, o retrato do vizinho, o cego e a janela.* Esses exercícios foram inspirados

---

1 MERLEAU-PONTY, M. *O primado da percepção e suas conseqüências filosóficas*. Campinas: Papirus, 1991.

em experiências realizadas por pesquisadores como Porcher,[2] Coussedière e Sicard,[3] revisitados por nossa experiência. A sua aplicação deu-se como forma de possibilitar a vivência dos estudantes com a temática tratada na introdução, imergindo-os no mundo fotográfico. Aquecimento foi entendido para essa disciplina como a sensibilização do indivíduo, resgate de seu repertório imagético e afloramento da observação de seu ambiente.

Num primeiro momento, o curso voltou-se para o indivíduo, ou seja, para a sua capacidade de se reconhecer dentro do grupo, por meio da observação de si mesmo e, em seguida, de sua representação por meio de recortes, desenhos etc. Para tanto, foram distribuídos a cada estudante revistas e jornais, giz de cera, lápis de cor, para que de posse destes materiais fizessem uma representação deles próprios. Este exercício resultou em "auto-retratos" e, ao final da atividade, cada estudante teve a oportunidade de apresentar e fazer comentários sobre sua auto-representação. Além do exercício de dedicar seu olhar para si, nesta fase tiveram a oportunidade de se mostrar para os outros, possibilitando um retorno do grupo sobre a sua representação.

Num segundo momento, passou-se para o exercício "retrato do vizinho". Provocamos cada um a olhar para o colega ao lado, observando-o em todas as suas possibilidades – as possíveis em apenas um encontro – ou seja, a aparência, o jeito de ser, o temperamento e, em seguida, representá-lo. Foram utilizados materiais diversos como lápis de cor, giz de cera, recorte de revistas e jornais. Algumas dificuldades surgiram nesta proposta, já que houve uma exposição das individualidades, resultando resistências por parte de alguns estudantes, como no caso extremo de um estudante que não quis executar a proposta. Mesmo assim, o exercício foi importante por permitir a manifestação de resistências no grupo, bem como, por outro lado, facilitou não só a aproximação da equipe como ainda a percepção do outro.

Ampliando ainda mais as percepções do olhar para o ambiente vivido, deslocamos o olhar da dimensão do sujeito para a percepção do espaço, pela introdução do exercício do "cego", no qual procuramos trabalhar a percepção do espaço físico, as superfícies e suas texturas, localização de mobiliários, onde a ênfase maior é evidenciar o tato. Neste exercício, um estudante conduzia seu colega que estava com vendas nos olhos, pela sala, apresentando os espaços, os objetos, as superfícies etc. Dessa forma, sem "ver", o estudante podia "sentir", usando o tato, sem interferência da visão. Ao final da atividade, os estudantes comentaram as sensações vividas, ressaltando a importância da exploração do tato como forma de expansão da sua percepção do entorno.

Por último, encerrando a primeira sessão, passou-se ao exercício da "janela", por meio do qual provocamos o ver através de uma janela recortada em

---

2 PORCHER, L. *La photographie et ses usages pédagogiques*. Paris: Armand Colin/Bourrelier, 1974.

3 COUSSEDIÈRE, A.; SICARD, O. *La photographie à l´école*: sa pratique et son utilisation pédagogique. Paris: Editions Retz, 1988.

papel com dimensões próximas às do fotograma, visualizando-se as diversas possibilidades de enquadramentos possíveis. Procurou-se, então, a fixação em um enquadramento escolhido e, a seguir, a sua representação gráfica por meio de um desenho. Posteriormente, os estudantes foram convidados a olhar para o espaço vivido, o entorno onde estavam trabalhando, sem auxílio de instrumentos, observando detalhes, cor, a distribuição da sala, a ocupação pelas pessoas, dentre outros aspectos.

É importante ainda ressaltar que em todos os exercícios ocorreu a prática da verbalização da observação, necessária ao profissional de consultoria no que diz respeito à sua capacidade de transmitir idéias, bem como de assumir e defender determinados posicionamentos.

Vivenciando a fotografia

Após esses exercícios, que chamamos de aquecimento visual, já na segunda sessão, na qual a temática de fundo foi destacar e analisar os aspectos simbólicos da fotografia, os estudantes, individualmente, tiveram oportunidade de fotografar, utilizando uma câmera digital. A partir da vivência da sessão anterior, quando trabalhamos o resgate do olhar e as percepções, cada estudante pôde sintetizar sua experiência, utilizando um aparelho fotográfico.

Assim, cada estudante teve a máquina à sua disposição e, numa fração de segundos, definiu um recorte espacial, fazendo sua opção de enquadramento, ângulo, iluminação, utilizando os conceitos exercitados. Para tanto, foi dada a todos a liberdade para escolha do local e do que fotografar. A seguir, as fotografias foram apresentadas ao grupo, numa seqüência aleatória, utilizando-se o computador que as projetou na tela. Cada foto foi comentada, tendo os professores estimulado o relato das percepções de cada um sobre seu trabalho, bem como a correlação dessa capacidade aguçada de "olhar" e compreender uma foto com o "olhar" do profissional em um trabalho de consultoria. Esse diálogo coletivo entre professores e a turma propiciou a construção social da relação ensino-aprendizagem na medida em que, a partir de suas próprias percepções, incrementadas pelas dimensões objetiva e subjetiva da fotografia, os estudantes passaram a compreender a importância de conjugar essas duas dimensões no trabalho de consultoria que, sem dúvida, traduz-se em um misto de arte e ciência.

Da mesma forma, foi evidenciada uma reflexão consistente sobre a importância do uso de uma forma de arte tão específica e sem dúvida, estranha, em princípio, à administração, como a fotografia. Buscando esse objetivo, algumas questões foram por nós colocadas para a turma:

- O que a percepção influencia na atividade da consultoria?
- Por que é importante "fotografar" o ambiente organizacional?

- Você é capaz de relatar alguma experiência real em que deixou de observar fatos de uma realidade que dificultaram o seu "olhar" da organização cliente?

A partir dessas questões provocativas, os estudantes citavam episódios que eram discutidos no coletivo. Resultaram dessa prática diversas situações que, colecionadas, trouxeram dicas para o trato de apreensões e angústias vivenciadas pelos consultores, reforçando o ensino-aprendizagem.

Refletindo sobre fotografia e consultoria

Nas duas horas finais da disciplina, buscamos a relação entre a fotografia e a consultoria, chamando a atenção para a importância do desenvolvimento da apreciação crítica da realidade organizacional na qual se vai atuar. Essa apreciação não deixa de ser uma questão inquietante, considerando que a forma como são apresentadas certas imagens, desenhos, ilustrações, fotografias pode contribuir para que tenhamos uma postura passiva e estereotipada frente ao que vemos em nosso entorno, em nosso cotidiano. Assim, desenvolver um "olhar" crítico sobre o que vemos nas organizações pode ajudar, em muito, nossa atividade de consultoria organizacional, quando percebemos nas entrelinhas e observamos sobre diversos ângulos, possíveis interpretações de uma realidade na qual queremos interferir.

Por meio da fotografia, pudemos exercitar nos estudantes o olhar, os recortes e as leituras de nosso ambiente, ampliando e decodificando o mundo ao nosso redor, pois, para se fazer uma fotografia, é preciso que se perceba o entorno, distinguindo fenômenos naturais e culturais, tornando possível as escolhas de enquadramento, ângulo, iluminação. Ao exercitarmos esse olhar entre os estudantes consultores, pudemos vivenciar a oportunidade de aguçarmos a percepção visual, utilizando recursos que permitiram o acesso às informações mais dissimuladas, investindo-se na compreensão do mundo. Facilita-se, desse modo, o processo de explicação e percepção da realidade, tão necessários a qualquer processo de intervenção organizacional como em um trabalho de consultoria. Ou ainda, que na Administração, como campo de conhecimento e de intervenção na realidade, o conhecimento técnico, objetivo, probabilístico, não se realiza, cotidianamente, sem a conjugação do campo daquilo que não está prescrito ou previamente dito em manuais, mas sim ditado pela observação, pelo senso crítico, pela leitura que se faz do que nos cerca, enfim, da nossa sensibilidade de compreensão e reconstrução social da realidade.

Ficamos também certos de que a fotografia possibilitou um investimento no indivíduo, ou seja, na sua capacidade de conhecer melhor o que o cerca para tornar-se mais consciente daquilo que e para que pratica suas habilidades profissionais, especialmente a consultoria, pois, "se uma sociedade baseada no mito da produtividade (e na do lucro) precisa de homens pela metade – fiéis executores, dirigentes reprodutores, dóceis instrumentos sem vontade própria – é sinal de que está malfeita, é sinal de que é preciso mudá-la. Para mudá-la, são necessários homens [consultores] criativos, que saibam usar sua imaginação".[4]

Resultados alcançados e limitações encontradas

A utilização da fotografia como recurso estético de aprendizagem foi inédita nos cursos até então oferecidos pelo Departamento de Administração da UFES. Por isso, a ansiedade do coordenador do curso era grande, pois não se sabia como seria a interpretação dos estudantes, ávidos pela consultoria organizacional e seus modelos de intervenção, ao depararem com uma professora do Centro de Artes da Universidade, especialista em multimeios, em uma área, em princípio, tão distinta. Do mesmo receio compartilhava essa profissional, embora todos estivessem convencidos da utilidade do recurso estético para o objetivo definido.

Entretanto, a sua aplicação foi de grande valia para os estudantes que entenderam a proposta e se entregaram aos seus desafios. Foram feitas diversas fotos e a sua montagem e exposição, bem como o debate foram muito participativos e facilitadores de aproximação da turma, já que a disciplina foi a segunda a ser ministrada no curso. A dinâmica mostrou-se, assim, muito enriquecedora. Os debates sobre as fotos permitiram aos estudantes perceber a importância da mensagem buscada: a análise de uma situação organizacional pode ser facilitada ao aguçar-se a nossa capacidade de ler e compreender uma dada realidade, "sacando" fotos imaginárias, buscando conhecer o todo. Os processos de intervenção tornam-se assim mais possíveis.

Ao final da carga horária o grupo avaliou positivamente a aplicação do recurso estético, elogiando a "ousadia" de sua utilização em um curso na área organizacional. Para nós, docentes, ficou a certeza não só de sua validade, como também da necessária interdependência multidisciplinar no campo da Administração e, em especial, na área da Consultoria Organizacional.

Uma das poucas limitações do processo deveu-se ao fato de o curso ter sido desenvolvido no período noturno, diminuindo as chances de fotos externas que, certamente, ampliariam as possibilidades de ser mais atrativas.

Uma outra questão importante a ser apontada é a necessidade de explicar bem os objetivos da disciplina, bem como do uso do recurso estético no início da mesma. Apesar de a Coordenação tê-lo feito ao apresentar a especialista em multimeios, alguns estudantes ainda manifestaram uma certa desconfiança e falta de objetividade em sua aplicação. É importante lembrar que a turma foi

---

4 RODARI, G. *Gramática da fantasia*. São Paulo: Summus, 1973. p. 139.

composta, de forma surpreendente, por engenheiros, advogados, contadores e até um odontólogo. Os administradores eram minoria. Logo, a surpresa por uma disciplina que tratava com a fotografia numa área organizacional até então era novidade e causava inquietações. Ao longo de sua dinâmica, essas reticências foram superadas.

Um fato que marcou muito foi a importância que os estudantes deram à associação da fotografia com a análise organizacional feita ao final da disciplina. Foi possível, assim, demarcar e consolidar objetivos e expectativas com o uso do recurso estético fotográfico, tão distante no início da disciplina, mas tão incitante durante a sua aplicação e revelador ao seu encerramento.

3

A utilização de filme e fotografia na discussão do conceito de liderança

Thomaz Wood Jr.

Este depoimento baseia-se em uma experiência realizada na disciplina Organizações Pós-industriais, oferecida como eletiva no programa de pós-graduação *strictu senso* da FGV-EAESP. A disciplina contou com 12 participantes, incluindo estudantes regulares dos cursos de mestrado e de doutorado, dois ouvintes dos mesmos cursos, uma estudante do programa de intercâmbio internacional e uma professora convidada.

A disciplina desdobrou-se em 13 encontros, com aproximadamente três horas de duração cada um, ocorridos semanalmente. Após a aula introdutória, que foi dedicada à discussão do programa e das expectativas dos participantes, a segunda e a terceira sessões foram dedicadas ao "experimento" aqui narrado. As demais foram dedicadas a explorar de forma sistemática a "paisagem pós-industrial".

A dinâmica das aulas

Cada seção teve seqüência similar: iniciava-se com uma introdução geral ao tema pelo professor, com apoio de uma apresentação preparada em *PowerPoint*. Todas as sessões foram desenvolvidas para dar ênfase ao binômio imagem-discussão. As apresentações foram preparadas sempre com muitas imagens e poucos textos. Em várias apresentações, não se utilizou texto algum.

Em várias sessões foram discutidos longas-metragens. Em algumas delas foram exibidos trechos de filmes, de duração de 2 a 10 minutos. Quando não havia disponibilidade do trecho do filme, exibiam-se fotos de cena e comentava-se sobre o diretor, os personagens e o enredo.

Além da apresentação, por mim conduzida, havia sempre uma ou duas apresentações realizadas por grupos de participantes, mediada por mim e com grande interação com os estudantes e entre eles. Tais apresentações tinham como objetivo prover maior dinâmica às aulas e incentivar os participantes a aprofundar a compreensão dos temas tratados. Em diversas ocasiões, os estudantes utilizaram filmes de sua própria escolha. Um dos grupos realizou uma simulação com caráter teatral, procurando vivenciar os conceitos criticados e criando um efeito cômico provocativo.

Discussão do conceito de liderança

Nas sessões dois e três, conforme mencionado, foi realizado um experimento específico. O objetivo era verificar a percepção comparativa dos estudantes em face de diferentes formas de abordar um determinado tema. Com isso, esperava colher subsídios para o restante do curso e ainda estabelecer um compromisso com a classe sobre a condução das demais sessões. O tema escolhido para tal foi liderança, um tema clássico em Estudos Organizacionais e de grande apelo entre executivos. Ao todo, cinco diferentes abordagens foram realizadas, de forma seqüencial.

Leituras sobre liderança

Na primeira abordagem, o conceito foi discutido a partir do que denominamos "conhecimento *mainstream*", tomando-se como referência manuais consagrados de comportamento organizacional, com ênfase no *handbook* de Richard Daft.[1] Os conceitos foram apresentados em forma tradicional de seminário e em seguida comentados.

Na segunda abordagem, foram utilizadas referências relacionadas aos Estudos Críticos em Gestão e à corrente dos estudos de Simbolismo e Cultura Organizacional, com ênfase nos conceitos de liderança simbólica e de manipulação dos sentidos, desenvolvidos por Linda Smircich e Gareth Morgan,[2] e na perspectiva da liderança como conceito-fetiche, proposto por Burkhard Sievers.[3] Como

---

[1] DAFT, R. L. *Management*. Orlando: Dryden Press, 1994.

[2] SMIRCICH, L. ; MORGAN, G. Leadership: the management of meaning. *The Journal of Applied Behavioral Science*, v. 18, n. 3, p. 257-273, 1982.

[3] SIEVERS, B. *Work, death and life itself*: essays on management and organization. Berlin: de Gruyter, 1994.

na abordagem anterior, os conceitos foram apresentados em forma tradicional de seminário e, em seguida, discutidos.

Na terceira abordagem, utilizamos um texto jornalístico da revista norte-americana *The Atlantic Monthly*, que traça um perfil do presidente George Bush. Esta apresentação seguiu o mesmo formato das primeiras: seminário e discussão. O objetivo da utilização desta abordagem foi contrapor a perspectiva jornalística às perspectivas acadêmicas vistas anteriormente.

Liderança em fotografias

Na quarta abordagem, utilizamos uma série de seis fotos de líderes empresariais, feitas em preto e branco para uma edição especial – "Empresas Mais Admiradas do Brasil" – realizada pela revista *CartaCapital*. Esta sessão teve um processo diferente das anteriores. As fotos foram apresentadas, cada uma por três a quatro minutos, tendo sido solicitado aos participantes que refletissem sobre cada foto e que fizessem anotações sobre que noções de liderança ou emoções as imagens transmitiam. Não houve qualquer estímulo a que os participantes estabelecessem relações com as leituras ou conceitos anteriores. A discussão foi conduzida de forma livre. Com isso, pretendi respeitar o repertório e os limites dos indivíduos e do grupo na interpretação das imagens. Em seguida à apresentação, o grupo discutiu as imagens, primeiro uma a uma, e depois o conjunto.

Liderança no cinema

Na quinta abordagem, foram utilizados dois trechos de filmes: o documentário sobre a ascensão e queda de Charles F. Kane, extraído de *Cidadão Kane*, de Orson Welles (1941); e uma seleção de seqüências com os personagens principais de *Terra em transe*, de Glauber Rocha (1967).[4] Antes dos trechos, que tinham duração de 10 a 15 minutos cada um, foram feitas introduções sobre os cineastas, suas obras e o contexto geral dos filmes a serem analisados. Após a exibição, foi realizada uma discussão aberta sobre as percepções acerca do material visto.

Percepções do professor

Posso afirmar que a experiência foi rica e estimulante. Muitos estudantes comentaram a complementaridade das abordagens e a riqueza, em termos de reflexão, provocada pelas tensões entre diferentes perspectivas ontológicas e epistemológicas e entre diferentes mídias.

---

[4] Para uma introdução às obras, ver WOOD JR., T. Terra em transe: liderança em Eldorado. In: MOTTA, F. C. P.; CALDAS, M. P. (Ed.). *Cultura organizacional e cultura brasileira*. São Paulo: Atlas, 1997.

As duas primeiras apresentações tiveram, como esperado, um caráter mais tradicional. Os conceitos foram apresentados da mesma forma como estavam organizados nos textos, com o apoio de quadros e diagramas. A atitude da classe foi interessada, porém "morna", de pouco entusiasmo. Comparada à visão dos manuais de gestão, a visão dos Estudos Críticos em Gestão e a visão do Simbolismo e da Cultura Organizacional suscitaram reações mais fortes e mais debates.

A apresentação baseada no texto jornalístico teve resultados ambíguos: por um lado, ficou nítida a riqueza do texto em termos de situar o tema com suas conexões históricas, econômicas, sociais e psicológicas; por outro lado, o personagem analisado no artigo suscitou reações e emoções que provocaram discussões paralelas e dificultaram a condução de análises mais objetivas sobre o conceito.

A apresentação baseada em fotografias superou as expectativas iniciais e foi surpreendentemente interessante.[5] Cada imagem gerou interpretações ricas e particulares. Ficou claro o poder da imagem em provocar conexões e análises complexas. Além de apreciar as fotos como obras estéticas, os participantes foram capazes de fazer deduções pouco triviais e de estabelecer hipóteses sobre características complexas dos executivos retratados e sobre sua relação com o papel de líder.

A apresentação com a utilização de filmes foi também rica. Comparativamente, *Cidadão Kane* gerou interpretações mais "fechadas" do que *Terra em transe*. O trecho exibido do primeiro foi percebido por muitos participantes como uma ilustração bastante fidedigna do conceito de liderança simbólica. Foram também comentados os riscos associados à manipulação de símbolos.

Terra em transe, por sua vez, permitiu reflexões mais abertas e ricas. Em primeiro lugar, foi notada a particularidade da obra, quanto às suas características estéticas. Em segundo lugar, ocorreram várias reflexões sobre a capacidade da obra de ajudar a refletir sobre a condição social e cultural brasileira, tanto no espaço social, quanto no espaço organizacional. Finalmente, especulou-se sobre a inconstância, falta de linearidade e fragilidade dos personagens, e o fato de estas características serem fiéis ao contexto brasileiro e, ao mesmo tempo, colocarem em xeque as visões usuais de liderança. A exibição deixou no ar a suspeita de que o conceito de liderança, tal como é tratado nos manuais de gestão – representativos da corrente dominante –, simplesmente "derrete nos trópicos".

Percepção dos estudantes

Na última parte do curso, foi realizada uma consulta informal por *e-mail* aos estudantes. Procurei avaliar, por meio de perguntas abertas, as imagens que haviam gerado maior impacto e a percepção geral sobre o uso de recursos visuais

[5] Cabe ressaltar que as fotos foram feitas por profissionais reconhecidos como grandes retratistas.

durante o curso. Todos os estudantes responderam às questões, sumarizadas a seguir com foco nos aspectos relacionados ao experimento anteriormente descrito.

Perguntados sobre que imagem mais os tinha impressionado, os participantes se dividiram, sugerindo que indivíduos com experiências de vida e repertórios culturais diferentes reagem de forma diferente a cada recurso. As imagens citadas foram as seguintes:

- O documentário sobre a vida de Charles F. Kane, que conta sua ascensão e queda, parte do filme *Cidadão Kane*, utilizado para ilustrar os conceitos de liderança simbólica e de manipulação dos sentidos.
- Os trechos selecionados com personagens arquetípicos de *Terra em transe*, de Glauber Rocha: o populista de direita, o líder de esquerda e o empresário enfraquecido, utilizados para trazer uma dimensão crítica e local ao debate sobre o conceito de liderança.
- A seqüência de fotos de empresários brasileiros, feitas para a revista *CartaCapital*, utilizada para estimular uma leitura imagética, relacional e complexa do fenômeno da liderança.

Cabe observar a força de *Terra em transe*, citado por vários participantes. Embora reconhecida como obra de difícil assimilação, com linguagem fragmentada, ritmo desigual e a profusão de imagens e símbolos, o filme de Glauber Rocha foi também apontado como o que mais gerou reflexões e inquietações.

Avaliação sobre o impacto no aprendizado

O uso de recursos visuais – filmes e fotografia – foi unanimemente visto como positivo pelos estudantes. Entre outros aspectos, os seguintes foram ressaltados: a capacidade para ilustrar e fixar conceitos subjetivos e complexos ("uma imagem vale mais que mil palavras"), o enriquecimento do processo de aprendizado e o fato de tornar as aulas mais interessantes, facilitando discussões e prendendo a atenção.

Um dos estudantes ressaltou a capacidade dos filmes de trazer elementos relacionados à emoção, com nuanças de intensidade e diversidade que outros meios não são capazes de prover. Outros manifestaram a percepção de que o uso de recursos visuais elevou o nível de análise, reflexão e aprendizado.

Por outro lado, um dos estudantes observou que é necessário usar com cuidado os recursos audiovisuais. Por suas características, eles tendem a gerar discussões longas e eventualmente sem foco, representando uma distração perigosa. De forma complementar, foi também comentado que a interpretação das referidas obras é fortemente dependente do quadro de referência do condutor do curso, havendo aí um risco de viés no tratamento dos conceitos.

Outro participante observou que, em seu caso, a leitura prévia dos textos fora fundamental como preparação para a aula, de tal maneira que o material audiovisual visto em aula serviu como complemento.

Foi ainda comentado que a metodologia empregada provavelmente levaria os estudantes a "assistir a filmes com outros olhos", buscando relações com temas organizacionais. Argumentaram, ainda, que o curso representou um "treinamento para o olhar", para reconhecer símbolos e significados que antes ficavam submersos.

Sobre o uso de trechos de filmes comparado à simples referência a filmes (com uso de fotos de cena) houve polarização nas respostas: alguns participantes declararam preferir os trechos de filmes, sempre introduzidos por uma explicação geral da obra, por possibilitar compreensão mais aberta dos conceitos; por outro lado, outros participantes declararam preferir fotos de cena, por permitir maior objetividade na discussão e melhor gestão do tempo de aula.

Discussão da experiência

Utilizar fotos, e especialmente filmes, em uma aula de Estudos Organizacionais não é tarefa trivial. Fotos e filmes são artefatos carregados de símbolos e de significados. É, portanto, necessário, ter domínio da linguagem e ter conhecimento das obras e dos autores a serem utilizados. De forma complementar, é preciso desenvolver uma pedagogia própria, já que os recursos visuais estimulam reflexões específicas e levam a discussões freqüentemente difíceis de conduzir. O risco de divagar e vir a perder o foco é constante. A formação e o papel do professor são, portanto, essenciais.

O segundo ponto a destacar relaciona-se ao perfil dos estudantes. No caso deste "experimento", tratava-se de um grupo bastante heterogêneo em termos de experiência profissional, linha de pesquisa e repertório cultural. Tal condição levou, algumas vezes, a discussões ingênuas e à produção de "interpretações-clichê" sobre as obras vistas. Significativamente, um dos estudantes observou a dificuldade em assimilar de forma conveniente todos os conceitos e interpretações vistos durante o curso. Esse participante declarou-se "frustrado com sua própria ignorância". Mais uma vez, cabe ao professor garantir, por meio de indicações de leituras e introduções bem elaboradas, que todos os participantes tenham condições para compreender e interpretar as obras.

O terceiro ponto refere-se à integração dos recursos visuais aos demais recursos e às condições técnicas e de projeção para as fotos e filmes. Ao utilizar salas de aulas, podem-se enfrentar limitações quanto à qualidade da imagem e do som. Tal condição prejudica a exibição e pode desestimular o uso do recurso visual. A solução pode ser a digitalização do recurso e a integração a um corpo único de apresentação, na base *PowerPoint* e escolha de salas adequadas para a projeção.

De forma geral, o "experimento" foi extremamente gratificante, atestando as amplas possibilidades de uso de obras de arte em sala de aula. Os participantes perceberam claramente este potencial; inicialmente, pela mudança da dinâmica das aulas, com maior interação e geração de discussões; em seguida, pela profundidade e pelo teor crítico das discussões geradas; e, finalmente, por terem sido capazes de atingir interpretações não triviais sobre o fenômeno em foco.

4 *Tempos modernos*, *Metrópolis* e *Rashomon* no ensino de teorias da administração

Luiz Alex Silva Saraiva

Disciplinas teóricas no início do curso de graduação em Administração são empreitadas difíceis. Converter a mera repetição de conteúdo em aprendizado é um desafio para o docente, razão pela qual resolvi utilizar recursos estéticos para melhorar o processo de ensino e de aprendizagem. A oportunidade se deu quando ministrei, em seqüência, duas disciplinas de caráter obrigatório: Teorias da Administração I e II, respectivamente no primeiro e segundo períodos do curso de graduação em Administração da Faculdade Novos Horizontes, em Belo Horizonte.

Em salas de aula lotadas (com cerca de 50 estudantes), disciplinas introdutórias são particularmente desafiadoras. Por um lado, um desafio é a dificuldade de abstração dos estudantes, no sentido de entender determinadas dimensões que vivenciam profissionalmente de forma abstrata, não presa a um formato empírico específico. A competência do professor em estimular a abstração é essencial ao aprendizado, porque permite que os estudantes aprendam conceitos que podem ser aplicados a qualquer situação, útil em uma área em que se esperam várias mudanças durante a carreira. Por outro lado, por esta ser a única disciplina do campo da Administração nos momentos iniciais do curso, são elevadas as expectativas dos estudantes com relação a um certo dinamismo e habilidade no tratamento do conteúdo.

Este contexto me estimulou a buscar alternativas que dinamizassem a disciplina, o que, do meu ponto de vista, trouxe benefícios tanto para os estudantes em termos de aprendizagem, quanto para mim, como professor, em termos de práticas de ensino. O uso de recursos estéticos foi particularmente adequado nesse sentido, pois permitiu incorporar um novo olhar à apreciação e à interpretação de fenômenos organizacionais. Nesse campo, optei por lidar com filmes dada a sua praticidade operacional e aproximação da realidade, já que a arte imita a vida (ou o contrário). Os filmes ocuparam um papel importante na dinâmica da sala de aula, permitindo associar teoria e estética como recursos didáticos para a ilustração, compreensão e análise das Teorias da Administração, conforme pode ser visto no Quadro 4.1.

Estudando as teorias da administração com filmes: o método

Visando assegurar que a utilização de filmes não ofuscasse o objetivo principal, o ensino e a aprendizagem das teorias da Administração, procurei desenvolver uma dinâmica geral, que intercalasse e conectasse a teoria e os filmes.

Em uma primeira etapa, reservo aproximadamente duas horas-aula para a exposição dialogada dos principais pontos da teoria em foco. Trata-se de uma fase de explanação do conteúdo teórico. Os estudantes são estimulados a participar da exposição por meio de perguntas e outras intervenções para tornar o tema mais claro. Além da leitura obrigatória da bibliografia relacionada ao assunto, no final dessa sessão apresento um roteiro estruturado de observação, necessário para que os estudantes tomem notas e "apurem o olhar" ao assistir ao filme na aula seguinte. Esse roteiro é usado nas primeiras exposições para que os estudantes adquiram maior consciência e consistência analítica nos primeiros contatos com os filmes. Essa fase só consegue ser realizada a contento se os estudantes cumprem o seu papel de, obrigatoriamente, ler a bibliografia indicada.

Na segunda etapa, como os estudantes já chegam à aula com a bibliografia obrigatória devidamente consultada, exponho o filme na própria sala de aula, utilizando para isso duas horas-aula, tendo o cuidado de evitar que conversas paralelas e outros incidentes interfiram demasiadamente na exposição, a fim de proporcionar não apenas otimização da exposição, mas também que os elementos do roteiro possam ser observados.

A próxima etapa inicia-se com uma conversa livre sobre o filme. O objetivo inicial é descontrair a turma, que em geral está ansiosa. Introduzo as questões do roteiro aos poucos, à medida que sinto que a ansiedade vai se dissipando. Normalmente, a reação da turma é confusa, porque todos querem ser ouvidos ao mesmo tempo, desejando dar sua visão pessoal sobre o que percebem como resposta adequada a cada uma das questões. Pude aos poucos perceber que os estudantes se manifestaram sobre muitos aspectos que não estavam originalmente no roteiro, o que me levou a uma adaptação na metodologia. Percebi que cada vez menos os estudantes precisariam de orientações para ajudá-los a interpretar as relações do filme com as teorias de Administração. Assim, adotei um modo decrescente de orientação nos roteiros, ou seja, esquemas cada vez mais simples, até o ponto em que nenhuma orientação específica era dada: ocorria apenas a exposição do filme e sua discussão na sessão seguinte.

Quadro 4.1 *Temas, filmes e conexões utilizadas na disciplina.*

Temática	Filme (ano e diretor)	Conexão
Administração Científica	*Metrópolis* (1926, Fritz Lang)	Em 2026, a sociedade se divide em dois grupos: a elite, habitante da superfície, e os trabalhadores, operadores de máquinas e habitantes do subterrâneo, permitindo discutir a divisão entre administradores e empregados.
	Tempos modernos (1936, Charles Chaplin)	O domínio das máquinas sobre o ser humano é o alvo deste filme, permitindo discutir a robotização do operário na linha de montagem por meio da "ditadura do tempo" imposta pela engenharia de produção.
Administração Clássica	*O encouraçado Potemkin* (1925, Sergei Eisenstein)	Marinheiros russos se revoltam contra o império czarista, permitindo vislumbrar o resgate da dignidade do trabalhador e a ética no trabalho como elementos centrais da discussão sobre a Administração Clássica.
Teoria das Relações Humanas	*A classe operária vai ao paraíso* (1971, Elio Petri)	O cotidiano de trabalhadores industriais é o tema deste filme. Os dirigentes tentam suavizar as condições de trabalho ao difundir pelos megafones mensagens de respeito aos empregados, o que abre o debate sobre a manipulação e as pequenas mudanças trazidas pela teoria das relações humanas para as indústrias.
Teoria da Burocracia	*O processo* (1993, David Jones)	Neste filme, Joseph K. é acusado pelo Estado de um crime que ele não sabe qual é. O filme permite que se discuta a intensificação do controle sobre o indivíduo diante da rigidez da estrutura em que ele se insere.
Teoria Comportamental	*Laranja mecânica* (1971, Stanley Kubrick)	Ao passar por um processo de recondicionamento, o violento delinqüente Alex se torna avesso à violência. Abre espaço para a discussão da prescrição de comportamentos futuros.
Teoria dos Sistemas	*Terra em transe* (1967, Glauber Rocha)	Disputas internas pelo poder ocorrem no fictício país Eldorado, possibilitando reflexões sobre como a entropia ocorre quando subsistemas não entram em equilíbrio.
Teoria Contingencial	*Rashomon* (1950, Akira Kurosawa)	O filme mostra quatro versões diferentes de um mesmo crime, mostrando que, na análise situacional, a compreensão do contexto é importantíssima para a percepção da realidade.
Teorias Pós-Estruturalistas	*Blade Runner – o caçador de andróides* (1992, Ridley Scott)	Um policial do futuro tem como missão eliminar andróides, imitações de humanos que possuem certo período de vida. Permite discutir o questionamento de regras estabelecidas, e seus efeitos em decisões imprevistas.

FONTE: PARK, K. H. (Coord.). *Introdução ao estudo da administração*. São Paulo : Pioneira, 1997.

Na fase final, procuro trabalhar, de forma associada, o filme e o conteúdo programático de uma maneira mais objetiva. Para isso, estruturo a discussão, orientando-a por questões que fazem parte de uma atividade síntese. Tal iniciativa tem como propósito verificar a aprendizagem dos estudantes sobre a teoria, considerando, para isso, a influência dos filmes na compreensão da temática.

Após as quatro fases descritas, avalio o aprendizado. Em função da diversidade de recursos metodológicos que uso na disciplina, além das orientações da faculdade, não é possível que toda a avaliação se dê em cima dos filmes, o que não significa que eles não tenham um peso significativo na avaliação dos estudantes. Considerando o seu papel na disciplina, 30% do total da avaliação está ligado a atividades diretamente relacionadas aos filmes. Trata-se de questões abertas, nas quais os estudantes precisam dissertar sobre aspectos ligados à teoria, e, de alguma forma, sobre os elementos explorados pelos filmes.

Metrópolis e *Tempos Modernos* no ensino da administração científica

A primeira das escolas administrativas é a Administração Científica. Para proporcionar aos estudantes uma visão ampla dos pressupostos, propostas e problemas de tal abordagem, em um primeiro momento adoto uma exposição dialogada. Nestas aulas, exponho os aspectos principais da teoria a fim de aproximar os estudantes da temática. Concluo a aula deixando claro que a leitura da bibliografia[1] é obrigatória a fim de que os estudantes possam acompanhar a exposição do filme sem problemas. Também passo aos estudantes um roteiro estruturado para a observação.

Em virtude de ser a primeira escola da Administração, a Administração Científica necessita de um tratamento especial para que os estudantes dela se aproximem sem problemas tanto em termos teóricos, quanto no que se refere a atividades a serem desenvolvidas. Por isso, opto por trabalhar com dois filmes, *Metrópolis* e *Tempos modernos*, ao invés de apenas um, para que a dinâmica e o aprendizado fiquem bem sedimentados.

O roteiro estruturado para a observação consiste em uma série de perguntas relacionadas ao filme (e à temática), que vão de questões mais gerais, a respeito da atividade fabril desenvolvida, das condições e do ritmo de trabalho, até outras mais complexas, sobre aspectos que não estão explicitamente no filme, mas que fazem parte da teoria, conforme o Quadro 4.2. Isso exige dos estudantes certo grau de abstração e de interpretação para poder respondê-las. É o caso de questões sobre a alienação dos empregados, a separação entre a concepção e

---

[1] A bibliografia recomendada para este assunto é composta pelas seguintes obras: TAYLOR, F. W. *Princípios de administração científica*. 8. ed. São Paulo: Atlas, 1995; BRAVERMAN, H. *Trabalho e capital monopolista*. 3. ed. Rio de Janeiro: LTC, 1987; MORGAN, G. *Imagens da organização*. São Paulo: Atlas, 1996.

a execução do trabalho, a transformação dos homens em instrumentos de produção, entre outras.

Quadro 4.2 *Roteiro para a observação dos filmes Tempos modernos e Metrópolis.*

Aspectos gerais do filme:
Qual o ramo de atividade da indústria?
O que faziam os empregados? (organização do trabalho)
Como era o trabalho dos empregados? (principais elementos do processo de trabalho)
Os empregados eram especializados? (considerar a execução do trabalho)
Como eram as condições de trabalho? (considerar ritmo, intensidade, volume, segurança, higiene – e detalhar as respostas em relação a cada um desses aspectos)
Como eram os sistemas de controle?
Que imagem a empresa tinha dos empregados?
Que imagem os empregados tinham da empresa?
Como eram as relações dos administradores com os empregados?
Como eram a remuneração e os benefícios dos empregados?
Como era a atividade dos sindicatos?
O encontro com as teorias de administração:
A concepção e a execução do trabalho eram atividades distintas? (detalhar onde viu isso e explicar)
Os homens são considerados instrumentos de produção? (detalhar onde viu isso e explicar)
O trabalho foi desenhado conforme o estudo dos tempos e movimentos? (detalhar onde viu isso e explicar)
A especialização dos empregados era negativa em algum aspecto? (detalhar onde viu isso e explicar)
Os empregados eram alienados? (Por quê? detalhar onde viu isso e explicar)
Havia um certo nível de robotização dos operários? (detalhar onde viu isso e explicar)
O que mais você viu da teoria no filme e não foi tratado aqui? (anote ponto a ponto, para a discussão)

Tempos modernos (*Modern times*, Estados Unidos, 1936), dirigido por Charles Chaplin, é uma das obras-primas cinematográficas críticas da sociedade industrial. Escolhi este como primeiro filme por ser um clássico. Meu objetivo é mostrar aos estudantes que mesmo quando o nosso olhar já conhece algo, é possível interpretar o que já é familiar de uma forma diferenciada. No nosso caso, isso significa ampliar o conhecimento sobre a Administração Científica por meio da observação de uma das suas metáforas mais famosas.

Para sedimentar a dinâmica dos filmes, trago na sessão seguinte o filme *Metrópolis* (*Metropolis*, Alemanha, 1926), dirigido por Fritz Lang na década de 1920. Este filme, que tem um argumento futurista, se passa em 2026. No futuro, a sociedade se divide em dois grupos: a elite, que habita a superfície, e os trabalhadores, que vivem e operam máquinas industriais no subterrâneo, uma clara alusão à divisão entre trabalhadores e empregados. O roteiro é o mesmo para os dois filmes.

Os filmes são exibidos em aulas consecutivas, e sua discussão, com base no roteiro, é feita nas aulas seguintes, com o objetivo de identificar os aspectos da teoria. Uma a uma, as questões são feitas aos estudantes, que se manifestam individualmente sobre os elementos do roteiro. Os estudantes apresentam certa ansiedade para manifestar seus pontos de vista, o que é interessante para a dinâmica da atividade. Depois que as respostas são dadas, sintetizo dois principais aspectos identificados, e, a seguir, recupero a teoria e a associo aos elementos do filme. Esse processo se dá repetidas vezes, de acordo com a quantidade de questões do roteiro.

A fase de debate em sala de aula normalmente leva de duas a quatro horas-aula, podendo exceder esse período. A riqueza das observações e do debate varia de turma para turma, e cabe ao professor ter flexibilidade no cronograma de atividades para não sacrificar o conteúdo da disciplina e tampouco deixar incompleta a atividade.

Na fase final, dedico duas horas-aula para a avaliação do aprendizado. Tendo passado a fase de exposição didática dialogada, a exposição dos filmes e a discussão orientada, cabe agora aos estudantes, em grupo, posicionarem-se sobre questões que são a eles apresentadas. Não apresento aspectos que são específicos demais para só fazerem parte do filme nem amplos demais que não necessitem dele. O ideal é levar os estudantes a usarem elementos do filme associados à teoria nas suas respostas. A avaliação baseia-se em um trabalho no qual os estudantes são estimulados a resgatar os principais aspectos a respeito da Administração Científica. Os estudantes redigem, então, relatórios em grupo de no máximo duas laudas, tendo como foco, por exemplo, questões como esta: "O taylorismo e o fordismo implantaram uma espécie de ditadura do tempo, na qual ser um 'maníaco pelo trabalho' é algo que passou a ser considerado 'normal'. Peço aos estudantes para discutirem no relatório as implicações humanas desta visão nos dias atuais.

Rashomon no ensino da teoria contingencial

A dinâmica do uso do filme *Rashomon* (*Rashomon*, Japão, 1950), dirigido pelo cineasta japonês Akira Kurosawa, obedece ao mesmo padrão descrito anteriormente, de leitura prévia da bibliografia[2] após a exposição didática dialogada. A diferença é que, por conta do avanço da disciplina e do aperfeiçoamento da dinâmica, não há um roteiro estruturado para a observação, devendo os estudantes identificar, por si próprios, os elementos de articulação entre o filme e a teoria.

[2] A bibliografia a respeito da Teoria Contingencial é composta pelas obras: LAWRENCE, P. R.; LORSCH, J. W. *As empresas e o ambiente*. Petrópolis: Vozes, 1973; PERROW, C. *Análise organizacional*: um enfoque sociológico. São Paulo: Atlas, 1972; WOODWARD, J. *Organização industrial*: teoria e prática. São Paulo: Atlas, 1977.

Embora se trate de um filme bem mais complexo e esteticamente bastante diferenciado de outros a que os estudantes certamente estão acostumados, os resultados com *Rashomon* foram bastante satisfatórios. O enredo basicamente trata de um crime, relatado sob quatro diferentes perspectivas, sobre o qual não se tem uma versão "verdadeira", pois cada um dos personagens abordados possui a sua própria interpretação do que ocorreu.

Na ausência do roteiro estruturado de observação, as aulas para a discussão do filme assumiram para os estudantes e para mim um caráter mais denso e detalhado, porque as eventuais dúvidas e os múltiplos olhares não possuíam uma "bússola", como no caso da Administração Científica. Naturalmente, deparei-me com interpretações bastante diversificadas, mas em geral aderentes à temática em tela. O mais interessante é que a capacidade de abstração, mote ideal da dinâmica, prevaleceu com o avanço das atividades, com os estudantes sendo capazes de seguir, com pouca orientação, o caminho da aprendizagem das Teorias de Administração.

Na discussão, primeiro peço aos estudantes que descrevam os principais aspectos dos filme, os quais vou listando um a um no quadro. Isso permite que, em um segundo momento, resgatemos as impressões iniciais nas associações com a teoria. É em geral grande a quantidade de observações, mas não excluímos previamente nenhuma idéia. Interessa-me mais o que foi captado pelo olhar dos estudantes – que a essa altura já se mostram muito mais perspicazes com relação à possibilidades de interpretação dos filmes – do que selecionar o que foi dito, mesmo porque eles próprios já cuidam disso. Em um terceiro momento, começo a resgatar, de acordo com os próprios estudantes, como podem ser relacionadas cada uma das observações com a teoria.

Um dos principais pontos de aproximação do filme com a Teoria Contingencial é que a compreensão do contexto é importantíssima para a percepção da realidade. Portanto, a análise situacional é adequada à medida que as organizações são capazes de abandonar visões "ideais" ou "exatas" da realidade, para trabalharem com interpretações, e, conseqüentemente, com as ações a serem tomadas a partir de tais percepções. Escolhi este filme, apesar de sua complexidade, por introduzir a relatividade interpretativa de uma forma esteticamente muito interessante, o que é extremamente útil na ótica da teoria contingencial. As condições variam, e é por isso que não existe *one the best way* na Administração, pois há várias maneiras de alcançar os resultados propostos, fazendo com que esta escola não assuma um caráter descritivo, como a Teoria Clássica ou a Abordagem Burocrática.

Na avaliação, os estudantes discutem em grupo, por exemplo, uma questão como esta: "A Administração é um processo relativo para o qual existem verdades absolutas." Discutir a assertiva apresentada à luz da Teoria Contingencial, justificando seus pontos de vista.

Reflexões sobre a construção mútua do conhecimento

Em uma experiência como a descrita, o conhecimento se sedimenta à medida que ambas as partes têm abertura o suficiente para deixar de lados preconceitos – por exemplo, a respeito de como deve ser conduzida uma disciplina em curso superior, ou a respeito da capacidade dos estudantes para lidar com novas metodologias em sala de aula. Passado o primeiro momento de dúvidas (principalmente dos estudantes) e inquietações (de minha parte) com o novo, passamos, como grupo, a experimentar a sensação de estar construindo algo realmente novo e interessante na nossa relação ensino-aprendizagem.

Um exemplo claro disso foi a descoberta de que o "olhar estético" dos estudantes se enriquecia a cada experiência, tornando gradativamente desnecessários os roteiros para a observação dos filmes. Mesmo nos primeiros momentos, já havia aspectos explorados pelos estudantes além do previsto no *script*, e, felizmente, mais provocativos e ricos do que os do roteiro. Este aprendizado conjunto me fez rever os instrumentos que planejei para me adequar ao ritmo da aprendizagem dos estudantes a partir da dinâmica estabelecida. Embora o roteiro fosse interessante para iniciar a dinâmica, preferi, ao longo da experiência, destacar as observações dos estudantes. Cheguei a este aperfeiçoamento pela qualidade das observações feitas em sala de aula, uma vez que tinham como ponto de partida o aprendizado pelo olhar dos próprios estudantes.

Um outro elemento deste processo de construção mútua do conhecimento pôde ser verificado quando, superada a idéia de que seriam "sessões de cinema", os estudantes se puseram conscientemente a observar e a analisar os filmes para fazer dos recursos estéticos uma fonte de aprendizado para suas vidas profissionais. Estes momentos foram formidáveis, porque deixaram claro para os estudantes que sua formação não se dá apenas em sala de aula – ao contrário do que muitos podem erroneamente pensar –, mas principalmente por meio da pluralidade de informações e possibilidades que o mundo contemporâneo lhes oferece, o que inclui, evidentemente, a estética.

Um balanço do uso de filmes como recurso de ensino-aprendizagem

Como visto, há inúmeras possibilidades ainda a serem exploradas por meio desta metodologia, das quais cito como exemplo a conscientização dos estudantes para as possibilidades de aprendizagem além da exposição didática e dos estudos de caso, o desenvolvimento docente por meio da pesquisa e uso de recursos além dos tradicionalmente empregados, a ampliação das fontes de informação disponíveis, como os dados não objetivos, fundamentais aos futuros administradores. Estes são aspectos que me parecem salutares e altamente desejáveis para a formação de profissionais com um olhar mais amplo sobre o mundo organizacional e sobre o contexto em que as organizações se inserem.

Este processo, contudo, não ocorreu sem percalços. Há uma considerável pressão tradicionalista – nem sempre visível, mas presente – por parte da academia para adotar bibliografias, métodos, posturas, e, mais do que isso, comportamentos ortodoxos. Esta pressão pode sufocar iniciativas de tornar o processo de ensino-aprendizagem mais prazeroso e efetivo para docentes e discentes. Isso não quer dizer, contudo, que haja prescrições a respeito de como proceder; o trabalho docente ainda possui espaços de autonomia bastante amplos,[3] o que fez com que, por exemplo, esta iniciativa fosse possível.

Ter usado filmes nas disciplinas Teorias da Administração I e Teorias da Administração II foi uma experiência muito gratificante por proporcionar aos estudantes uma oportunidade de construírem seu aprendizado, utilizando filmes para isso – um processo de construção de significados a partir dos elementos do filme associados à teoria. Os estudantes aprovaram a iniciativa, o que se manifestou na construção de uma excelente relação pedagógica e pessoal desenvolvida com as turmas.

A relação entre a minha percepção como professor e a dos estudantes na interpretação dos filmes foi cada vez menos homogênea à medida que os olhares eram aperfeiçoados, e os estudantes passavam a identificar elementos muitas vezes sem a menor relação direta com a disciplina – partilhando dia-a-dia da experiência de aprender. E, nesse sentido, gerenciar a ansiedade dos estudantes foi um desafio, pois todos queriam ser ouvidos. Em alguns casos, principalmente no início, foi necessário estender o período das atividades de interação para que os estudantes se dessem por satisfeitos na exposição de seus pontos de vista.

É claro que há riscos no processo. O principal, certamente, foi ter introduzido uma forma completamente diferente do padrão de ensino vigente nas escolas de administração. A estratégia e o gerenciamento da iniciativa pode ser a diferença entre ter uma dinâmica de ensino-aprendizagem bem-sucedida ou uma espetacularização da disciplina, que distorceria os objetivos pedagógicos e reduziria o professor ao papel de um apresentador de filmes.

Dosar a medida para que os filmes não se tornem um chamariz para conseguir a atenção dos estudantes é uma tarefa árdua, pois alguns encaram a atividade apenas como diversão, desconectando-a dos seus reais objetivos. Cabe ao professor estabelecer padrões elevados de didática e de avaliação da aprendizagem para tratar das aulas expositivas e, contrabalançando-as com a atenção às opiniões dos estudantes, a fim de encorajá-los a emitir suas opiniões e sedimentar seu aprendizado sobre as teorias da Administração.

---

[3] PAIVA, K. C. M.; SARAIVA, L. A. S. Estresse ocupacional de docentes do ensino superior. *Revista de Administração da USP*, v. 40, n. 2, p. 145-158, 2005.

Concluindo: o uso de filmes no ensino de Teorias da Administração compensa?

Apesar de esta ser uma descrição de uma iniciativa bem-sucedida de uso de recursos estéticos no ensino de um curso de graduação em Administração, é preciso que ninguém se engane: os desafios são consideráveis. A área de educação, principalmente no setor privado, cada vez mais se caracteriza por um processo de profissionalização em todos os sentidos, o que quer dizer, via de regra, processualidade, lucratividade, simplicidade e rapidez, o que nem sempre auxilia procedimentos mais sofisticados, como o uso de recursos estéticos.

Contudo, quanto maiores as dificuldades e os riscos, maiores são as possibilidades de êxito e reconhecimento. Foi precisamente o que se deu na Faculdade Novos Horizontes, onde pus em prática pela primeira vez esta experiência. Outros professores, que lidaram posteriormente com estas turmas-piloto, elogiaram o nível de aprendizado do conteúdo de Teorias da Administração, o que só pode ser um indicador do sucesso da iniciativa.

No que tange especificamente ao uso de filmes em si, considero que o ponto forte de suporte ao processo de ensino-aprendizagem é a sistemática simbolização da realidade a que nos submetem os cineastas em cada uma de suas obras. De repente, um mundo que se aprende (ou melhor, que se pretende) racional, lógico e preciso é transposto, reinterpretado, simulado, para uma tela de cinema, o que reverte suas bases anteriores.

Esta inversão de signos ocorre ao mesmo tempo em que há como contraponto um conhecimento que o estudante precisa assimilar. Ele não pode nem deixar de lado o conhecimento formal, tampouco ignorar a proposta estética, já que ela é um recurso do processo de aprendizagem. Entre os dois pólos, que na verdade são um só, o estudante se vê diante do desafio de desconstruir pré-conceitos e aprender. Eis o desafio.

5

Kubrick e cultura organizacional[1]

Marcos Barros

Em sala de aula, dentro da disciplina Teoria das Organizações, um dos temas que mais fascinam e instigam os estudantes é o da Cultura Organizacional, suas características, usos e práticas. Dentro desta temática, quando buscamos iniciar os estudantes sobre os mecanismos de socialização, aculturação e conformação social travestidos sobre mecanismos de controle cultural, o longa-metragem do diretor Stanley Kubrick, *Nascido para matar* (*Full metal jacket*, 1987), serve como excelente recurso estético para a aprendizagem e, diria, conscientização destes aspectos. Utilizamos este recurso nos cursos de graduação, pós-graduação e mestrado profissionalizante da Universidade Salvador com diferentes níveis de discussão e aprofundamento.

O filme é visto em sala de aula coletivamente. A discussão é realizada logo após a projeção, em que se procura estabelecer as relações do ambiente organizacional mostrado na película e as manifestações de cultura organizacional com a realidade das empresas vivenciadas pelos estudantes. Para tanto, como introdução e complemento à análise do filme, propomos, como leitura prévia, alguns textos-base da área, como:

- HOFSTEDE, G. *Cultures and organizations*: software of the mind: intercultural cooperation and its importance for survival. London: Harper Collins Business, p. 3-19, 1994.
- MOTTA, F. Cultura e organizações no Brasil. In: PRESTES MOTTA, F.; CALDAS, M. (Org.). *Cultura organizacional e cultura brasileira*. São Paulo: Atlas, 1997, p. 25-37.

---

[1] O autor gostaria de dedicar este artigo ao Prof. Carlos Linhares (Universidade de Salvador) que contribuiu com o *insight* inicial sobre a riqueza da obra de Kubrick.

- SANTOS FILHO, H. *Cultura organizacional*: uma análise crítica. Salvador: Memorial das Letras, 1999, p.74-88.

Algumas questões básicas são também previamente estabelecidas em relação ao filme para análise por parte dos estudantes, por exemplo:

- Qual o objetivo da cultura estabelecida pela organização militar?
- Quais os métodos utilizados para tanto? Quais valores são expressos?
- Quais os ritos expressos no filme e qual a sua importância para a organização? Qual o papel do discurso inicial do sargento?
- Qual a função da mudança de nomes? Do corte de cabelo? Da oração?
- Como a organização lida com o elemento desviante? Qual o seu perigo e/ou importância para o ambiente organizacional?
- Qual a o papel da organização informal dos fuzileiros no estabelecimento da cultura do exército? Quais formas eles utilizam para exercer este papel?
- Quais os aspectos éticos desta prática? A postura e as práticas do sargento (como representante da organização militar) são justificáveis dentro do contexto do filme (treinamento para o campo de batalha)?
- Como você compararia estas práticas à sua experiência organizacional? Que exemplos você pode dar de controle social, de ritos de passagem, de organização informal referentes ao seu ambiente de trabalho?

Interpretação

A parte privilegiada do filme, para esta análise, é a sua primeira metade, na qual temos o treinamento dos fuzileiros para a missão no Vietnã. Neste ponto, vários ritos culturais (por exemplo, rito de passagem, rito de reforço) são claramente evidenciados. Logo no início, temos o corte do cabelo que funciona como uma forma, ao mesmo tempo, de definição de uma mudança de ambiente onde uma nova identidade busca ser criada – o cabelo aí aparece como uma das formas de afirmar e modelar uma identidade – e como uma padronização das pessoas como máquinas indiferenciadas de uma mesma engrenagem – o corte do cabelo, que normalmente é uma forma de expressão de individualidade e diferença, torna todos os soldados homogêneos.

A atribuição de novos nomes, assim como o discurso inicial servem, neste rito de iniciação à organização, como um corte entre a vida experimentada na sociedade e a que se iniciará no quartel. A ligação familiar é claramente depreciada e desprezada – injúrias e ironias tendo em vista a relação filial – com vistas a cortar as ligações com a cultura social previamente instalada. Neste sentido, é interessante a menção da criação de uma dependência entre a organização (representada pelo rifle) e o soldado e como esta relação se reveste de aspectos religiosos de devoção e veneração.

> [Fuzileiros rezando] Este é meu rifle. Existem muitos como ele, mas este é meu. Meu rifle é meu melhor amigo. É minha vida. Eu devo controlá-lo como controlo minha vida. Sem mim, meu rifle é inútil. Sem meu rifle, eu sou inútil. Devo disparar certo com meu rifle. Devo atirar com mais firmeza que meu inimigo, que está querendo me matar. Devo atirar nele antes que ele atire em mim. Farei. Perante Deus eu faço este juramento: meu rifle e eu somos defensores de meu país, somos os mestres de nossos inimigos, somos os salvadores de minha vida. Assim seja, até que não haja mais inimigos, só paz. Amém.

Um outro aspecto interessante é a comparação do rifle com o órgão sexual masculino. Em uma das cenas do filme, os recrutas repetem um refrão ("Esse é meu rifle, essa é minha 'arma', esse é para lutar, essa é para se divertir") que, do ponto de vista do aculturamento, tem dois objetivos. Por um lado, serve como forma de limitar a expressão da libido sexual[2] e a concentração da energia mental e física dos recrutas no treinamento e futura batalha. Por outro, a comparação do rifle a um objeto fálico funciona como forma de identificar a (boa) utilização da arma de fogo como expressão máxima da "masculinidade" dos soldados.

Neste ponto, procura-se identificar juntamente com os estudantes quais são os objetivos – lembrando que a administração cultural visa a resultados para a organização através da via simbólica – destes tipos de artifícios utilizados pelo sargento-instrutor. A discussão com os estudantes e a própria análise dos discursos do filme mostram a necessidade da organização militar de fazer, daqueles meninos, máquinas de matar e, para isso, transformações importantes teriam que acontecer. Primeiro, a deterioração da dimensão humana dos recrutas através do corte dos laços familiares e sociais do indivíduo, já que ele não poderia vacilar no "momento da verdade".

Um rifle é apenas um instrumento. É o coração rígido que mata. Se seus instintos assassinos não estiverem fortes, vocês irão hesitar na hora da verdade. Vocês não matarão. Virarão fuzileiros mortos. E aí vocês estarão na m... porque fuzileiros não têm licença para morrer sem permissão.

E, segundo, a automatização do impulso, esvaziando qualquer atitude reflexiva e/ou crítica por parte dos fuzileiros. Neste ponto, é interessante o acompanhamento dos treinamentos e dos discursos proferidos pelo instrutor em que se glorificam a ação impensada e imediata e a obediência cega – aí nenhuma novidade – aos comandos da corporação.

---

2 Ver MARCUSE, H. *A ideologia da sociedade industrial*: o homem unidimensional. Rio de Janeiro: Zahar, 1982.

Estes aspectos ganham sua contrapartida na figura desviante do fuzileiro Pyle, que não se adapta aos rígidos esquemas de treinamento. Aqui, ficam claros os métodos de socialização e de busca da normalização do *outsider* como a utilização de um guia (fuzileiro Joker) para procurar adaptar e "ensinar" a cultura aceitável na organização para o membro desviante:

> Fuzileiro Pyle, a partir de agora, o fuzileiro Joker será seu novo líder de esquadrão e você vai dormir em seu beliche. Ele vai ensinar-lhe tudo. Vai ensinar-lhe como urinar... O fuzileiro Joker é tolo e ignorante, mas tem coragem e isto é o bastante.

E, finalmente, existem também para inclusão do "elemento não integrado" dois outros métodos aplicados pelo sargento. Inicialmente, a pressão psicológica e social através de múltiplas experiências de humilhação do recruta frente aos companheiros.

Em seguida, observamos a figura do controle social empregado através da manipulação da organização informal dos fuzileiros da corporação pelo sargento:

> O fuzileiro Pyle desonrou a si mesmo e ao pelotão! Eu tentei ajudá-lo, mas falhei! Falhei porque vocês não me ajudaram! Vocês não deram ao fuzileiro Pyle a motivação necessária! Então, de agora em diante, quando o fuzileiro Pyle fizer besteira, não o punirei, mas a todos vocês!

Reações

A reação dos estudantes à discussão do filme é bastante diversa. A grande maioria, apesar de se localizar em ambientes diferentes, começa a identificar procedimentos similares dentro de sua própria empresa. Neste ponto, levantamos a questão sobre a possibilidade de estarmos diariamente sujeitos a estes esquemas de manipulação cultural. Boa parte deles, entretanto, rejeita este fato e ainda não acredita que tal instrumento cultural seja fruto de uma programação consciente, apesar de reconhecerem que a consciência não é pré-requisito para sua aplicação e eficiência.

Outra parte dos estudantes se mostra surpresa por nunca ter enxergado tais situações por este prisma cultural. Neste ponto, normalmente gostamos de ressaltar para os estudantes a importância de não extrapolar os limites da análise antropológica e sobre o perigo de usarmos a justificativa cultural como desculpa para todos os males e benesses administrativas. Procuramos discutir como o erro de só utilizar os "óculos culturais" pode afetar a relação interna em qualquer organização onde qualquer símbolo ou manifestação passa a ter uma intricada lógica implícita de controle.

Finalmente, sentimos que o filme de Kubrick é um ótimo instrumento de aprendizagem que, apesar de por vezes caricato, pode demonstrar o processo de transformação cultural que uma organização estabelece para moldar seus participantes a suas regras e objetivos. Por se tratar de um ambiente militar, a película tem um óbvio atrativo para os estudantes em época de grande questionamento bélico, mas produz um impacto que, por vezes, soa distante da realidade do aluno, e a ponte para as organizações tradicionais deve ser feita com o devido cuidado, aparando as arestas causadas pelas diferenças entre estes tipos de ambientes.

Em suma: Problematização do natural

O filme *Nascido para matar*, assim como as grandes obras de Kubrick, é de um impacto potencial enorme de crítica social e cultural. Particularmente, no ambiente de sala de aula, a utilização desta expressão artística permite ao estudante sair da "clausura" universitária e refletir sobre aspectos essenciais do seu cotidiano e de sua vida em sociedade sob um outro prisma. O impacto destes exercícios tem se mostrado muito superior à discussão abstrata de teorias e, mesmo, à aplicação de estudos de caso. Aqui, aspectos emocionais, lúdicos são estimulados muito além da simples análise lógica e racional.

Dois outros aspectos, entretanto, são extremamente importantes. De um lado, a projeção do filme abre espaço à utilização de outros sentidos (visão, audição) para a apreensão da realidade complexa da organização. Esta possibilidade facilita a comparação e a conexão com elementos do cotidiano dos estudantes de forma mais fácil e significativa que a mera leitura e discussão de textos. Exemplo deste fato foi a identificação, algumas vezes feita pelos estudantes, sobre a função de controle social exercida pelas piadas criadas em ambiente de trabalho e como elas visam, através da ridicularização, inibir e estigmatizar comportamentos "não aceitáveis" no ambiente organizacional.

Outro aspecto é o claro enriquecimento do debate entre estudantes. É interessante notar que nestes encontros, ao contrário das discussões sobre os textos, minha posição era essencialmente de árbitro coadjuvante, mostrando a maior identificação e, portanto, implicação dos estudantes na controvérsia gerada pelo filme. A reação dos estudantes após estas aulas era sempre de entusiasmo e incentivo através de comentários como "Professor, quando é o próximo filme?" Alguns estudantes, na verdade, me procuravam normalmente atrás de outras indicações de filmes, mas, muitas vezes, vinham propor novos títulos que, segundo eles, ajudariam na discussão da matéria (por exemplo, *O poderoso chefão* e *Mera coincidência*).

Estes debates também serviam como fórum importante para discutir os limites das "lições" que poderiam ser tiradas dos filmes. O aspecto caricatural das histórias, a (por vezes) falta de contextualização, a transposição cultural de filmes (na maioria) americanos para a realidade brasileira, a visão dicotômica (bem e mal sem "zonas cinzentas") da realidade são alguns dos aspectos que são continuamente levantados pelo professor e pelos estudantes. Aliás, procuramos sempre deixar claro que o filme, como qualquer obra de arte, é passível de múltiplas interpretações e nossa interpretação, neste sentido, é sempre falível e sujeita a críticas.

Apesar destas limitações, acreditamos firmemente no potencial da linguagem cinematográfica como forma de diversificação e aprofundamento do conhecimento dos estudantes. Neste ponto, a posição do professor deve ser aquela advogada por Paulo Freire[3] de trazer imagens o mais próximo possível do contexto dos estudantes e servir como mediador e "problematizador" dos temas ali discutidos que servem como situações-limite a uma melhor vida organizacional. A imagem abre a possibilidade de uma nova perspectiva crítica do que aceitamos por "natural" e *Nascido para matar* cumpre esta função com maestria.

---

[3] FREIRE, P. *Pedagogia do oprimido*. Rio de Janeiro: Paz e Terra, 1987.

6

Nenhum a menos: desvendando conceitos sobre gestão por competências

Maria Tereza Leme Fleury e Amyra Moyzes Sarsur

A disciplina

É bem familiar aos professores a idéia de que, mesmo no lazer, o exercício da atividade acadêmica mantém-se presente. Não é sem razão, portanto, que, ao assistir a um filme, num final de semana ou nas férias, nos observamos tentando estabelecer conexões entre as cenas e nossas aulas, entre o discurso dos personagens e os conteúdos teóricos com os quais trabalhamos em classe. Foi numa dessas situações que o filme *Nenhum a menos* passou a ser visto não apenas como uma obra cinematográfica, mas como uma alternativa para a facilitação da aprendizagem, junto a estudantes de mestrado e doutorado do Programa de Pós-Graduação da Faculdade de Economia, Administração e Contabilidade da USP, na disciplina optativa Gestão por Competências.

Sua utilização em classe já vem de alguns anos e foi uma iniciativa da primeira autora – Maria Tereza L. Fleury – que, a cada nova turma, passou a adotá-lo para discutir os aspectos conceituais do conteúdo, gerando como resultado maior atenção e interesse dos participantes, bem como debates crescentemente produtivos e instigantes. A construção do conhecimento dava-se de forma coletiva, levando à melhor compreensão da temática e nível crítico nas discussões.

Fazemos aqui uma ressalva que ratifica o impacto positivo do uso do filme no processo de aprendizagem e também explica a dupla autoria deste depoimento. Em uma das turmas na qual ele foi utilizado, a receptividade foi tão significativa que a discussão estendeu-se para além da sala de aula e acabou resultando neste capítulo que ora se consolida. Na ocasião, em 2005, uma das estudantes da turma era a segunda autora, cuja pesquisa está focada em "competências". Sistematizar essa experiência foi uma forma de documentar o uso do filme como estratégia de aprendizagem, possibilidades de sua articulação com os conceitos centrais do conteúdo da disciplina e a oportunidade de relatar como tal recurso intensificou o interesse pela pesquisa e pela leitura crítica de distintos autores que, de outra maneira, poderiam ter sido enfadonhas e pouco produtivas. O que nos orienta é a utilidade do filme como suporte pedagógico e não como um fim. Ele se torna parte da aprendizagem que começa com a orientação das leituras prévias que os estudantes devem fazer para cada aula a fim de perceber a complexidade do tema, sua capilaridade nas organizações, as razões da polêmica sobre sua aplicabilidade, enfim, os aspectos que irão nortear a aula presencial.

O filme

O filme *Nenhum a menos* (Yi Ge Dou Bu Neng Shao, em chinês) foi realizado em 1998, sob a direção de Zhang Yimou. A narrativa se passa na China nos anos pós-abertura política, do governo Mao Tsé-Tung. A China mostrada no filme encontra-se sob influência de regime político socialista, deixando evidentes as limitações de infra-estrutura para manutenção de uma dada escola na zona rural. O diretor parece evidenciar a opressão do regime comunista ao retratar uma pequena aldeia ainda sob a forte influência comunista.

A história inicia-se quando o professor Gao, da escola primária de uma pequena aldeia, tem de se ausentar durante um mês e uma adolescente de 13 anos, Wei Minzhi, vai substituí-lo. Como a evasão escolar é grande, o professor adverte-a para que não permita que os estudantes abandonem a escola, garantindo-lhe um extra se for bem-sucedida (daí o título *Nenhum a menos*).[1] A preocupação em não perder estudantes retrata a China em seu contexto político e as formas utilizadas para a reprodução das idéias de Mao Tsé-Tung (sem perder de vista o caráter "reprodutor" escolar, polemizado ao redor do mundo).

De maneira sintética e para efeito de sua análise para fins desta atividade, o filme pode ser recortado em três momentos: a chegada da professora substituta à aldeia; sua ida até a cidade; seu retorno e do seu estudante à aldeia/escola. A primeira parte da história mostra uma adolescente iniciando sua trajetória e

[1] CANAU, L. *Nenhum a menos*. Disponível em: <http://www.asia.cinedie.com>. Acesso em: 13 maio 2005.

descobrindo seu potencial; a segunda apresenta uma "nova" Minzhi, com suas potencialidades e perspectiva de desenvolvê-las.

Curioso ressaltar, para compreensão mais completa da obra, que *Nenhum a menos* se passa a partir do ponto de vista de Minzhi, cuja única preocupação é cumprir a sua função de professora, durante um mês. O diretor cria uma obra em estilo documental, com um realismo social obtido através da escolha do elenco, não só constituído por amadores, mas também recorrendo a pessoas que exercem funções similares às das suas personagens. O filme retrata as preocupações sociais, relativas às condições da interioridade na China moderna, patentes no texto apresentado ao final: "a pobreza tira mais de um milhão de crianças da escola todo ano na China. Com a ajuda de doações, 15% conseguem voltar a estudar".

Evidentemente, o filme não é uma unanimidade em termos de repercussão das idéias político-sociais da China naquele momento histórico. Há os que defendem que ele apresenta uma visão equivocada da escola, favorecendo a perspectiva pragmática da professora moderna, em detrimento do papel do professor tradicional. Além disso, questionam-se a demasiada ênfase no trabalho infantil como saída para questões financeiras e as glórias do capitalismo contra o retrógrado regime comunista chinês.[2] Nenhuma das críticas, todavia, tira o mérito da obra ou minimiza suas possibilidades de uso em classe.

Pluralidade de conceitos sobre competência

O uso do filme *Nenhum a menos* foi a estratégia encontrada para suprir uma lacuna observada entre os estudantes do programa de Mestrado e Doutorado, referente à certa dificuldade de apreensão da pluralidade de concepções e abordagens próprias do conteúdo de competências. Especialmente porque em Ciências Sociais Aplicadas, como é o caso da Administração, faz-se necessário aliar os construtos teóricos a ilustrações da realidade. Foi a partir dessa perspectiva que estabelecemos nossa proposta: o filme *Nenhum a menos* permite uma rica conexão entre as diversas definições de competências individuais e as passagens, diálogos e o desenrolar da trama.

Ele favorece distintas leituras das abordagens de competências, por meio das situações adversas vividas pela protagonista, sob dado contexto político, econômico e social. Como exemplo (dentre outras interfaces teoria *versus* narrativa do filme que são apresentadas no Quadro 6.2), pode-se mencionar a passagem em que Minzhi começa a mobilizar a turma para que, em conjunto, consigam dinheiro suficiente para a ida dela à cidade. Neste caso, é possível

---

2 IKEDA, M. *Nenhum a menos*: o pior filme da década. Disponível em: <http://www.geocities.com/Hollywood>. Acesso em: 13 maio 2005.

identificar a concepção de "mobilização"[3] e o "saber mobilizar"[4] próprios do arcabouço teórico. Ao longo de toda a trama é possível ir percebendo tais conexões, o que é prontamente elaborado pelos estudantes.

Do ponto de vista teórico, a necessidade de analisar a pluralidade de estudiosos fica evidente frente à existência de distintas abordagens, como a norte-americana, latino-americana, francesa, australiana e britânica, por exemplo. Destacam-se aqui alguns autores que consideramos essenciais em termos do aprendizado e que são resgatados no decorrer do programa e na construção do Quadro 6.2 realizada com os estudantes:

- McClelland,[5] que aponta a competência como uma característica relacionada com um desempenho superior na realização de uma tarefa; algo denominado como "estoque" ou repertório individual;
- Zarifian,[6] que discute a concepção tradicional de competências presa a uma análise objetiva dos postos de trabalho, atando-a a uma visão taylorista da inserção do homem no trabalho,[7] e quando aponta que as competências englobam assunção de responsabilidades e desenvolvimento de atitude reflexiva sobre o trabalho, abrangendo aspectos mais sociais;
- LeBoterf,[8] que afirma que a competência implica autonomia e automobilização: a formação não pode ser sinônimo de adestramento, nem pode ser reduzida à simples transmissão de conhecimentos e informações;
- Fleury e Fleury,[9] cuja definição de competências tem sido a mais habitualmente encontrada e a menção aos "saberes" que irão agregar valor econômico à organização e social ao indivíduo;
- Bittencourt,[10] que aborda os estudos relacionados às três dimensões na análise das competências: saber; saber fazer; saber agir;

---

[3] LeBOTERF, G. *Construire les compétences individuelles et collectives.* Paris: Les Éditions d'Organisation, 2001.

[4] FLEURY, A.; FLEURY, M. T. L. *Estratégias empresariais e formação de competências*: um quebra-cabeça caleidoscópico da indústria brasileira. São Paulo: Atlas, 2001.

[5] McCLELLAND, D. C. Testing for competence rather than intelligence. *American Psychologist,* p. 1-14, Jan., 1973.

[6] ZARIFIAN, P. *A gestão da e pela competência*. Seminário Internacional de Educação Profissional, Trabalho e Competências. Rio de Janeiro, 1996.

[7] ZARIFIAN, P. *Objetivo competência*: por uma nova lógica. São Paulo: Atlas, 2001.

[8] LeBOTERF, G. *Construire les compétences individuelles et collectives.* Paris: Les Éditions d'Organisation, 2001.

[9] FLEURY, A.; FLEURY, M. T. L. *Estratégias empresariais e formação de competências*: um quebra-cabeça caleidoscópico da indústria brasileira. São Paulo: Atlas, 2001.

[10] BITTENCOURT, C. C. *A gestão das competências gerenciais*: a contribuição da aprendizagem organizacional. 2001. Tese (Doutorado em Administração) – PPGHA/UFRGS, Porto Alegre.

- Dutra,[11] que destaca a concepção de "entrega" no debate sobre competências, como a capacidade de entregar-se à organização, avaliando-se aspectos individuais como formação, experiência, modo de atuar, maneira de realizar o trabalho solicitado e realizações;
- Ducci,[12] que destaca a importância das competências como um processo de desenvolvimento econômico-social no ser humano, como agente e beneficiário da mudança, e reforça a idéia de que a "competência" como a capacidade do indivíduo em enfrentar as incertas situações no trabalho, a partir de sua formação e experiências anteriores;
- Barbosa,[13] que apresenta pesquisa calcada em empresas que adotam a gestão por competências, compreendendo seu conceito como a "noção de conhecimentos, habilidades, atitudes e comportamentos", inferindo-se uma apropriação baseada na tradicional concepção de recursos humanos e seus subprocessos.

A dinâmica de aprendizagem

Em classe, num primeiro momento, indagamos os estudantes sobre sua compreensão sobre o tema "competências" e, já neste contato inicial, é possível perceber como permanecem confusões conceituais. Em seguida, reproduzimos o quadro teórico e a evolução dos estudos sobre competências por meio de *slides* em *PowerPoint* e apoio no quadro-negro, buscando contextualizar cada abordagem a partir da história de vida do autor, do seu país de origem, do cenário político, econômico e social vigente à época da formulação teórica, das influências recebidas na estruturação de sua teoria e conseqüências de sua abordagem.

Para efeito desta sistematização, são apresentadas algumas das abordagens mais difundidas no que tange às competências, buscando nos autores que as exploram a compreensão dos termos essenciais relativos ao conteúdo. A título de ilustração, são discutidas as concepções de "estoque", "CHA-Conhecimento, Habilidade e Atitude", "entrega", "mobilização", dentre outras, todas comuns à discussão sobre "competências".

---

[11] DUTRA, J. S. (Org.). *Gestão por competências*: um modelo avançado para o gerenciamento de pessoas. São Paulo: Gente, 2001; DUTRA, J. S. (Org.). *Competências*: conceitos e instrumentos para a gestão de pessoas na empresa moderna. São Paulo: Atlas, 2004.

[12] DUCCI, M. A. El enfoque de competencia laboral en la perspectiva internacional. *Seminario Internacional Formación baseada en competencia laboral*. México: CONOCER: OIT, 1996.

[13] BARBOSA, A. C. Q. (Org.). *Competências no Brasil*: um olhar sobre os modelos organizacionais de grandes empresas de Minas Gerais, Rio de Janeiro, Rio Grande do Sul, São Paulo. Belo Horizonte: UFMG: Nig-One, 2005.

Num segundo momento, os estudantes são chamados a rever os textos lidos,[14] buscando (re)significar alguns trechos a partir desta primeira interação com a teoria. As turmas de disciplinas optativas, como é o nosso caso, formam-se de maneira bastante heterogênea, seja em termos de formação e/ou áreas de atuação (com a presença de administradores, engenheiros, enfermeiras, economistas, advogados, artistas plásticos, médicos, dentre outros), seja em termos de faixa etária (variando de 25 a 55 anos), ou em função de interesses (voltados, mais comumente, para temas da dissertação ou tese, em programas com foco em Engenharia, Administração Geral, Projetos em Rede e Saúde do Trabalhador).

Somente numa terceira etapa, o filme *Nenhum a menos* é apresentado aos participantes. Na realidade, não o filme completo com duração de cerca de 1 hora e 50 minutos, mas, uma versão editada em cerca de 30 minutos que captura as passagens que interessam ao debate. Basicamente, são mantidas as cenas que mostram a chegada de Minzhi à escola e suas dificuldades com os estudantes, sua ida à cidade e os percalços lá vivenciados e o retorno à aldeia, já como uma "nova" professora, definindo seu espaço naquela comunidade.

Antes de assistir ao filme, os estudantes recebem uma folha que serve como orientação para anotações durante a sessão. A atividade constitui-se em um quadro no qual os estudantes são solicitados a identificar passagens ou cenas do filme que possam ilustrar os conceitos discutidos. Eles precisam estabelecer a relação entre a abordagem teórica, o autor que a propõe e como o filme ilustra tal conteúdo, conforme apresentado no Quadro 6.1.

Quadro 6.1 *Formulário para auxiliar as notas sobre o filme.*

<table>
<tr><td colspan="3">Disciplina Gestão por Competências – EaD 5835 – FEA/USP – Atividade em Classe
Quadro para anotações durante a sessão do filme Nenhum a menos. Deve ser preenchido, num primeiro momento, individualmente e, posteriormente, discutido e consensado em grupo.</td></tr>
<tr><th>Conceito abordado</th><th>Autor de referência e obra</th><th>Narrativa ou passagem do filme e interpretação que demonstre a inter-relação de conceito e ficção</th></tr>
<tr><td></td><td></td><td>(papel A4 – seis espaços em branco)</td></tr>
</table>

[14] Bibliografias indicadas como primeira leitura prévia para a discussão do conceito e abordagens sobre competências: LeBOTERF, G. La competence: um savoir-agir reconnu. In: LeBOTERF, G. *La competence*. Paris: Les Éditions d'Organisation, 1995 (Cap. 1); ZARIFIAN, P. *Objetivo competência*: por uma nova lógica. São Paulo: Atlas, 2001 (Cap. 1 e 2); FLEURY, M. T. L.; FLEURY, A. Alinhando estratégia e competências. *RAE*, v. 44, n. 1, p. 44-57, 2004; DUTRA, J. S. Gestão de pessoas com base em competências. In: DUTRA, J. S. (Org.). *Gestão por competências*: um modelo avançado para o gerenciamento de pessoas. São Paulo: Gente, 2001.

Após assistirem ao filme, os estudantes são estimulados a discutir em pequenos grupos a percepção de cada um e devem elaborar um único quadro (Quadro 6.1) preenchido, a ser entregue, que apresente o consenso do grupo. Em linhas gerais, há alguns autores e referências que são claramente percebidos por todos os grupos, enquanto outros vão se distinguindo de acordo com a discussão. Para ilustrar o primeiro caso, a indicação do CHA (Conhecimento, Habilidade e Atitude) tende a ser comum a todos os grupos, com a passagem na qual a professora demonstra que não possuía o estoque mínimo para desempenhar este papel junto aos estudantes, por ausência de instrução formal e experiência. Em contrapartida, nenhum dos grupos (pelo menos até este momento) chega a apresentar de forma completa as competências profissionais e o detalhamento dos saberes do indivíduo.

Ao final deste encontro, portanto, as folhas são recolhidas para serem corrigidas pelo professor. A preocupação, neste momento, é que tenhamos uma idéia inicial do conjunto de respostas, incluindo a referência a autores e conceitos e a interface estabelecida com o filme, permitindo identificar o grau de apreensão destes conteúdos pelos estudantes. Os trabalhos são corrigidos um a um, sendo identificados eventuais equívocos para que os estudantes possam reconhecer desconexões entre conceitos e autores ou entre conceitos e seu paralelo com as passagens (ou com a realidade, já que o uso do filme pretende estabelecer o elo entre ficção e abordagens teóricas).

Na aula seguinte, os estudantes recebem as folhas corrigidas e podem averiguar, nos seus grupos, em que medida apreenderam (ou não) os conceitos essenciais, o que deixaram de observar na análise do filme, que tipo de equívocos cometeram e por que foram levados à confusão, enfim, acertos, erros e omissões. Assim, apresentamos o Quadro 6.2 que, em princípio, condensa as idéias entregues por cada grupo a partir do modelo apresentado no Quadro 6.1. Ao receber as folhas de cada grupo para a correção ao final da aula, é possível ir identificando o que foi discutido pelos estudantes, em que aspectos os grupos tiveram respostas semelhantes e em quais pontos há elementos novos (autores, conceitos ou passagens do filme). Após a leitura conjunta de todas as respostas, já é possível montar uma folha única com respostas adequadas e diversas que ilustram a atividade em torno do filme.

Assim, ao devolver as folhas corrigidas, os estudantes podem identificar acertos, equívocos e omissões. Isso é feito a partir do nosso relato sobre conteúdos que foram comuns a todos os grupos e, especialmente, sobre aqueles que nenhum, um ou poucos grupos mencionaram. O Quadro 6.2 apresenta-se, desta forma, como uma resposta mais detalhada ou completa, ou seja, uma síntese de diversos grupos, ao longo da aplicação desta atividade em diferentes turmas, sendo discutido com os estudantes que, tendo acesso às distintas possibilidades de respostas, podem complementar sua própria folha ou corrigi-la, conforme for o caso.

Quadro 6.2 *Conceito abordado e autor, narrativa do filme e interface com a teoria.*

Conceito abordado (autor)	Narrativa do filme	Interface com a teoria
Competência em ação que implica saber mobilizar-se, integrar e transferir recursos em dado contexto (LEBOTERF, 1995, 2001)	A professora, todo o tempo, adapta-se às circunstâncias e busca superar as dificuldades. Este aspecto é marcante na sua passagem pela cidade.	Nestas circunstâncias, ela vive momentos nos quais demonstra sua capacidade de mobilizar-se e agir em direção ao que objetiva, perguntando, insistindo e buscando alternativas.
CHA – Conhecimentos, Habilidades e Atitudes (MCCLELLAND, 1973)	A professora com nenhum ou poucos conhecimentos e habilidades que sequer havia completado o ginásio, para espanto do professor Gao. Não consegue cantar uma canção corretamente, não tinha experiência em classe e, portanto, não demonstrava ter possibilidades para assumir tal atividade.	Não tinha "estoque" suficiente para atender ao perfil exigido para a substituição. Em última instância, ela sabia o mínimo, como copiar e passar a lição.
	Quando a professora sai da sala após passar as lições no quadro e uma das estudantes a chama para controlar um conflito entre colegas.	A professora deveria assumir seu papel e autoridade como professora, mas, pela ausência de conhecimentos, habilidades e atitudes, não consegue fazê-lo.
Competências do profissional (FLEURY e FLEURY, 2001)	A professora apresenta seus "saberes" a partir de ações concretas: "Saber agir"	A professora apresenta seus "saberes" a partir de ações concretas: decisão de buscar o estudante na cidade.
	"Saber mobilizar"	mobilização de recursos dela e do grupo para conseguir o objetivo de pagar o ônibus.
	"Saber comunicar"	a forma de interação que estabelece a partir do conflito em classe transforma-se em um novo vínculo a partir da construção de uma linguagem comum com os estudantes.
	"Saber aprender"	ao construir o conhecimento com os estudantes nas equações matemáticas e raciocínios lógicos.
	"Saber comprometer-se"	buscando alternativas para conseguir ir para a cidade, comprometendo-se a não perder um estudante.
	"Saber assumir responsabilidades"	assumir o risco (ainda que não consciente) de ir à cidade buscar o estudante, e ao retornar, ser reconhecida pelo ato e benefícios adicionais à escola.

Conceito abordado (autor)	Narrativa do filme	Interface com a teoria
Competências do profissional (FLEURY e FLEURY, 2001)	"Ter visão estratégica"	Compreensão (ainda que após dificuldades iniciais e sem a dimensão de sua extensão) de que a televisão seria o meio mais adequado de conseguir o que queria, ou seja, trazer o estudante de volta à escola e ainda conquistar a simpatia e ajuda social.
Envolvimento: formar não significa adestrar ou transmitir dados e conhecimentos (ZARIFIAN, 1996, 2001)	A professora envolve toda a turma na busca de alternativas para conseguir o propósito de ir para a cidade.	Ela questiona a turma sobre alternativas, estimulando-os a propor soluções e construindo com eles caminhos e possibilidades, tornando-os sujeitos ativos da aprendizagem.
O saber (conhecimentos/ conceitos); saber fazer (habilidades/ princípios); saber agir (atitudes/práticas) (BITTENCOURT, 2001)	A professora não tem domínio dos conteúdos a ensinar e repete as lições no quadro conforme orientação do professor Gao. Ela não tem as habilidades necessárias no trato com as crianças e, apenas, no decorrer da narrativa começa a apresentar uma atitude diferenciada, atuando, de fato, em prol dos estudantes e da escola.	Apesar de, nas primeiras cenas, a professora mostrar-se ausente, ao longo da narrativa ela constrói uma nova forma de ensinar (e aprender, na relação que estabelece com a turma), progredindo em termos de conhecimentos. Além disso, sua postura acaba fazendo com que receba uma série de donativos úteis à escola.
Entrega – o papel de cada um e o que se espera dele (DUTRA, 2001, 2004)	A entrega de Minzhi é diferente da entrega do professor Gao.	Cada qual com suas características individuais era capaz de realizar sua entrega para os estudantes, a aldeia e o país, de maneira diferenciada, mas significativa.
Importância das competências por centrar o crescimento econômico e social no ser humano como beneficiário da mudança (DUCCI, 1996)	A professora encontra-se em contexto desfavorável, tendo em vista a ausência de condições para assumir a atividade como substituta.	Naquele cenário, ela é mais uma dentre as crianças, sem formação, sem perspectivas e com poucas possibilidades de ganho num contexto marcado pela pobreza e dificuldades de toda ordem. No entanto, ela reverte este quadro ao agir como ator ativo do processo de mudança e beneficiar-se dele.

Além disso, como se trata ainda da segunda aula num conjunto de oito sessões, as informações colhidas após a discussão do filme permitem uma revisão da nossa parte e a (re)organização do plano de curso, de forma a atender à especificidade de conhecimentos e interesses próprios de cada turma. Nesse sentido, o que se pretende é que haja um melhor direcionamento do programa a partir do que foi identificado. Assim, por exemplo, se houve maior incidência de equívocos com relação ao conceito de estoque, esse conteúdo é retomado, em outras situações de aprendizagem, para que se possa garantir que os estudantes revejam seus erros. Outra ilustração do que freqüentemente ocorre é a omissão dos autores, posteriormente identificada como uma estratégia dos estudantes para não incorrerem em erros, ou seja, eles apontam os conceitos que foram aprendidos, mas deixam de mencionar o nome do autor de referência por receio de estabelecerem confusão entre tantas abordagens. Na realidade, só tomamos conhecimento disto no momento do debate, quando os estudantes acabam por revelar tal estratégia.

Por fim, e nesse mesmo sentido, a utilização do filme não se esgota aí: o debate gerado acaba sendo retomado nos encontros subseqüentes, sob forma de ilustração para outras discussões, despertando maior interesse pelo tema, ampliando a necessidade de um olhar crítico sobre as abordagens e autores e servindo como estratégia de interação inicial da turma como grupo capaz de somar, especialmente, a partir da heterogeneidade mencionada.

O filme como estratégia de aprendizagem

A idéia de utilizar o filme como recurso de aprendizagem passa pela nossa convicção de que realidade e ficção aproximam-se (ou confundem-se), e a busca por semelhanças e divergências entre ambas pode ser uma estratégia útil para levar os estudantes a uma reflexão mais profunda sobre seu posicionamento profissional e forma de compreender os modelos de gestão, neste caso mais específico, a gestão por competências nas organizações.

A utilização de filmes, apesar de não ser uma idéia recente,[15] demonstra nossa busca permanente por estratégias de ensino-aprendizagem mais adequadas a novas características dos estudantes como profissionais e pessoas. Recursos como peças teatrais também têm se mostrado adequados[16] nessa pretensa conexão entre teoria e prática.

Há também desafios nesse uso que não podem ser ignorados. Provavelmente, o maior deles seria assistir ao filme com o olhar do pesquisador, ou seja, conseguir interpretar e estabelecer analogias coerentes entre a teoria e o filme. Tal aspecto é reafirmado por estudiosos[17] que indicam que o risco, com filmes, é que "nós nos acostumamos a vê-los sem lhes prestarmos a mesma atenção que pres-

---

[15] Destaque para OLIVEIRA, M. A. (Org.). *15 cenas de filmes de sucesso para treinamento do comportamento pessoal e interpessoal nas empresas*. São Paulo: Gente, 1996 a 1998 (Livros 1 a 3).

[16] RUAS, R. L. Literatura, dramatização e formação gerencial: a apropriação de práticas teatrais ao desenvolvimento de competências gerenciais. *Revista Organizações & Sociedade*, v. 12, n. 32, p. 121-142, 2005.

[17] COCTEAU, J. *Dois roteiros*: o sangue do poeta e o testamento de Orfeu. São Paulo: Orion, 1968, p. 76.

taríamos a uma peça ou livro. Mas eles são um veículo de idéias que podem levar o espectador a domínios aonde, anteriormente, só o sono e os sonhos o levaram". O papel da tela, portanto, seria "praticar um tipo de hipnotismo do público e possibilitar que um grande número de pessoas sonhe o mesmo sonho juntas".

A interpretação por meio de filme está alicerçada, ainda, em teorias de aprendizagem da linha sócio-histórico-cultural,[18] na qual a aprendizagem ocorre na interação com o outro e com o objeto de conhecimento, sendo o professor um mediador. Nosso intuito, assim, foi usar o filme como estratégia de condução e facilitação desta aprendizagem.

Mais que limitações, o foco em potencialidades

Partimos do pressuposto de que *Nenhum a menos* não é apenas sobre as limitações de Minzhi, mas, especialmente, sobre suas potencialidades. Essa é uma das considerações sobre a qual os estudantes se debruçam, reforçando a crença na utilização da obra no aprendizado. O filme retrata a possibilidade de Minzhi em tomar a sala de aula, antes ausente de estímulo, como espaço de desenvolvimento, criação, aprendizagem e realização.

Após as discussões tendo como referência o filme e voltando a ele como ilustração homogênea para toda a turma, mais facilmente os estudantes irão identificar e avaliar conceitos, abordagens e críticas referentes ao conteúdo de competências. Isso fica patente em depoimento posterior ao encerramento da disciplina, como o do estudante que comenta: "Eu usei o mesmo exemplo do filme para explicitar qual era a diferença entre investir nas pessoas na empresa pensando nelas como cidadãs, dentro de um contexto comunitário, ou pensando nelas apenas como empregados que deveriam produzir mais" (ex-estudante, ocupante de cargo de assessoria em órgão do governo e responsável pela elaboração de um projeto de desenvolvimento de empregados numa dada empresa).

Nossa experiência indica que os benefícios por meio do uso de diferentes recursos, como o filme, para internalização de conceitos e ampliação dos debates têm demonstrado ser superiores a possíveis obstáculos também identificados. Nesse sentido, um dos riscos mais evidentes nesta experiência relaciona-se à idéia da *co-responsabilidade no aprendizado*, ou seja, à perspectiva de contar com a participação ativa do estudante desde antes da aula presencial, até sua concretização. Se os estudantes não fizerem a leitura prévia do material, a compreensão dos conceitos e as lacunas de entendimento estarão comprometidos.

---

[18] Referindo-se a VYGOTSKI, L. S. *A construção do pensamento e da linguagem*. São Paulo: Martins Fontes, 2001; BAKHTIN, M. M. *Marxismo e filosofia da linguagem*: problemas fundamentais do método sociológico na ciência da linguagem. São Paulo: Hucitec, 1986.

O contrato estabelecido no primeiro dia deve reforçar a idéia de processo conjunto, prejudicado pela omissão das partes. Esse é um ponto importante nessa construção conjunta do conhecimento. Se a idéia que subsidia esse processo pressupõe a compreensão de que o estudante tem uma carga de experiências e formação anterior que permite que ele seja co-parceiro na sua formação e enriqueça os debates por meio de sua participação ativa na aprendizagem, também está subjacente que o estudante precisa preparar-se para seu posicionamento em classe, sustentado por meio das leituras prévias, reflexão individual e comentários e dúvidas apontados nas aulas presenciais. Sem essa participação ativa, voltamos ao processo tradicional de aprendizagem: o professor tem o saber repassado ao estudante que, por sua vez, absorve, assimila e reproduz tais conhecimentos e informações.

Cabe ao professor uma maior habilidade na condução das discussões para que não haja dispersão e atenção focada em aspectos menos importantes do filme ou, ainda, para que não haja dúvidas ao final do debate sobre as distintas interpretações. É nesse sentido que o Quadro 6.2 auxilia no "fechamento" da discussão, permitindo a visualização conjunta de teoria e filme, mantendo um registro homogêneo para todo o grupo.

Em suma, é interessante observar como, a cada nova turma, surgem discussões e leituras distintas do filme. Não que o foco seja alterado, pelo contrário, são novas passagens ainda não percebidas e interpretações a partir de experiências heterogêneas que acabam por complementar a nossa própria perspectiva. Nesse sentido, essa vivência, ainda que permaneça a mesma, com ajustes ao longo do tempo, sempre se mostra como algo novo, nos ensinando também a manter alerta e crítico nosso olhar sobre a realidade.

7

Filmes no ensino e aprendizagem de questões éticas na administração pública

Adelaide Maria Coelho Baêta

Quando aceitei oferecer a disciplina Ética na Administração Pública para o curso de Pós-Graduação em Administração da Fundação João Pinheiro (2001), os estudantes consideravam-na uma disciplina muito teórica e tinham pouco interesse pela matéria. A classe era bastante heterogênea, os estudantes eram egressos de vários cursos, como Direito, Contabilidade, Pedagogia, Letras, Economia e Psicologia e a grande maioria dos estudantes ocupava cargos de gerentes na administração estadual. Aceitei o desafio de resgatar o interesse dos estudantes pela matéria. Para motivá-los, apresentei logo no primeiro encontro a proposta de utilizar dois filmes durante o curso: *Perfume de mulher* (dirigido por Martin Brest, 1992) e *Doze homens e uma sentença* (dirigido por Sidney Lumet, 1957). A utilização de recurso estético tinha como objetivo dinamizar o processo ensino-aprendizagem e favorecer a compreensão do conteúdo da disciplina.

Discuti com a turma o programa da disciplina e a metodologia do ensino. Os estudantes se manifestaram, fizeram sugestões de conteúdo programático e ao final estabelecemos um cronograma para cumprir a programação. Não seria possível a utilização dos filmes sem o compromisso das leituras preparatórias para o debate.

A disciplina era oferecida em oito sessões, com duração de quatro horas cada uma. As primeiras sessões foram de aulas expositivas e dialogadas sobre os conceitos de ética, desde a concepção grega até autores contemporâneos. Os textos incluem, além dos autores clássicos tratados por Álvaro Luiz M. Valls[1] e Newton Bignotto,[2] textos de autores brasileiros como Roberto DaMatta,[3] Leonardo Boff,[4] Eduardo Gianetti da Fonseca[5] e Luiz Fernando Veríssimo *et al.*[6] A cada encontro foram distribuídos textos para leitura prévia, como preparação para as discussões em sala. A fim de familiarizar os estudantes com as questões e os conceitos da administração pública, artigos de estudiosos de administração são leitura obrigatória com o objetivo de facilitar a relação entre teoria e prática e o entendimento da relevância do conceito de ética para a análise da administração pública. Autores como Max Weber,[7] Alberto Guerreiro Ramos,[8] Bernardo Keiksberg,[9], Anna Maria Campos[10] são fundamentais para o desenvolvimento da disciplina.

De forma geral, as aulas se desenvolveram a partir de uma exposição feita por mim, seguida da parte em que os estudantes apresentavam sua interpretação dos textos e sua análise dos conceitos. Nesses primeiros encontros, nem todos estavam motivados, a participação ainda não era satisfatória, mas isso só me estimulou a aproveitar ao máximo a oportunidade do uso de recursos estéticos para aprofundar os conceitos básicos da disciplina. A partir da terceira sessão, quando já seriam apresentados os filmes, notava-se a expectativa dos estudantes. Alguns curiosos e outros desconfiados. O desafio seria não deixar que a atividade proposta se tornasse uma sessão de entretenimento.

Perfume de mulher

O filme *Perfume de mulher* foi apresentado no terceiro dia de aula, e o objetivo foi promover uma compreensão adequada do conceito de ética como sentimento de pertença à humanidade, sendo também proposta uma distinção entre comportamento ético e não ético. No início da sessão, entreguei o roteiro para a análise do filme. Expliquei também que, após a exibição, a sala seria dividida em grupos de três estudantes para o preenchimento das questões constantes do roteiro. Insisti com a classe sobre a relevância das leituras prévias para o me-

---

[1] VALLS, A. L. M. *O que é ética?* São Paulo: Brasiliense, 1996.

[2] BIGNOTTO, N. *Ética*. São Paulo: Companhia das Letras, 1994.

[3] DAMATTA, R. *Carnavais malandros e heróis*. São Paulo: Rocco, 1989.

[4] BOFF, L. *Saber cuidar*: ética do humano compaixão pela terra. Petrópolis: Vozes, 2001.

[5] FONSECA, E. G. *Vícios privados benefícios públicos*. São Paulo: Companhia das Letras, 1999.

[6] VERÍSSIMO, L. F. et al. *O desafio ético*. Rio de Janeiro: Garamond, 2000.

[7] WEBER, M. In: MILLS, Wright C; GERTH, H. H. (Org.). *Ensaios de sociologia*. Rio de Janeiro: Guanabara Koogan, 1982.

[8] GUERREIRO RAMOS, A. *Administração e contexto brasileiro*. Rio de Janeiro: Fundação Getulio Vargas, 1983.

[9] KEIKSBERG, B. *Repensando o Estado para o desenvolvimento social*: superando dogmas e convencionalismos. São Paulo: Cortez, 1998.

[10] CAMPOS, A. M. O desafio de formar gestores. *Momento acadêmico*. Rio de Janeiro: COPPEAD: UFRJ, 1995.

lhor acompanhamento da aula. Destaquei o objetivo do uso dos filmes para o dinamismo do aprendizado e a facilitação do entendimento. Enfatizei também que pouco acrescentaria ver o filme sem o domínio de conceitos básicos tanto de ética quanto de administração pública.

Os estudantes foram incentivados a observar principalmente as atitudes dos dois principais personagens do filme (o jovem estudante e o coronel reformado do exército), considerando o comportamento ético e não ético, tendo em vista os conceitos já discutidos nas sessões anteriores como essenciais para a análise.

O filme tem a duração de três horas e, para tornar a aula mais interessante, faríamos um intervalo no meio da apresentação.

Quadro 7.1 *Roteiro para discussão do filme* Perfume de mulher.

(Trabalho em grupo)
Identifique os personagens que têm um comportamento antiético.
Identifique o personagem que age eticamente durante todo o filme.
Identifique o momento em que um dos personagens muda de comportamento ao longo do filme e dê duas razões para essa mudança.
De que maneira o filme contribuiu para o entendimento do conceito de ética?

O conceito de ética tem raízes na concepção de Aristóteles, segundo o qual aquele que toma decisões é um sujeito e não um decisor que calcula matematicamente suas ações, ou alguém que faz apostas metafísicas. Na visão aristotélica, as questões éticas colocam-se segundo um quadro em que a vida humana é focalizada como um todo, à luz da sua destinação e das suas possibilidades. Ou, ainda, conforme a perspectiva kantiana, a ética não pode dispensar um sentido de universalidade e se manifesta na forma de determinadas regras. É preciso reconhecer que o sujeito que decide, segundo hábitos e virtudes, relaciona-se com determinadas regras cuja universalidade nem sempre é clara.

O filme foi apresentado em sala de aula em duas etapas. A primeira foi do início até o momento em que há uma cena de dança de tango. Como durante esta cena os estudantes se emocionaram, fizemos uma pausa para um café. Nessa parte do filme, já estavam delineados os dois perfis de comportamento, e evidenciada a atitude ética como uma opção individual, sempre apoiada num grupo de referência.

Ficou estabelecido que retornaríamos ao filme em 15 minutos. Surpreendentemente, nenhum estudante atrasou-se para a retomada da exibição. Na segunda etapa, o filme vai acentuando o entrelaçamento dos conceitos de ética e solidariedade, de ética e verdade.

Terminada a exibição do filme, os estudantes se organizaram em grupos de três para discutir e anotar as observações com base no roteiro que tinham em mãos. A participação nos grupos foi intensa. Todos queriam opinar. Em cada grupo, um estudante tomava notas sobre as opiniões e escrevia um relatório com a síntese das idéias do grupo. Aqui, minha atenção e presença foram fundamentais e muitas vezes foi necessário intervir para que a discussão não se desviasse do objetivo e não se perdesse a possibilidade de relacionar a teoria com a ação dos personagens. Ao final das discussões em grupo foi proposto que na aula seguinte cada grupo apresentaria suas conclusões para o debate geral.

Na sessão seguinte, os grupos apresentaram suas análises e debateram o filme durante três horas. A compreensão do comportamento ético como opção individual que se baseia em valores pessoais foi muito enfatizada. A fim de evitar que o debate fugisse do tema da aula, a professora lembrou o roteiro e insistiu na relevância de uma análise crítica e na utilização dos textos lidos como pano de fundo da interpretação. Por várias vezes, os estudantes recorreram aos autores estudados para explicar suas observações do filme. Também utilizaram exemplos na análise da solidariedade, das sansões, dos desafios pessoais e dos valores.

O uso de filmes para a melhor compreensão e fixação de conceitos é sempre um risco, pois a apresentação artística provoca emoções e pode desviar a atenção para aspectos que não contribuem para o processo de ensino-aprendizagem e favorecer a compreensão do conteúdo da disciplina. Nesse momento, é muito importante que o professor tenha o cuidado de propor questões que levem os estudantes a perceber as diversas possibilidades de análise. Daí a necessidade de exigir a leitura prévia dos textos a fim de que o recurso estético não seja entendido como simples acessório da disciplina.

Doze homens e uma sentença

Na quinta sessão, foi apresentado o segundo filme, *Doze homens e uma sentença*. No início da aula, fiz uma introdução, chamando a atenção para alguns aspectos que deveriam ser observados e apresentei um roteiro para a análise do filme. O objetivo era a compreensão da ética na administração pública, enfatizando a responsabilidade na tomada de decisões e ainda relacionando ética a conceitos como justiça, preconceito, ciência, política e economia, além de organização e ambiente.

Foi explicado aos estudantes que o filme tratava de um julgamento de crime de assassinato, em que o júri deveria decidir sobre a culpa ou inocência do réu, sendo que a culpa o levaria à pena de morte. Um júri pode ser entendido como uma organização, em que existem normas e regras para a tomada das decisões. A idéia era proporcionar aos estudantes, ao analisar o filme, uma compreensão melhor da relevância do comportamento ético para a tomada de decisões, sobretudo nas questões que afetam a vida, seja de uma pessoa, seja de uma comunidade ou de uma nação.

Após o filme, os estudantes fizeram um pequeno intervalo. Por ser um filme mais complexo, as anotações das observações solicitadas no roteiro foram feitas primeiro individualmente, durante 40 minutos. Os estudantes levaram as anotações para casa a fim de amadurecerem as idéias para a discussão com a turma na sessão seguinte.

Quadro 7.2 *Roteiro para dicussão do filme* Doze homens e uma sentença.

(Trabalho individual)
Houve algum personagem com quem você se identificou no início do filme e depois mudou de opinião? Qualquer que seja sua resposta – sim ou não –, explique por quê.
Qual o personagem cuja atitude você repudia?
Houve momentos de dúvida quanto à atitude ética de alguns personagens? Quais?
Identifique o personagem que demonstrou uma atitude ética consistente desde o início do filme.
Se você tivesse no lugar do personagem X (escolha um personagem), em algum momento você teria desistido? Por quê?
Que lições você tira do filme para a tomada de decisão na administração pública?
O filme foi relevante para o seu aprendizado sobre ética? Explique.

No início da sexta sessão, cada grupo teve 20 minutos para apresentar suas conclusões. Anotei as questões que não eram feitas, para retomar mais tarde e complementar a discussão. O debate contou com intensa participação dos estudantes, pois o filme é muito sugestivo e traz muito claramente a relação entre ética e responsabilidade, ética e preconceito, ética e atitude reflexiva, ética e ciência, temas tratados nos textos lidos previamente. As interpretações do filme permitiam relacionar conceitos de outras disciplinas como Organização e Sociedade e Administração Pública.

Minha percepção sobre as aulas

A utilização desses filmes para a aprendizagem na disciplina Ética na Administração Pública mostrou ser um recurso muito interessante e rico. O primeiro filme sensibilizou a turma para o tema da disciplina, despertou emoções e superou expectativas quanto ao interesse dos estudantes. O comportamento dos personagens estabeleceu estreita relação com os conceitos analisados e chegou a suscitar um certo desconforto nos estudantes que não haviam feito a leitura dos textos distribuídos. É claro que aqueles estudantes que não se prepararam para o debate ficavam à margem da discussão, uma vez que o incentivo era para que o comportamento dos personagens fosse analisado fazendo-se alusão à conceituação presente nas leituras.

Os debates tiveram ampla participação e notei que as observações daqueles estudantes que não haviam acompanhado as aulas anteriores destoavam das análises que se baseavam nos autores estudados. Os comentários, muitas vezes, apoiavam-se em elementos sem a menor relação com a disciplina e perdiam-se em *achismos*. Nessa altura, eu tinha que intervir e reorientar o debate. Por outro lado, a riqueza das interpretações daqueles mais atentos ao programa da aula provocou algumas frustrações e reforçou a importância de uma atitude responsável por parte dos estudantes. Observei também a satisfação de alguns que se davam conta de que estavam mais aptos a interpretar e analisar o comportamento dos atores, porque haviam se preparado.

Talvez por força do próprio tema da disciplina, observei uma mudança de comportamento na turma. Alguns estudantes que costumavam entrar e sair da sala várias vezes durante as aulas, ou que demoravam a se acomodar na sala de aula, eram questionados pelos colegas ou, espontaneamente, tornaram-se mais cuidadosos.

Com relação ao filme *Doze homens e uma sentença*, o debate foi ainda mais interessante, até porque mais próximo da realidade da maioria dos estudantes, que ocupavam cargos de gestão na administração pública estadual. Foi interessante constatar a riqueza de comentários e a satisfação com que alguns recorriam aos argumentos teóricos ou identificavam na prática profissional de sua organização ou departamento a atuação de alguns dos personagens. Outros se mostravam surpresos por não ter jamais enxergado o comportamento profissional sob este prisma. Ficou claro o poder das imagens para provocar reflexões e permitir a identificação e conscientização de conceitos.

O filme se prestou a ampliar a compreensão dos estudantes sobre o papel de liderança que o ator social pode exercer numa equipe que toma decisões sobre questões que envolvem a vida de outrem. Além disso, como as cenas detalham o papel e a atuação de cada membro do júri, o filme foi considerado ilustração bastante adequada do contexto da atuação de funcionários da administração pública. Com uma grande riqueza de papéis, o filme exibe o comportamento dos diferentes tipos, com suas características complexas e sua relação com o papel que desempenham. A análise levou a classe a perceber que a maioria atua, muitas vezes, sem o cuidado de questionar as aparências de uma dada situação, preocupando-se apenas em cumprir uma tarefa em determinado tempo. Enquanto alguns se apegam exageradamente às normas, outros utilizam raciocínios meramente matemáticos, fugindo das questões subjetivas, para explicar suas decisões, e há ainda aqueles que irresponsavelmente ficam à margem e adotam uma atitude displicente que aceita o que for mais fácil para si. Todavia, ficou evidente que há sempre um papel relevante para quem é capaz de assumir uma atitude ética, o que acaba por contaminar aqueles mais responsáveis e pode, com certa persistência, conquistar a maioria.

O tema, sem dúvida, havia despertado o interesse da classe. Ficou evidente o papel facilitador da interpretação dos elementos do filme para a compreensão da teoria. Ainda mais gratificante foi perceber o interesse e o resgate da importância da disciplina no curso, segundo a manifestação de alguns estudantes.

No entanto, havia o risco de o comentário resvalar para considerações, às vezes negativas, sobre figuras conhecidas da administração pública. Nesses momentos, era necessária minha intervenção para evitar que se perdesse o interesse no conteúdo da disciplina.

Percepção dos estudantes

Na última sessão, houve um seminário de avaliação. O objetivo foi levantar os temas de maior interesse e colher uma análise crítica da aprendizagem proporcionada pela disciplina. Nessa oportunidade, os estudantes avaliaram o conteúdo da disciplina e a metodologia utilizada; fizeram também uma auto-avaliação.

Nessa avaliação da disciplina, foi ressaltada por todos os estudantes a importância da utilização dos filmes como forma de sensibilizar a turma e também como instrumento de aprendizagem, favorecendo a descontração e, ao mesmo tempo, exigindo atenção. Eles foram unânimes em assinalar que os filmes foram muito adequados para esclarecer conceitos e trazer uma dimensão crítica à análise do tema.

Na percepção de alguns estudantes, o desempenho do jovem no filme *Perfume de mulher* ilustra bem a idéia de que há um impulso natural no ser humano para o comportamento ético, mas consideraram que a atitude ética é uma opção individual que se fundamenta nos valores do grupo de referência. Uma cena que impressionou muito foi a luta do estudante com o coronel, para evitar seu suicídio. O coronel, homem de personalidade e compleição forte, tenta se matar e o jovem, para impedir esse ato, arrisca a própria vida. O coronel, fragilizado pela deficiência visual, sente-se incapaz e inútil e quer pôr fim à própria vida. O jovem, acostumado a lutar pela vida e a enfrentar dificuldades no cotidiano, percebe o sofrimento daquele homem de personalidade tão complicada, solidariza-se com ele e luta em defesa daquela vida, como expressão dos seus princípios e valores. O diálogo que então se estabelece é bastante comovente e alguns dos estudantes lembravam-se de detalhes contundentes, que possibilitaram uma reflexão cuidadosa.

Dois estudantes chamaram a atenção para a cena na qual o coronel ensina uma jovem a dançar tango, fazendo uma alusão à metáfora de que a vida é como um tango. Assim como na música, é essencial estar sempre atento à manutenção do ritmo. Na vida, é preciso cuidar dos sentimentos nas relações humanas.

A mudança de comportamento do coronel, ao final, quando do julgamento dos jovens na escola, é algo tocante. Todos os estudantes foram unânimes em afirmar que este foi o ponto alto do filme. O coronel, que parecia descrente da humanidade e displicente nas suas relações, mostrou-se empenhado na defesa do jovem que estava sendo humilhado e injustiçado. Em seu discurso, o coronel demonstra seu compromisso com a verdade e a justiça e leva o auditório a compreender as verdadeiras qualidades de um homem de bem.

No caso do segundo filme, nenhum dos personagens escapou à análise e às críticas dos estudantes. Houve quem se identificasse com um ou outro personagem em determinado momento, justificando que nem sempre é fácil perceber a realidade, principalmente quando ela é apresentada por uma linguagem cifrada, como é o caso da linguagem jurídica. A discussão apontou para a relevância do conhecimento científico, para a reflexão sobre o papel e o comportamento dos gestores e os cuidados com as armadilhas da linguagem.

Foi interessante quando uma estudante chamou a atenção para a linguagem da administração, sobretudo da área da administração financeira, que muitas vezes pode ser usada como uma forma de ocultar ou embaçar a realidade mais do que um exercício de prestação de contas e de esclarecimento, momento em que o conceito de *accountability*[11] foi ressaltado.

A crítica acirrada a um dos membros do júri, cuja atitude é cínica e irresponsável, ganha um contraponto na atitude responsável e solidária do cidadão que não abre mão de uma análise mais acurada dos fatos. Os estudantes passaram a identificar comportamentos semelhantes nos seus ambientes de trabalho. Impôs-se, mais uma vez, minha participação para resgatar a relevância do conhecimento e da análise crítica para uma atitude ética na administração pública. O desafio é relacionar os elementos que a interpretação dos filmes oferecem para a análise da prática do trabalho com o apoio do conhecimento teórico.

Conclusão

Posso concluir que o uso de filmes para a aprendizagem é, sem dúvida, um recurso muito valioso. A riqueza da comunicação através da imagem favorece a compreensão da teoria e aumenta o interesse pelo tema da disciplina. Além disso, se a classe realmente está preparada e motivada, é possível instigar a explicitação dos diversos olhares e interpretações, o que favorece o dinamismo da disciplina e o crescimento da turma.

Ao final das apresentações dos filmes, os estudantes reunidos em grupos vão pouco a pouco se inserindo na discussão e acabam se entusiasmando nos

---

[11] CAMPOS, A. M. *Accountability*: quando devemos traduzi-la para o português? *Revista de Administração Pública*, v. 24, n. 2, 1990.

comentários. Todos acabam participando de alguma forma. Foi muito gratificante constatar a mudança no comportamento da turma em sala. Nas aulas do final do curso, já se observava um silêncio respeitoso antes do início de um debate e uma dedicação maior à leitura da bibliografia obrigatória.

Os riscos são muitos. A exibição de filmes em sala requer muita atenção e cuidados. Primeiramente, a sala deve permitir que todos os estudantes estejam dispostos de modo a ter visão e audição adequada da película. Quando possível, o filme deve ser passado em um auditório apropriado. É muito importante que o professor fique atento durante todo o desenvolvimento do processo de ensino-aprendizagem para que a metodologia seja adequada ao objetivo da disciplina. É papel do professor apontar as cenas mais relevantes, insistir no roteiro a fim de que o objetivo seja alcançado. Não se pode permitir que a utilização de um recurso estético propicie somente uma diversão.

O que foi mais emocionante nesta disciplina foi a manifestação dos estudantes no seminário de avaliação final, revendo o seu posicionamento quanto à importância da abordagem da ética na formação do administrador público, e o seu entusiasmo pelo tema.

8 A narração fílmica no ensino de gestão de pessoas e de comportamento organizacional

Ana Sílvia Rocha Ipiranga

Há quase cinco anos, fui convidada para assumir o ensino da disciplina Desenvolvimento Gerencial no curso de graduação em Administração na Universidade de Fortaleza (UNIFOR). No conteúdo programado para a disciplina, observei que se distinguiam e se enleavam as dimensões *saber* e *saber fazer* da aprendizagem gerencial. O projeto de ensino da disciplina transitava entre o aprender sobre um determinado conteúdo e o aprender a aprender pela experiência, retratando não somente o saber tratar um incidente, mas igualmente o saber antecipá-lo. Assim, concluí que o desenvolvimento da competência gerencial deve ser comparado a um ato de enunciação, referenciando tanto o sujeito que o emite como o contexto no qual ele se situa.

Em termos metodológicos, a idéia era aquela de pensar o projeto de ensino referente ao desenvolvimento da competência gerencial, como lugar de construção e não apenas de transmissão de conhecimentos através de um ambiente mais dinâmico e interativo no qual o estudante pudesse exercer um papel mais ativo na sua própria educação. Isto significava deslocar as ênfases do conteúdo para o uso de um método. Assim, pensei em valorizar o grupo como dimensão social e afetiva da aprendizagem e a sala de aula como espaço de vivência e experimentos. Estas decisões me levaram a refletir sobre a importância do papel da narração no âmbito dos processos de aprendizagem através do uso de filmes. A narração refere-se à consideração de diferentes "vozes" e pontos de vista, bem como a experiências concretas, retratando intenções, pensamentos e desejos. Ela contém elementos da relação entre indivíduo e contexto, integrando metodologia cognoscitiva e de intervenção através da atividade de simbolização.

Entendo que o uso de cinema em sala de aula, como instrumento facilitador do processo de aprendizagem, está mediado por uma discussão sobre a função dos componentes cognitivos e afetivos do conhecimento ao considerar o sistema de representações presente no processo de construção de significados do objeto de estudo. Levando em conta que a combinação da imagem, som e movimento torna o filme um meio extremamente útil ao oferecer subsídios significativos para experiência cognitiva, afetiva e efetiva, a minha proposta era aquela de discutir o conteúdo temático da disciplina Desenvolvimento Gerencial através do cinema.

Todavia, o filme não é um instrumento neutro de comunicação, muito menos em um contexto de formação, no qual o professor assume o papel de artífice da narração e se torna o principal articulador de significados. Diante disso, coloquei-me a questão: como utilizar os filmes em sala de aula, fazendo-se narrador das unidades propostas, levando em consideração que professor e estudantes participam do processo de atribuição de significados possíveis?

Neste contexto didático, no qual a sala de aula se transfigura em uma sala de projeção, o texto fílmico pode ser pensado, parafraseando Canevacci,[1] como o resultado de "contexto inquieto", envolvendo sempre mais sujeitos em comunicação entre eles (por exemplo, autor, diretor, ator, professor, espectador, estudantes) que concorrem na construção de "valores e significados instáveis" e, em conseqüência, abertos a mudanças. Neste âmbito, torna-se necessário monitorar e acompanhar esta instabilidade, com a intenção de alcançar um resultado de aprendizagem eficaz. Tendo em vista esta intenção, considerei a hipótese metodológica (Figura 8.1), mapeada por D'Incerti *et al.* (2000),[2] que consente ao professor, segundo as coordenadas indicadas, orientar-se entre as diferentes "vozes" e pontos de vista que poderão emergir em sala de aula e ser articulados com os objetivos didáticos a partir da projeção do filme escolhido.

Cada quadrante do "mapa de referência" agrupa um conjunto de temas relacionados às áreas da gestão de pessoas e do comportamento organizacional. Estes temas foram posteriormente associados a uma lista de filmes de referência indicados pelos autores como significativos para ilustrar e promover a discussão em sala de aula dos tópicos de estudo previstos.

Observando o mapa no quadrante superior à esquerda, denominado "pessoa/*hard*", situam-se os temas relacionados ao indivíduo de origem mais tipi-

---

1 CANEVACCI, M. *Antropologia del cinema*. Milano: Feltrinelli, 1982.

2 D'INCERTI, D.; SANTORO, M.; VARCHETTA, G. *Schermi di formazione*: i grandi temi delle risorse umane attraverso il cinema. Milano: Guerini e Associati, 2000.

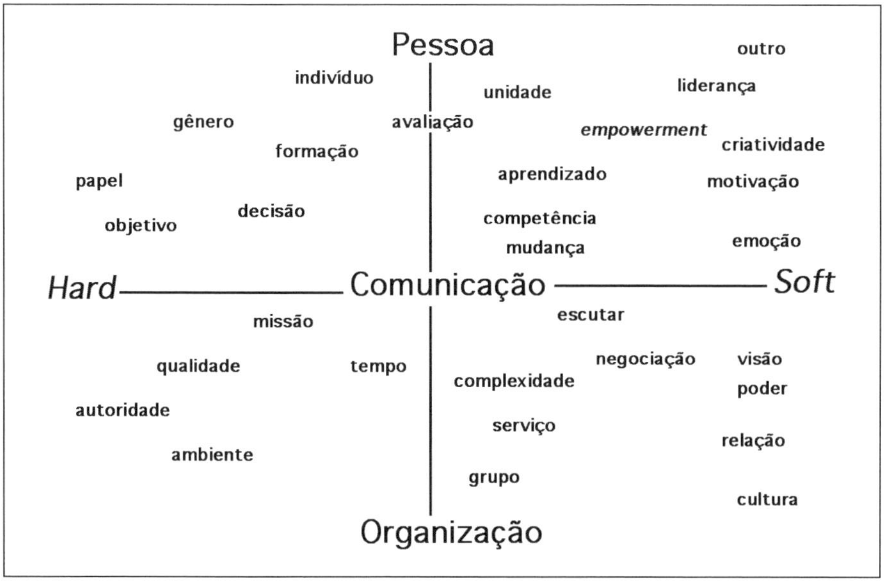

Figura 8.1 *Mapa de referência.*

camente estrutural. À direita, no quadrante denominado de "pessoa/*soft*", encontram-se os temas sempre relacionados ao indivíduo, mas ligados a idéias e conceitos de cunho cultural, emocional, social e psicológico. No quadrante em baixo à direita ("organização/*soft*"), encontram-se inseridos os temas organizacionais ligados a elementos socioculturais. No quadrante em baixo à esquerda ("organização/*hard*"), estão os temas relativos à organização segundo um ponto de vista estrutural e formal.

Muitos dos temas propostos pelos autores (Figura 8.1), relacionados às áreas da gestão de pessoas e do comportamento organizacional, coincidiram com os objetivos didáticos e tópicos de estudo previstos no projeto de ensino da disciplina Desenvolvimento Gerencial, entre estes: liderança organizacional, motivação, comunicação, cultura organizacional, trabalho em equipe e modelos e estilos gerenciais.

Neste depoimento, relato uma experiência, ocorrida em sala de aula com uma média aproximativa de 30 estudantes, na qual utilizei a narração fílmica como instrumento de ação formativa. Tendo como base o programa da disciplina, durante o semestre letivo, selecionei os tópicos "liderança organizacional" e "trabalho em equipe" para serem apresentados e discutidos através da projeção de nove filmes (Quadro 8.1), respectivamente indicados e relacionados aos temas do mapa de referência "liderança" (pessoa *soft*) e "grupo" (organização *soft*).

Quadro 8.1 *Relação entre temas, tópicos, subtemas e filmes escolhidos.*

Temas e Tópicos de Estudo	Subtemas relacionados	Filmes de Referência
Liderança organizacional	Motivação Responsabilização Desenvolvimento de estratégias	*O resgate do soldado Ryan* *The commitments*
	Papel, autoridade, poder, decisão Objetivo, missão, visão	*Enrique V* *Apocalipse now*
Grupo (trabalho em equipe)	Dinâmica, coesão Contraste, conflitualidade Espaço de mediação	*Waterloo* *O reverso da fortuna*
	Valor agregado ao grupo Trabalho criativo Resolução de problemas Competência	*A sociedade dos poetas mortos* *Apollo 13* *Tucker: um homem e seu sonho*

FONTE: Material coletado nas discussões em sala de aula e posterior adaptação segundo mapa de referência.

Os procedimentos e as ações

Como forma de aprofundar aspectos específicos e contrapor visões, "vozes", pontos de vista e linguagens diferentes, à medida que introduzia a discussão de um tópico previsto no programa da disciplina, definíamos concomitantemente uma bibliografia de leitura prévia para relacioná-la posteriormente à análise fílmica. Com a leitura dos textos, escolhidos por seu caráter instigador e visando estimular a discussão e o crescimento do grupo, solicitei aos estudantes subtemas relacionados ao tópico que se pretendia enfocar (Quadro 8.1). Estes exercícios propedêuticos à apreciação do filme nos permitiram estabelecer a ligação entre os temas propostos pelos autores no mapa de referência (Figura 8.1), os subtemas emersos durante a discussão dos textos e os filmes alusivos à temática-chave conforme os objetivos didáticos.

Tendo em vista a sugestão de Champoux,[3] solicitei aos estudantes que escrevessem sobre "suas sensações e reações pessoais" referentes a cada seqüência fílmica, relacionado-as à sua vida nas organizações, no trabalho e à sua formação como gerente. Assim, sugeri aos estudantes:

- A utilização de um roteiro de observação, que permitia listar e descrever os elementos significativos das principais imagens e cenas fílmicas (blocos narrativos), selecionadas *a priori* por mim que serviriam de base para a animação da discussão dos tópicos de estudo previstos.

[3] CHAMPOUX, J. Animated films as a teaching resource. *Journal of Management Education,* v. 25, n. 1, p. 79-100, 2001.

- A consideração de que a produção de significados no cinema engaja e incita processos inconscientes manifestados através da construção de uma ficção, criação e ou invenção de coisas imaginárias, de fantasias, enfim, de uma simulação por parte dos espectadores. Com base nisso, elaborei e forneci aos estudantes algumas questões sobre a narrativa fílmica, descrevendo os cenários, os diálogos, as imagens de cenas que apareceram e aquelas que possivelmente não apareceram na tela, mas que foram construídas e encorajaram uma "troca imaginária" entre o espectador-discente e o enunciado fílmico.

Após as rodadas de discussão baseada nos textos[4] e a explicação desses procedimentos, iniciei a projeção dos filmes de referência selecionados *a priori*. Em seguida, realizei uma segunda rodada de discussão, solicitando aos estudantes que colocassem suas percepções, sensações e reações pessoais registradas em relação aos filmes e principalmente às imagens e cenas do filme previamente escolhidas. Este conjunto de ações facilitou *a posteriori* a identificação e a construção dos "blocos narrativos".

Assistindo *O resgate do soldado Ryan* e *Apollo 13*

Apresentamos e discutimos os tópicos de estudos "liderança organizacional" e "trabalho em equipe", previstos no programa da disciplina, através da projeção de nove filmes (Quadro 8.1). Contudo, neste capítulo descreverei os procedimentos e as análises decorrentes do uso de dois filmes. Com o intuito de construir os "blocos narrativos" e relacionar os variados subtemas com os objetivos didáticos, escolhi e exibi em sala de aula os filmes *O resgate do soldado Ryan* e *Apollo 13*, respectivamente relacionados aos temas do mapa de referência "liderança" (pessoa *soft*) e "grupo" (organização *soft*).

Os filmes foram projetados primeiramente inteiros em uma das três salas de cinema disponíveis no setor da videoteca da Universidade. As salas devidamente equipadas com moderna tecnologia de projeção permitiam a comunicação interfônica simultânea entre mim e o técnico projetor. Com isto, foi possível ampliar as estratégias de exploração e uso dos filmes. Pude:

- interromper a projeção em um determinado ponto, paralisando uma cena, visando a uma análise mais aprofundada e provocando a explicitação de hipóteses sobre a solução que o filme apresentava ao tema abordado;

---

[4] A criatividade de grupo, hoje. In: DE MASI, D. *A emoção e a regra*. Rio de Janeiro: José Olympio, 1999. p. 18-21. O contexto de liderança. In: BENNIS, W.; NANUS, B. *Líderes*. São Paulo: Harbra, 1988. p. 6-11.

- repetir algumas cenas de maior interesse didático ou maior complexidade;
- desligar o som, levando a turma a imaginar ou construir um diálogo ou imagens alternativas.

Seguindo estes procedimentos, no decorrer da exibição, selecionei várias seqüências dos diferentes filmes através do dispositivo da segmentação e da aglutinação.[5] Entre estas seqüências, algumas cenas que considerei temáticas foram paralisadas e observadas tendo por base o roteiro indicado anteriormente.

Como resultado da produção discursiva e levando em conta o contexto formativo em que ocorreu, descreverei sucintamente algumas posições enunciativas emersas com a análise de variados blocos narrativos a partir da exibição dos filmes *O resgate do soldado Ryan* e *Apollo 13*.

O resgate do soldado Ryan

O filme épico *O resgate do soldado Ryan*, dirigido por Steven Spielberg e tendo como intérprete principal Tom Hanks, é genial e belíssimo, mas longo e com fortes cenas de violência, sendo um ícone do cinema bélico. Os 20 primeiros minutos do filme, nos quais se processam, através de diferentes planos em seqüência, as cenas da carnificina do desembarque, foram acompanhados por um longo e denso silêncio da audiência.

Analogamente, a linguagem cinematográfica desta seqüência se expressa por meio de componentes não verbais, como a imagem fotográfica em movimento que retrata um estado de grande desalento e padecimento físico interrompido pelo som de disparos e murmúrios esparsos no interior do enquadramento.

Baseando-me no material escrito pelos estudantes sobre "suas sensações e reações pessoais" referentes a esta seqüência fílmica, é possível afirmar que o "longo e denso silêncio da audiência" foram amplificados pelo *mise en scène* da montagem, reproduzindo os fenômenos pró-fílmicos, pelos quais os espectado-

---

[5] Uma das mais recorrentes questões que se colocam para os educadores que usam o filme como um recurso em sala de aula é o fato de muitos deles serem de longa-metragem. Como trabalhar esses filmes em curtas horas-aulas de que o professor dispõe? No âmbito do processo de análise de uma obra cinematográfica, "as unidades narrativas autônomas" poderão ser identificadas operativamente através de um processo descritivo que se baseia em dois dispositivos: (a) a *decupagem* que ocorre através da divisão do filme em planos e (b) a *segmentação*, que é a divisão do filme em seqüências (PASSARELLI, C. A F. Imagens em diálogo: filmes que marcaram nossas vidas. In: SPINK, M. J. (Org.). *Práticas discursivas e produção de sentidos no cotidiano*. São Paulo: Cortez, 1999, p. 273-283). Trata-se de subdividir o filme em vários blocos temáticos, em pequenas cenas, atendendo a interesses de conteúdo e objetivos. Além disso, o professor poderá aglutinar o conjunto de temas segundo os objetivos didáticos com a intenção de não repetir questões comuns a todos eles.

res constroem "coisas imaginárias".[6] Desta forma, vários enunciados e significados foram compartilhados:

- a lembrança de outros filmes do mesmo gênero (*Além da linha vermelha* baseado no romance de James Jones e dirigido por Terrence Malick), com os quais o filme de Spielberg dialoga principalmente em relação à temática da liderança;
- as várias citações, "vozes" e pontos de vista emersos que terminaram por instituir ligações entre: (a) o diretor (Steven Spielberg) ao narrar a cena do desembarque, (b) a exclamação contida do capitão Miller (Tom Hanks) "que espetáculo!" enquanto olhava os cadáveres, pedaços humanos, (c) o mar cor de sangue da praia de Omaha Beach, na manhã de seis de junho de 1944 e (d) as digressões sobre os atuais cenários da guerra tecnológica descritos pelos espectadores-narradores-discentes;
- a discussão introduzida por mim, enquanto narrador-docente, sobre o modo de produção de significados do espetáculo do cinema ao deslocar os limites do visível.

Estas descrições enfatizaram a constituição da subjetividade na linguagem, ao iluminar a produção e o controle das relações entre sujeitos através da "ligação imaginária" estabelecida entre os diretores de dois diferentes filmes (Steven Spielberg e Terrence Malick), o autor de um dos filmes (James Jones), o ator (Tom Hanks), o personagem (Capitão Miller), os narradores-espectadores-discentes, o narrador-docente e a causa de um comum investimento no discurso do filme.

Ainda em relação a percepções e sensações pessoais descritas pelos estudantes, conotou-se um sentido de "indignação e repulsa" nas posições enunciativas desse bloco temático através de inscrições, como o uso de pronomes e indicadores temporais e espaciais ("Eu não aceitaria nunca participar de uma guerra, desertaria!"; "Tudo isto ainda acontece nas atuais guerras!"), que evidenciaram a centralidade dos estudantes, enquanto sujeitos-enunciadores, na construção da experiência cinematográfica.

Durante a discussão, as imagens dessa cena pareciam narradas pelos próprios estudantes, sendo propostas cenas alternativas, inventados discursos, simulados movimentos e manifestadas emoções. Registramos ainda a ocorrência da intertextualidade ao lembrarem e referirem a relação entre os significados de diferentes filmes, ao estabelecerem analogias entre estes e as experiências da vida cotidiana e no trabalho, e tudo isso tendo como base a temática da liderança como objeto principal de estudo. Dessa forma, a intertextualidade tornou-se elemento imprescindível do processo inventivo. Simbolicamente, durante o proces-

[6] STAM, R.; BURGOYNE, R.; FLITTERMAN-LEWIS, S. *Semiologia del cinema e dell'audiovisual*. Milano: Bompiani, 1999.

so de leitura das imagens da cena do desembarque, os estudantes "reproduziram a realidade numa escala reduzida"[7] ao produzirem *insights* experimentados sobre a temática conectada à perseguição do objetivo, da missão e da decisão.

Porém, durante estes processos narrativos o foco deslocou-se entre as diferentes descrições da dinâmica do pequeno grupo de soldados encarregados de encontrar e salvar o soldado Ryan. Os caracteres dos soldados em relação ao papel assumido (ou não assumido), a competência exigida e exercida (ou não exercida), os conflitos emersos e a afetividade vivida foram traçados com grande vigor e realismo a partir da figura do líder. Conforme discussão animada em sala de aula, este foi considerado capaz de encarnar um estilo de liderança que foi compreendido como liderança de "contensão": o capitão John Miller conduz seu grupo na linha de frente da guerra, na tentativa de cumprir uma missão antieconômica, oito soldados para salvar um, que, porém, obedece a um imperativo moral.

Observamos que, apesar do "vigor e realismo", subjacente à narrativa relacionada à dinâmica afetiva do grupo de soldados, uma infinidade de recortes de representações – conflituosas e complementares – foi expressa, denotando coincidências e competições entre linguagens e discursos. Estes textos fílmicos se constituíram num "mosaico de citações", numa rede de traços para ler outros textos.[8] Neste contexto "instável" e com a intenção de alcançar um resultado de aprendizagem eficaz, tornou-se necessária a minha direta participação ao atribuir significado contextualizado à narração, articulando o texto fílmico produzido com os objetivos didáticos e os textos discutidos anteriormente sobre a temática da liderança e do grupo.

Com minha orientação e posterior reflexões por parte dos estudantes, emergiram linhas narrativas sobre o repertório de atitudes do líder, acentuando uma certa conotação feminina do comando, de consolação e alívio das aflições, autoirônico, capaz de improvisação, além de uma veia pedagógica que lhe vem evidentemente por este ser, na sua vida civil, um professor de literatura.

Durante a análise em sala de aula do filme *O resgate do soldado Ryan*, os estudantes criaram um contexto cognitivo comum de aprendizagem ao tecerem nova e diferente narrativa fílmica, ao contarem suas histórias, compartilharem práticas e informarem os bons êxitos ou aquilo que poderia ser feito de outra maneira.

Apollo 13

Os principais temas articulados a partir da visão do filme *Apollo 13* se relacionaram à cultura do trabalhar em grupo que se expressa em atitudes, comportamentos e competências grupais. Na vida organizacional, em que atualmente

---

7 PERLS, F. *A abordagem gestáltica e testemunha ocular da terapia*. Rio de Janeiro: Zahar, 1981.

8 KRISTEVA, J. *La revoluzione del linguaggio poetico*. Venezia: Marsilio, 1979.

se fala freqüentemente de grupos de trabalho, este aparece nas cenas do filme de Ron Howard, como um lugar reservado e "sagrado" do trabalho criativo. Visando a uma análise mais aprofundada e provocando a explicitação de hipóteses sobre a solução que o filme apresentava ao tema abordado, as cenas que compõem os blocos narrativos descritos foram interrompidas, paralisadas e repetidas. Posteriormente, foram aglutinados ao conjunto de temas suscitados pelos objetivos didáticos.

> **Bloco Narrativo I:** A missão da pequena nave Apollo 13 está em crise. O centro espacial de Houston não sabe como afrontar e resolver os numerosos problemas que estão colocando em perigo a vida dos astronautas. A construção, em um clima de grave emergência, de uma válvula que deverá permitir aos três astronautas uma quantidade suficiente de oxigênio coloca em prova a capacidade do grupo de inventar uma solução partindo de uma situação de relativa escassez de meios. O pequeno grupo de trabalho se fecha em uma sala e, com os minutos contados, atinge a sua própria qualidade de coesão e criatividade, conseguindo, no final, resolver o problema.

Com a paralisação e a análise dos componentes não verbais das cenas, os procedimentos cinematográficos (como, por exemplo, iluminação e montagem) funcionaram como ancoragem, induzindo os estudantes a seguir uma leitura preferencial. As interpretações no plano da imagem organizaram a polissemia e guiaram os estudantes através de diversas e possíveis significações das representações visuais relacionadas a objetivos e práticas administrativas que queríamos privilegiar.

Em relação à cena da construção da válvula pelo pequeno grupo de trabalho, fragmentos de narrativas dos estudantes relataram vivências pessoais acerca de episódios críticos ocorridos em suas vidas no trabalho e nas organizações e os procedimentos e ações que foram "inventados" para resolver o problema. Para aumentar a especificidade dos significados desses dados filmados, estimulamos a análise retrospectiva das imagens através de questões com referência explícita à situação fílmica (por exemplo: "Agora, voltando a pensar nisso, quais foram as suas reações àquela parte do filme?"; "Houve algo no filme que lhe deu essa impressão?").

A análise desse processo fílmico desvelou a reserva de linguagem figurada e simbolismos de onde retirar o material para sistematizar e articular as percepções dos estudantes com as temáticas previstas nos objetivos didáticos. Isto estimulou a capacidade de simular o ambiente e suas reações, além de proporcionar um contexto compartilhado em que os estudantes interagiram uns com os outros, refletindo e dialogando.

Um vivo debate desencadeou-se acerca dos acidentes ocorridos, durante o ano de 2003, tanto com a desintegração do ônibus espacial Columbia ao seu retorno à Terra, como com a explosão da Torre de Lançamentos de Alcântara no Maranhão. Isto conferiu atualidade ao filme *Apollo 13* e confundiu as barreiras entre a ficção, a experiência cinematográfica e a percepção cotidiana do real. Outras cenas foram individuadas por estarem ligadas por uma mesma unidade narrativa:

> **Bloco Narrativo II:** A voz do Comandante Jim Lovell, no início do filme, ao descrever para um grupo de visitantes no centro espacial de Houston o sentimento que os une: "O astronauta é o membro mais visível de uma equipe. Para todos nós até ao faxineiro é uma honra. Com uma alavanca moverei o mundo! É isso que estamos fazendo. É inspiração divina. É o que nos une. Acreditamos que tudo é possível." Inclui-se nesta unidade a famosa exclamação do comandante de operações do centro espacial de Houston, já no final do filme, ao considerar a missão: "um fracasso vitorioso!"

Estes blocos narrativos articularam a construção de novos textos contextualizados por mim, enquanto narrador-docente. Buscava suscitar as discussões temáticas sobre o espírito de equipe, a criação de uma imagem positiva do futuro, daquilo que se pode realizar junto (visão), sobre o compartilhamento dos objetivos fundamentais (missão) e a importância dos valores em comum.

Reflexões sobre a experiência

A avaliação da aprendizagem por meio da "pedagogia da imagem"[9] trata de responder a questões quanto: (a) *aos conhecimentos* (Produz-se aumento ou retenção? Facilita-se a aprendizagem? Os diferentes códigos audiovisuais permitem um aumento de interesse e captação total da mensagem?); (b) *às atitudes* (Facilita a análise crítica? As transformações são observáveis e respondem a uma determinada área individual?); e (c) *à metodologia de trabalho que se põe em prática* (Interessa conhecer se a mensagem pode ser decodificada com habilidade pelo indivíduo? Aportam-se vantagens na recepção da informação? Fomenta atividades no indivíduo?).

Com base em minha experiência vivida de ensino, observo que a transposição dos signos cinematográficos para a experiência didática desencadeia uma viva produção de enunciados, transformando o espaço físico da sala de aula em um "campo metodológico de energias", sendo o texto fílmico reconstruído segundo uma variedade de estilos em negociação, inter-relatados dialogicamente, aplicando-se tanto ao próprio texto fílmico como ao contexto didático. Dessa forma, esta rica polissemia associa o uso do cinema em sala de aula à prática da criação de significados,[10] ampliando a variedade de linguagens com as quais se opera, im-

---

9 APARICI, R.; MATILLA-GARCÍA, A. *Lectura de imágenes.* Madrid: Ediciones de la Torre, 1998.

10 WEICK, K. E. *Senso e significato nell'organizzazione*: alla ricerca delle ambiguità e delle contraddizioni nei processi organizzativi. Milano: Cortina, 1995.

plicando uma co-evolução contínua e contingente, entre sentidos e significados "instáveis", e, em conseqüência, abertos a mudanças. Neste contexto didático, o grande desafio percebido é aquele de monitorar e acompanhar esta "instabilidade" com a intenção de alcançar um resultado de aprendizagem eficaz.

Segundo a experiência que narrei, a chave para alcançar esta eficácia consistiu em desafiar os estudantes a reexaminar e refletir sobre as ambigüidades emersas como fonte de conhecimento alternativo. O meu papel compôs-se no sentido de orientar esta "instabilidade" em direção à criação de conhecimento útil, oferecendo uma estrutura conceitual e ajudando os estudantes a encontrar o sentido de suas próprias vivências. Para isso e conforme demonstrei, faz-se necessário constituir um conjunto de procedimentos específicos com a intenção de preparar o texto fílmico para a descrição e a discussão das imagens, tendo como base os temas da administração eleitos para orientar a análise propriamente dita.

No uso de filmes em sala de aula, observei, ainda, que a decodificação da linguagem de imagens (sonora, visual ou audiovisual), processo de decomposição e análise da imagem, do mais elementar ao mais complexo, converte-se em um processo lúdico, no qual o estudante se posiciona como o fulcro de toda a operação fílmica e da experiência cinematográfica. As histórias narradas em imagem envolvem o estudante em uma complexa trama de prazer e significado, mobilizando as estruturas da fantasia, da identificação e da visão, através da narração, da continuidade e do ponto de vista.

Em suma: Agindo em imagens?

Na experiência que vivenciamos em sala de aula através do uso de filmes, foi possível verificar que o modo de produção de significados no cinema é ativado da fruição. Considerando a experiência didática, é possível afirmar que os estudantes, ao narrarem suas experiências e sensações, estavam "agindo em imagens". Estavam fazendo simbolicamente o que poderiam fazer concretamente, antecipando-se na fantasia o que poderia acontecer no cotidiano. Embora a correspondência entre a antecipação imaginária e a situação real possa não ser absoluta, ela é suficientemente forte para que se baseiem nela as ações.

Além da função pedagógica, entendemos que um outro desafio que está posto para nós professores é a sensibilidade para incorporar os significados da criação, da transformação e da inovação que a arte sugere. Do mesmo modo, o desafio para o estudante é aquele de integrar ao seu papel a atitude de apreciador da arte, priorizando a escuta, a pesquisa, o diálogo, a emoção e a reflexão crítica em função de processos de modelagem que constituem mundos possíveis. Observei que esta experiência de discussão coletiva e compartilhada, orientada por uma função mito-poética e baseada em métodos de uma pedagogia heurística, conduz à descoberta, à invenção e à resolução de problemas, facilitando a aprendizagem em um processo reflexivo de (auto) transformação.

9

Administração intercultural e curta-metragem como meio de aprendizagem e avaliação

Maria Ester de Freitas

Em todas as minhas disciplinas, uso alguns recursos estéticos, sendo os mais freqüentes filmes, romances e crônicas. O próprio *PowerPoint* pode integrar vários desses recursos e constitui em si uma estética personalizada, que permite a diferenciação e a criatividade individual. É fato que o uso indiscriminado do *PowerPoint* tem sido objeto de várias críticas, sendo a mais comum a tentativa de o instrumento substituir o professor, ou que a forma passa a ser mais importante que o conteúdo. Ora, não se pode condenar um instrumento de apoio pelo uso inadequado. Porém, não vamos aqui discutir esse aspecto e sim apresentar uma experiência que tenho feito em classe do Curso de Graduação em Administração (esta disciplina também existe na pós, porém com formato diferente) e que tem despertado muito interesse e envolvimento dos estudantes, depois do susto.

Trata-se de uma disciplina eletiva para estudantes a partir do quinto semestre, *Administração Intercultural*, proposta por mim, cujo objetivo central é o de sensibilizar os estudantes para as diferenças culturais regionais, para a aceitação do outro, para descobrir o que é ser estrangeiro, para a convivência profissional com outras culturas e para a expatriação profissional.

A disciplina tem um conteúdo dividido em duas partes: (a) os Brasis e (b) a experiência profissional intercultural no exterior. Nos Brasis, passeamos pelas regiões através dos olhos clássicos de Darcy Ribeiro, em *O povo brasileiro*, de Sérgio Buarque em *Raízes do Brasil* e de Gilberto Freire no mundo alternado da

Casa-grande e senzala; os estudantes geralmente conhecem muito mal o Brasil e se reconhecem muito pouco em outras culturas além da paulistana; então, parto do pressuposto de que se você não sabe quem é, dificilmente vai conseguir enxergar e aceitar outra pessoa. O Brasil é o começo... andamos pelas diferenças regionais e estrangeiridades brasileiras; também buscamos explorar as impressões de estudantes que moraram fora do país e de estrangeiros que estão conosco, seja fazendo intercâmbio ou como expatriados em empresas.

Quando a disciplina é dada no primeiro semestre, já começamos com o Brasil que eles viram no carnaval; exploramos o carnaval como festa, como testemunho cultural e sociopsicológico e político, como história e como organização (uso o DaMatta, mas também outros autores, como o Caligaris; Freud talvez tivesse gostado de uma "Psicologia das massas e análise do ego" a partir do carnaval do Brasil). Na segunda fase, abordamos aspectos mais específicos da experiência profissional em RH internacional: negociação, comunicação e conflitos, equipes multiculturais e multidisciplinares, e sobretudo o processo de expatriação e adaptação cultural; incluímos, quando possível, alguns temas como racismo e discriminação étnica. A bibliografia especificamente brasileira é ainda embrionária; portanto, os estudantes são convidados a um exercício empírico para enriquecer os seus seminários, entrevistando pessoas em empresas multinacionais ou estudantes intercambistas.

Curta-metragem como exame final

O exame final é discutido no primeiro dia de aula, na apresentação do programa do curso (isso dá oportunidade ao estudante de optar por outra disciplina, caso queira). Ao invés da tradicional prova, a tarefa dos estudantes, em equipes de quatro a cinco participantes (em se tratando de uma disciplina eletiva, o tamanho da classe pode variar entre 25 e 40 estudantes), é a de fazer um curta-metragem relacionado com alguns dos tópicos discutidos em classe. Ao longo do curso, conversamos sobre o desenvolvimento da idéia que eles pretendem explorar no curta. Sempre que um grupo define o seu objeto de estudo, falo para a classe toda ter uma noção dos temas que estão sendo pensados, como também digo o que foi feito no passado.

O limite entre 18 e 22 minutos foi decidido arbitrariamente, porém leva em consideração dois fatores: (a) tempo para desenvolver a idéia sem ficar cansativo ou repetitivo, pois pior que um seminário chato é um filme chato; (b) tempo para a apresentação de todos os trabalhos nas três últimas aulas do curso (a ordem de apresentação é definida por sorteio caso não haja voluntários).

Na sua grande maioria, eles têm optado (ministrei esta disciplina nos últimos três anos) pelo que chamo de "Retratos de São Paulo", com a sua população mista e diversa de paulistas, paulistanos, nordestinos, sulistas etc.; com suas tribos urbanas (por exemplo, skatistas, *clubbers*, *motoboys* e *punks*), com suas múltiplas culturas "nacionais" adaptadas (por exemplo, japonesa, coreana, judaica, italiana, espanhola, portuguesa e alemã). Também são aceitos documentários com profissionais estrangeiros e estudantes de intercâmbio internacional, que ficam geralmente um semestre conosco (a FGV recebe por semestre uma média de 28 estudantes).

Lidando com resistências

A primeira reação dos estudantes é a de susto e os argumentos para a rejeição do projeto são invariavelmente os seguintes:

- não somos cineastas;
- toma muito tempo (os estudantes já estão fazendo estágios nessa época);
- fica muito caro;
- não sabemos usar os recursos tecnológicos;
- não sabemos construir um roteiro ou *script*;
- não conhecemos ninguém interessante nessas categorias;
- não conhecemos ninguém da área de cinema ou de edição que possa ajudar.

Depois da minha contra-argumentação, a segunda reação é mais favorável e eles começam a ter idéias. Algumas devem ser muito divertidas, e talvez impraticáveis, pois alguns grupos riem muito durante a discussão de seu possível trabalho. No final, eles se dedicam bastante e fazem coisas extraordinárias, que são apresentadas nas últimas três aulas; se necessário, usamos um sábado. Uma vez que a curiosidade sobre o trabalho do outro já está desperta, eles não reclamam muito da aula extra ao sábado, se ocorrer.

A minha contra-argumentação é no mesmo nível dos argumentos deles. Os estudantes da graduação têm uma característica muito particular em relação a novidades. Quando a proposta parte deles, a idéia é em si genial, mesmo quando perfeitamente descabida. Quando vem da autoridade, representada pelo professor, é preciso barganhar, argumentar e negociar. É uma espécie de jogo, que exige um pouco de paciência e senso de humor. Uso geralmente uma linguagem muito informal:

- o filme de vocês não vai concorrer ao Oscar, ao César nem ao Festival de Gramado;
- uma tarefa nova sempre toma mais tempo que uma já conhecida, mas, se o exame fosse sobre toda a matéria do semestre, vocês teriam que dedicar um tempo a ela que poderia ser maior;

- bobagem, vocês gastam mais numa noitada numa discoteca ou numa cervejada;
- todo mundo sabe usar uma câmera de vídeo, filmar viagens etc., o equipamento é o mesmo, pode ser emprestado ou alugado de amigos; todo mundo tem um amigo que faz filme chato de viagem e nos obriga a assistir (pelas gargalhadas, deve ser verdade);
- como um trabalho, uma prova ou um projeto, um roteiro deve ter cabeça e pés, mas o corpo é feito na dinâmica da conversa; como se trata de algo novo, a curiosidade de vocês vai falar mais alto para descobrir o que o "personagem" tem de interessante e explorar isto;
- tudo o que é novo é interessante, é só procurar nos lados e olhar as coisas de outra maneira;
- é um bom momento para aprender, consultem os estudantes de cinema da USP e da FAAP, visitem a escola de jornalismo da TV Gazeta, na Paulista, que tem ilhas de edição.

Todos esses argumentos ajudam a reduzir as resistências, mas nada como um efeito demonstração. Na minha primeira turma, esta tarefa era optativa e apenas um grupo se dispôs a fazê-la. O resultado foi um curta de 22 minutos "o Nordeste é aqui", que, mesmo muito artesanal, ficou muito bom e eles assistiram pasmados; escolho outros mais elaborados (com tratamento profissional pago, que eles se cotizam e não fica caro individualmente) e aí eles percebem que é possível, que são capazes de fazer algo inovador, produtivo e bacana.

As estréias

A classe fica num verdadeiro suspense. Os grupos que vão fazer as suas apresentações exibem um comportamento nervoso, mas de orgulho, por ter feito uma coisa inédita e única. A platéia costuma ser muito receptiva e generosa com os defeitos técnicos. Cada grupo explica espontaneamente a história do seu trabalho, por que fez esta escolha, o que mais lhe atraiu, como desenvolveu os contatos e estruturou o tema, o que mais gostou na experiência, onde ela foi mais difícil e o que aprendeu com ela.

O mais interessante é o olhar cúmplice da classe e do grupo criador; o silêncio respeitoso difere do silêncio entediado comum nas apresentações de seminários. No final, todos consideram esta uma experiência marcante e assinalam a surpresa de poder mergulhar num outro universo a partir de uma simples câmera na mão. Percebo claramente a diferença com que o grupo recebe os aplausos pelo filme e por um seminário; os estudantes ficam um pouco inibidos, mas fazem reverências e brincadeiras sobre direitos autorais e pirataria.

Todo professor tem seus critérios de avaliação e aqui o que menos conta é a sofisticação técnica. A criatividade na escolha e forma de trabalhar o assunto; a pertinência do tema em relação ao curso; o entrosamento da equipe; a capacidade de improvisação no "ao vivo" e a consistência do argumento; a descontração e a alegria demonstradas pelo grupo, o "estar à vontade com o seu filme" são alguns dos aspectos que levo em consideração para atribuir notas. Mas todo professor sabe também que em alguns casos, especialmente face ao novo, a nota é só um detalhe, o brilho no olhar fala mais do que foi aprendido e vivido que várias páginas escritas.

Não fazemos uma avaliação separadamente do uso do instrumento, ou seja, uma discussão específica sobre o papel da arte; ela se inscreve com naturalidade como um meio de facilitação de aprendizagem e um recurso que pode ser explorado para uma criação mais espontânea; o instrumento não é visto como um fim em si mesmo, mas é marcado o seu aspecto diferente e inovador, uma linguagem fora do padrão. Observa-se, porém, que o brilho do olhar, dito anteriormente, sugere que a apresentação do filme como "uma obra única" é atravessada pelo prazer e orgulho de ser um autor, que existe certa identificação do autor com o seu produto único.

O aprendizado

A quebra de rotina (seminário, prova, trabalho) em si marca uma atitude defensiva inicial da parte dos estudantes, apesar de toda a reclamação sobre essas caretices de provas, mas uma vez que a tarefa está assumida, ela proporciona muitas discussões interessantes na pesquisa e decisão do objeto. Todo professor que lida com vários públicos sabe que o público da graduação é diferente: é a energia personificada, mas também é uma busca permanente de aumento de território. Os estudantes têm mania de rejeitar qualquer idéia nova, de cara, para serem convencidos. Faz parte do ritual, eles gostam de testar o professor. No entanto, quando eles se envolvem com um projeto, eles são capazes de fazer coisas maravilhosas.

Os temas são relacionados a algum conteúdo da disciplina, mas a liberdade de tratamento é respeitada e define a originalidade de cada trabalho. A classe cresce e se respeita mais diante de um desafio desses. Apesar do discurso, os estudantes gostam de ter caminhos conhecidos, mas, quando o novo lhes é apresentado de maneira factível e eles se sentem seguros para errar, fazer bobagem, experimentar, ousar, retirar a máscara, se permitir, ser ridículo etc., eles assumem isso com uma espontaneidade e vigor emocionantes. Nesses três anos, eles fizeram coisas belas e algumas profundas. Mas, acima de tudo, o grupo vivenciou a extraordinária experiência de ser o autor, o diretor, o câmera, o editor e o apresentador de algo sem igual. Eu não considero este um exame final como os outros.

A minha avaliação do uso desse instrumento é, em todas as suas fases, extremamente positiva e rica; é um exercício aberto e desperta curiosidade e envolvimento, por todas as razões citadas anteriormente. Existe, todavia, uma armadilha no uso desse instrumento que é ao mesmo tempo o seu ponto forte: o uso da tecnologia digital. A questão técnica é cada vez mais acessível e de fácil superação, o que pode contribuir para uma certa prepotência em relação ao planejamento do "produto"; quer dizer, é tão fácil usar câmeras e celulares que dispõem dos recursos de gravação que os estudantes podem arriscar-se a um trabalho mais improvisado. Existe um risco forte de uma rasteira tecnológica, ou seja, diminuir o cuidado e perder todo o material, como já ocorreu. Aproveitamos esse episódio para chamar a atenção sobre o assunto.

Hoje, temos na escola um conjunto de 20 filmes e pretendemos continuar usando este recurso. Creio que o objetivo da disciplina é plenamente atingido; ele passa pelo cognitivo, é certo, mas fundamentalmente remete a outras instâncias do conhecimento, inclusive o afetivo e o psicológico. Penso sempre que, quando um ser humano descobre melhor o outro, ele será um ser humano melhor para si e para o outro. Este exercício ajuda a construir na prática esta reflexão sobre alteridade.

Durante o semestre, será usado pela primeira vez o mesmo recurso com os estudantes da pós-graduação; eles receberam a idéia com muito entusiasmo e curiosidade; já se pode notar uma certa cumplicidade entre os colegas na busca ou definição do "objeto" de arte. É interessante também a inversão dos caminhos, ou seja, integrar na pós-graduação uma experiência de sucesso feita na graduação.

Alguns exemplos de curtas-metragens

O nordeste é aqui. O grupo visitou um bairro paulista, com grande concentração de nordestinos; foi ao forró; foi à feira e descobriu muitos produtos que nunca tinham visto (tem uma cena ótima do vendedor de raízes contra impotência sexual); conversou com gente no meio da rua; subiu uma construção civil e conversou com os trabalhadores e o mestre-de-obras; por fim, os estudantes foram até a cidade em que os ônibus que vêm da Bahia fazem a sua última parada; conversaram com o motorista e voltaram para São Paulo entrevistando os passageiros.

Um domingo na Praça da República. Um grupo de estudantes (que NUNCA tinha ido à Praça da República) entrevistou: pintores, artistas de circo, professor de *tai-chi-chuan* que dá aulas lá, cantores chilenos, *hippies* que ainda fazem artesanato, cozinheiros donos de barracas, o responsável pelo banheiro público, policiais, vagabundos, mendigos, compradores e *habitués*. Muitos olhares e uma alma.

Os motoboys. Figura cada vez mais presente no trânsito de São Paulo, odiada por motoristas de todas as categorias e marcas, um paradoxo! O grupo entrevistou a responsável por uma das maiores empresas de entrega de documentos, um professor de psicologia sobre as pressões a que este trabalho está sujeito e um grupo de *motoboys*, que conta estórias fantásticas. Uma das cenas mais marcantes ocorreu quando um deles disse que o motorista que queria passar o carro por cima da moto era o mesmo cliente apressado, que queria que ele voasse para lhe entregar rápido a sua encomenda. Aqui, há uma reflexão bem interessante sobre o que acontece com o indivíduo quando o interesse imediato dele está em jogo.

Os valores da Paulista. O grupo entrevistou, escolhidas aleatoriamente, cinco pessoas: uma professora aposentada, um deputado estadual, um vendedor de balas e dois jovens cheios de *piercings*, que trabalham na região. Os depoimentos são todos muito interessantes, mas o vendedor de balas dá um baile de conhecimento sobre a vida não vista da Av. Paulista e seus personagens, inclusive a polícia; os jovens falam do preconceito e das caras feias por causa dos *piercings*, mas se definem como os caras normais e caretas, que trabalham o dia todo, estudam à noite, ralam para ter uma vida decente e acreditam no futuro.

O Carandiru – dos ricos e pobres. O grupo escolheu dois cinemas na estréia do filme *Carandiru*: um deles em *shopping chic* e outro em bairro pobre. O objetivo era analisar as reações dos dois públicos e o seu reconhecimento nessa estória como parte da vida brasileira. O grupo e a classe ficaram chocados quando o público dos ricos (a que muitos deles pertencem) disse que tinha visto o filme como quem vê um filme policial americano na TV, que isto não tem nada a ver com ele e a sua vida; o público pobre diz que esta é a realidade, que tudo é o Brasil e que o filme não tem nada de ficção, é só o real, que todo mundo conhece alguém que está preso ou foi morto.

10

Saramago no ensino e aprendizagem de metodologia de pesquisa

Adelaide Maria Coelho Baêta

Para tornar a disciplina Pesquisa em Administração mais interessante e alcançar o objetivo de desenvolver a criatividade dos estudantes, resolvi adotar um texto de José Saramago como parte do trabalho de introdução à metodologia da pesquisa. O curso é oferecido como disciplina obrigatória para os estudantes de mestrado em Administração das Faculdades Integradas de Pedro Leopoldo.

O texto Terra molhada de Siena[1] é usado para introduzir a disciplina, que é oferecida logo no início do curso de mestrado. O artigo de José Saramago é tirado do livro *A bagagem do viajante*, publicado pela primeira vez em Lisboa, pela Editora Caminhos, em 1986. Relatando com detalhes uma viagem à cidade de Siena, o autor conduz o leitor pelos labirintos da narrativa, que começa apresentando a motivação da viagem, ou seja, a busca de respostas para questões guardadas desde a infância, e segue até o momento da chegada a Siena. O autor começa evocando situações de perplexidade na infância e segue descrevendo a inquietação própria de quem busca compreender algo que lhe perturba o espírito. Durante a leitura, os estudantes são instruídos a analisar cada palavra, desvelando as entrelinhas da linguagem, identificando as situações do percurso e relacionando-as com as etapas da realização de uma pesquisa. O objetivo é estimular a curiosidade e criar condições para o desenvolvimento de uma atitude típica de pesquisador.

---

1 SARAMAGO, J. *A bagagem do viajante*. São Paulo: Companhia das Letras, 1996.

A estética literária contribui para a criação do ambiente de criatividade essencial ao pesquisador, mas os estudantes sempre se surpreendem ao receberem um texto de literatura para a primeira aula de uma disciplina sobre metodologia de pesquisa. De fato, surpreender-se faz parte do aprendizado para a pesquisa e este é o principal argumento para o uso do texto literário nesse momento. A abordagem original do texto de Saramago ajusta-se perfeitamente ao objetivo pretendido. Além disso, sabemos que a leitura de um texto que busca desvendar o mistério contido nas palavras já é em si estimulante. Diz Saramago:

> E há também aquelas palavras que ouvimos na infância, já de si misteriosas, mas que os adultos pouco letrados tornavam ainda mais secretas.[2]

Com o propósito de suscitar maior participação e envolvimento dos estudantes na análise do texto, as várias etapas da viagem são destacadas e comparadas aos passos de uma pesquisa. De início, enfatizo que só se faz pesquisa quando há motivação que se traduz em inquietação, em algo que nos incomoda, em questão a ser respondida, assim como na viagem havia uma motivação: ir a Siena implica descobrir o significado da cor que os adultos chamavam de terra queimada ou terra molhada de Siena. Este é o primeiro passo. No caminho, outros momentos se assemelham aos passos de uma pesquisa.

Curiosidade e surpresa: lendo e debatendo Saramago

No início da aula, chamo a atenção dos estudantes para dois aspectos fundamentais na realização de uma pesquisa: a curiosidade (angústia, inquietação) e a capacidade de surpreender-se. Explico que o pesquisador não pode ser uma pessoa pouco interessada no seu objeto de trabalho. Deve ter curiosidade aguçada; tudo o remete ao tema de sua pesquisa. Presta atenção a tudo o que diz respeito ao assunto e traz para sua análise qualquer fenômeno relacionado ao trabalho. É incansável na busca. A capacidade de surpreender-se é fundamental. Tem consciência de que nem sempre as coisas são o que parecem. Olha o mundo como quem admira a dinâmica da vida, das coisas. O pesquisador deve ter uma atitude de aprendiz, de despojamento e de modéstia.

Os estudantes recebem o artigo de Saramago e fazem uma leitura silenciosa e individual. Depois explico que, para melhor compreensão do texto e do objetivo da disciplina, será feita uma leitura coletiva e serão comentados os momentos mais relevantes da viagem a partir de um roteiro distribuído aos estudantes (ver Quadro 10.1). Para conscientizá-los da relevância do trabalho de pesquisa, faço analogia de cada momento da viagem com o percurso natural de uma pesquisa. A cada etapa, vou fazendo perguntas constantes do roteiro, enquanto

[2] Idem, ibidem. p. 185.

outras são propostas pelos estudantes, e assim vamos buscando no texto pistas para compreender como ocorre o processo de investigação. Também destaco a maneira de expressar do autor, a fim de que não se perca a riqueza dos aspectos estéticos e dinâmicos do texto.

Durante a reflexão sobre o texto, incentivo a participação de todos os estudantes.

Quadro 10.1 *Roteiro para a interpretação do texto* A bagagem do viajante.

Leia o texto de Saramago e identifique:
Qual é a pergunta de partida do autor ou a inquietação que o motiva a buscar entender algo?
Como ele descreve a trajetória de sua busca? Identifique os momentos críticos.
Há algum momento em que ele se sente desanimado em continuar?
Em que momento ele fala da humildade no exercício de aprender?
Descreva o momento em que o autor sugere que é preciso fazer silêncio para realizar a descoberta.
Como ele relata o momento em que sua curiosidade é satisfeita?

O primeiro passo

Saramago começa o artigo com uma indagação que se torna uma angústia à medida que os adultos não compreendem e não respondem à sua inquietação. Assim como na trajetória de uma pesquisa, a viagem começa com uma pergunta. Ele relata com detalhes como, para satisfazer a uma curiosidade infantil, ele teve que fazer várias tentativas, contar com o imprevisto e enfrentar barreiras, tais como: (a) a indiferença ou a impaciência dos adultos; (b) o desprezo pela questão levantada, e (c) as respostas sem sentido.

Nesse momento, proponho duas perguntas à classe: Como identificar uma pergunta de partida? Quando começar uma pesquisa? Em seguida, retomo o artigo com os estudantes:

> E há também aquelas palavras que ouvimos na infância, já de si misteriosas, mas que os adultos pouco letrados tornavam ainda mais secretas, porque as pronunciavam mal, com ar contrafeito de quem veste um fato que não foi cortado ao corpo. Assim era, por exemplo, aquela tinta escura, para os móveis a que se dava o nome de vioxene ou bioxene, e que só mais tarde percebi ser *vieux chêne* velho carvalho, antigo, tisnado pelo tempo. Era o caso, também, daquela outra cor, terra sena, terra sena queimada, que eu via comprar, em pó, de um amarelo sombrio e ardente, como se fosse poeira do sol. Magníficas palavras da infância, que precisam de esperar longos anos até deixarem de ser um cego cantar de sons e encontrarem a imagem real que lhes corresponde.

A pergunta que é guardada na memória por longo tempo se aviva e inquieta o viajante quando, de modo casual, a família decide viajar para Siena. A descrição da viagem, além de uma brilhante peça literária, cria as condições perfeitas para o entendimento da caminhada de uma pesquisa. Como nos primeiros passos da pesquisa, o início da viagem é marcado pela alegria do passeio, o entusiasmo de quem sai ao encontro de um sonho, mas que não tem certeza sobre o resultado final nem clareza sobre os obstáculos e dificuldades do caminho! (*Siena, terra de Siena molhada...*)

O segundo passo

Seguem-se as paisagens que vão sendo descortinadas a cada passo. Como o pesquisador, o viajante tem um caminho a percorrer. A estrada é cheia de surpresas e apresenta muitas situações inusitadas. Recorro ao texto:

> Durante todo o caminho, depois de termos saído de Perúgia, o céu foi-se aos poucos cobrindo. O dia escureceu ainda nós estávamos longe de Siena, e a chuva começou a cair com força.

O viajante atento não deixa escapar nada.

> Fechou-se a noite em água e foi debaixo de uma trovoada furiosa que entramos na cidade, entre relâmpagos alucinantes que deitavam fogo às casas. O automóvel atravessou uma cidade deserta. Pelas ruas estreitas, de lajeado, a água corria em cascatas. E no breve silêncio entre dois trovões, a chuva ressoava sobre o tejadilho como baquetas na pele de um tambor.

Neste ponto, chamo a atenção dos estudantes para as dificuldades a serem enfrentadas nas primeiras etapas da pesquisa. E pergunto: O que alimenta o entusiasmo do pesquisador? Que tipo de barreira pode existir para a atividade do pesquisador? Avanço, então, outro passo:

> Depois de inúmeras voltas, o carro parou num espaço desafogado, junto de uns degraus. Estávamos na Praça do Duomo. Através dos vidros embaciados, víamos vagas luzes... um vulto enorme, todo em faixas negras e brancas, que se perdia na noite e na altura: *era a catedral*. A violência dos trovões sacudia o carro, e a chuva acabou por isolar-nos do mundo. Siena recebia-nos mal.

Nesse momento, o paralelo com a atividade de pesquisa aponta para a atenção exigida para o reconhecimento da área de estudos, as leituras exploratórias e as barreiras a serem superadas até que surjam os primeiros sinais de que estamos na direção certa.

Mais um passo

Novamente, enfatizo o momento solene em que o pesquisador começa a vislumbrar a relevância do seu estudo e é desafiado a concentrar-se na sua busca: a pesquisa é um trabalho solitário que exige isolamento e coragem. Muitas vezes, pensamos estar perdidos, e precisamos confiar no nosso conhecimento acumulado, fazer-nos humildes no sentido de ter os pés no chão. Aqui, lembro aos estudantes que só o comprometimento e a modéstia cognitiva dão ao pesquisador a serenidade necessária para seguir adiante.

> Pusemos o carro em movimento e tornamos ao labirinto das ruelas, até que desembocamos no que me pareceu uma larga cratera. "É o campo", disse um de nós. E eu, neófito, muito compenetrado como quem põe pela primeira vez gravata, repeti, respeitosamente: "O Campo." E a chuva sempre a cair.
>
> Molhados, fatigados, descobrimos um lugar para passar aquela noite. Não um hotel (todos estavam cheios), mas um verídico palácio do século XIII, cujas pedras gemiam água e história. No interior, porém, era simultaneamente primitivo e confortável. Havia quartos alugados a estudantes, e que era eu em Siena, senão um estudante? Abria a janela pesada e olhei para fora. A trovoada afastara-se ou viera morrer ali, e a chuva passou a cair devagar, mansa, sem o chicote das descargas.

É importante resgatar os aspectos sensoriais que a estética nos permite para ampliar a experiência cognitiva da aprendizagem, para nós em especial, no campo da administração.

Finalmente a chegada

Neste ponto, coloco em destaque a satisfação do momento da descoberta científica, do achado de uma pesquisa, que compensa a luta e as dificuldades enfrentadas.

> Na manhã seguinte, depois de uma noite atormentada pela inquietação de novo dia de temporal, abri outra vez os batentes medievais: o céu estava liso e límpido, e a luz do sol, ainda rasa, mostrava-me enfim os telhados de Siena. Foi como se das antigas terras da memória uma criança viesse colocar-se ali a meu lado, um rapazinho magro e tímido, de calção e blusa. Éramos dois: eu, calado e grave, já sabedor de que em tais circunstâncias só silêncio é sincero; ele, gajeiro que no tope do mastro grande descobre pela primeira vez a terra que buscava, murmurando a medo: "Terra sena, terra sena queimada", e desapareceu, voltou ao passado, feliz por ter visto, por ter sabido finalmente o que significavam as misteriosas palavras

que ouvira dizer aos adultos, mortos na ignorância do que haviam dito. Alguém se aproximou de mim. E eu disse, sem olhar, com uma voz brincada que se dominava: "Terra de Siena, terra de Siena molhada."

Minha percepção

O texto literário propicia aos estudantes a oportunidade de resgatar o gosto pela leitura e a interpretação de textos, tarefa essencial ao pesquisador. Ao refletirem sobre o artigo de Saramago, os estudantes se identificam com o viajante de Siena, ao mesmo tempo em que buscam compreender a atitude do pesquisador. A leitura feita e comentada coletivamente estimula a participação dos estudantes e desperta o interesse pela atividade de pesquisa.

A maestria do escritor em descrever a poesia de pequenos gestos e de situações do cotidiano, a sua atenção com as armadilhas da linguagem, tudo isso faz com que, em alguns momentos, a emoção se manifeste. É surpreendente ver que muitos estudantes do curso de mestrado profissional, que são diretores de empresas e executivos, se manifestam encantados com a possibilidade de expressar emoção e sentimento numa disciplina cuja expectativa era a de ser puramente formal e racional.

Percebe-se claramente que se estabelece na sala de aula um relacionamento afetivo com a disciplina e que o ambiente favorece a criatividade e o comprometimento com o trabalho. Todos são encorajados a participar. A idéia é percorrer o caminho com a curiosidade e a perplexidade que fazem do viajante um eterno aprendiz.

Após a reflexão surgem muitas perguntas sobre o percurso de uma pesquisa: como reconhecer uma pergunta válida, como obter informações e dados e como analisar os dados; como escolher e utilizar métodos científicos, dentre outras. Está aberto o caminho para a disciplina.

Tenho acompanhado os estudantes das turmas em que o texto em questão foi utilizado, e observo que a grande maioria finaliza as pesquisas às quais se dedicaram. Na última turma, de 30 estudantes, 60% dos estudantes chegaram ao Seminário de Dissertação com o projeto de pesquisa pronto para a qualificação, sendo que dois defenderam a dissertação antes do tempo previsto.

Percepção dos estudantes

Os estudantes demonstram satisfação pela oportunidade de conhecerem parte da obra de um autor de renome e mostram-se receptivos à leitura de outros textos literários; alguns trazem artigos e também poemas para as aulas.

Muitos estudantes expressam emoção durante a reflexão sobre o texto. Aliás, o texto de Saramago é freqüentemente lembrado em diferentes circunstâncias durante o curso do mestrado.

Tive oportunidade de ouvir de alguns mestrandos, já em períodos mais adiantados do curso, que, depois daquela reflexão na disciplina de Pesquisa, recorreram ao texto várias vezes, quando do desenvolvimento da sua pesquisa de dissertação. Houve quem dissesse que a releitura o encorajava a continuar o trabalho.

Houve uma estudante que, tendo perdido uma pessoa querida poucos meses antes da sua defesa de dissertação, procurou-me para falar que havia se lembrado do texto de Saramago durante o período em que estivera com a doente no hospital. Muitas vezes, chorando, recordava que a caminhada exige persistência e coragem, e, mesmo quando a vontade era recolher-se e deixar de estudar, buscava as forças necessárias para alcançar o objetivo de finalizar o trabalho e realizar o sonho de ser pesquisadora.

Outros me disseram claramente que, se não fosse aquela reflexão no início do curso, eles jamais poderiam imaginar que a realização de uma pesquisa pudesse ser um trabalho tão complexo e ao mesmo tempo tão prazeroso.

Em suma: a apreciação do trabalho artístico ou literário permite um novo olhar e desperta os sentidos para a criação estética

Quanto aos resultados, pode-se chamar a atenção para o fato de que o relacionamento da turma comigo e entre colegas torna-se mais próximo. Na aula seguinte, quando proponho a cada estudante elaborar a sua pergunta de partida para o trabalho que quer fazer, estabelece-se uma certa cumplicidade. Todos se dispõem a colaborar com aqueles que ainda não têm muita clareza sobre o seu objeto de pesquisa, o que instiga a construção da criatividade coletiva.

Além disso, as aulas sobre etapas de um projeto de pesquisa que se seguem são facilmente compreendidas e até mesmo as dificuldades no desenvolvimento do projeto são consideradas parte da tarefa. Da mesma forma, quando o tema é a escolha do método ou das técnicas de pesquisa, percebe-se claramente que uns ajudam os outros, seja criticando o método escolhido, seja sugerindo uma técnica de coleta de dados mais apropriada.

Geralmente, numa classe de pesquisa, os estudantes pouco afeitos à linguagem científica não se dispõem a participar. No entanto, o uso da arte literária como motivação para a aprendizagem coletiva mostrou ser um instrumento importante na elaboração de uma linguagem comum e acessível a toda a turma, preparando os estudantes para superar as dificuldades de entendimento e expressão.

Outra dificuldade bastante comum é a identificação de um tema que seja relevante para ser pesquisado, considerando as limitações de tempo e de acesso às organizações. Em sala, preferem ouvir e anotar o que o professor apresenta. A arte literária desperta o gosto pela leitura, para as possibilidades e as estratégias de expressão, para a criatividade na redação de um texto. Todavia, quando apresentaram sua dissertação, alguns estudantes mencionaram o texto de Saramago, reafirmando a relevância de entender a pesquisa como uma caminhada; outros falaram da superação das intempéries como parte de uma viagem.

Gostaria também de destacar que, numa das classes, uma estudante queria fazer um trabalho usando método quantitativo, porque sua formação era essencialmente na área de finanças. Ela considerava o método qualitativo frágil e menos científico. Foi muito interessante que, enquanto estudava um texto sobre método qualitativo, ela foi aos poucos se convertendo e acabou confessando que se lembrou de Saramago quando percebeu que o método exigia acuidade no uso das palavras e na elaboração do roteiro de entrevistas, maior rigor no uso de termos e conceitos, mais atenção na análise do conteúdo das entrevistas, a fim de favorecer uma interpretação mais apurada do fenômeno estudado.

Em suma, podemos concluir que o uso da arte literária desperta o interesse pelo sentido das palavras, favorece a compreensão das entrelinhas de um texto e o cuidado com o uso de termos e conceitos. Além disso, permite descortinar espaços de investigação a partir de um novo olhar sobre o objeto de estudo e prepara os estudantes para o exercício da escrita, levando em consideração a estética de uma redação.

11

Ficção literária no ensino e aprendizagem de gestão com pessoas

Renato Guimarães Ferreira

"Todo leitor é, quando está lendo, um leitor de si mesmo."

Marcel Proust

Tive oportunidade de lidar ao longo da minha trajetória profissional com pessoas que, apesar de seu profundo conhecimento de um determinado campo da administração, revelavam-se incapazes de entender e trabalhar a dimensão de conflito e negociação envolvida em, praticamente, todas as atividades da administração. Mais do que isso, elas se revelavam algumas vezes tremendamente inibidas de trabalhar com sua própria subjetividade na construção de uma perspectiva pessoal relativa ao seu trabalho e a sua trajetória de carreira. Essa constatação me levou a desenvolver um projeto dentro do curso de graduação da FGV-EAESP, cujas características principais serão apresentadas e discutidas nesse depoimento.

Remetendo-me a experiências muito ricas que tive como estudante de graduação no começo dos anos 80, passei a oferecer uma disciplina para os estudantes dos últimos semestres do curso que tinha como objetivo promover a reflexão sobre vínculos que se estabelecem entre as pessoas e o trabalho no contexto social brasileiro. Dei a ela o nome de *Gestão com Pessoas*, na tentativa de sinalizar que não se tratava de uma disciplina tradicional de aprimoramento de técnicas da Administração de Recursos Humanos – campo ao qual tenho estado associado desde o início da minha vida acadêmica –, mas de uma disciplina voltada para a construção de um pensamento autônomo relativo à dimensão humana da atividade de administração.

A proposta da disciplina tinha como principal característica distintiva o fato de se apoiar basicamente na leitura e discussão de textos de ficção literária – ou seja, ela se propunha a discutir gestão a partir de autores como Machado de Assis, Mário de Andrade, Maria Adelaide Amaral, Hilda Hilst, Fernando Bonassi, Marçal Aquino e outros. Textos acadêmicos referentes à Gestão de Pessoas, com ênfase na questão de carreira, eram indicados, mas a discussão se dava, de fato, ao redor dos textos literários e das experiências pessoais dos estudantes. É natural que isso trouxesse em um primeiro momento estranhamento, mas a experiência acabou superando amplamente minhas melhores expectativas.

A razão que me levou a optar por esse caminho é, de certa maneira, muito simples: estou convencido de que a leitura de ficção literária de bom nível propicia um aumento do nosso repertório existencial e um aprofundamento da nossa percepção de nós mesmos e do outro no mundo. Essas questões me pareciam, e ainda parecem, fundamentais para o amadurecimento profissional de pessoas direcionadas para o exercício do papel de gestor, e foi isso que estabeleci como objetivo amplo.

A adesão voluntária

Entre as características gerais da disciplina, talvez seja importante destacar também que se tratava de uma disciplina *eletiva*. As disciplinas eletivas na FGV-EAESP são oferecidas em módulos de dois créditos (duas aulas de 50 minutos por semana), com o objetivo de ampliar a oferta de opções para os estudantes. Elas não pertencem a um semestre curricular específico e qualquer estudante do 6º ao 8º semestre curricular pode nelas se inscrever. Essas características tendem a contribuir para que haja maior comprometimento por parte dos participantes com o conteúdo e a metodologia da disciplina, gerando uma predisposição ao trabalho e à participação relativamente mais altas do que a média daquelas obtidas nas disciplinas obrigatórias.

Nos três semestres em que a disciplina foi oferecida até o momento, houve a participação de aproximadamente 40 pessoas em cada turma – número que tendo a considerar alto para aquilo que a disciplina se propõe. Isso não deixou de ser surpreendente para mim, pois, em um primeiro momento, julguei que a proposta não teria uma adesão muito imediata dos participantes em uma Escola com as características da nossa. Verifiquei que, ao contrário disso, havia uma grande carência de um espaço de reflexão pessoal que ultrapassasse métodos de ensino de natureza mais objetiva. Ao longo do tempo, o curso foi amadurecendo, com modificações sendo feitas tanto em sua proposta básica, quanto nos temas abordados, no método de discussão e nos textos escolhidos. Particularmente em sua última versão, concentrei meus esforços na busca de textos de autores brasileiros, em sua maior parte contemporâneos.

Apesar de todas as versões terem se estabelecido com base em um diálogo aberto e franco, modifiquei ao longo do tempo a ênfase que atribuí ao meu papel e ao dos estudantes como apresentadores e debatedores de cada um dos temas. Na primeira experiência, dei grande importância aos seminários que eram conduzidos pelos próprios grupos e verifiquei como ponto positivo o envolvimento mais efetivo dos participantes com o tema específico abordado e como ponto negativo um relativo desequilíbrio na qualidade das apresentações. Na segunda experiência, puxei para mim a responsabilidade pela apresentação de cada um dos temas e verifiquei como ponto positivo maior uniformidade no tratamento dos temas e como ponto negativo uma postura mais passiva dos estudantes com relação àquilo que estava sendo discutido – afinal de contas, a responsabilidade maior pela apresentação estava em minhas mãos. Na terceira experiência, retomei o formato original, atribuindo a eles a maior parte da responsabilidade pela condução das discussões, mas atuando de maneira mais ativa como moderador. Os resultados deste último formato foram bastante positivos, sendo possível constatar ao longo do semestre um nítido crescimento até mesmo da criatividade e ousadia com que cada tema era abordado. Não atribuí isso especificamente a características particulares dos grupos, mas a um clima coletivo de cooperação e troca que se instalou ao longo do tempo entre os participantes.

Objetivo e principais temas abordados

O objetivo da disciplina, como já foi dito, era promover a reflexão sobre vínculos que se estabelecem entre as pessoas e o trabalho no contexto social brasileiro, com ênfase na cadeia acelerada de transformações que vivenciamos. Entre os temas que foram abordados, destacou-se a questão da construção de uma identidade profissional em um ambiente profundamente desigual e turbulento, até mesmo porque um grande número de participantes encontrava-se em processo de preparação para a entrada definitiva no mercado de trabalho, e essa situação gerava angústias e ansiedades que encontravam ali um ambiente mais do que propício para que fossem abordadas.

Os principais tópicos tratados foram os seguintes:

- aceleração tecnológica e mudança social;
- estrutura social e identidade profissional;
- modos de navegação no universo social brasileiro;
- o trabalho cotidiano: narrativas e auto-imagem;
- projeto profissional, projeto de vida.

A abordagem que foi adotada ficará mais clara se analisarmos algumas alternativas. O conteúdo específico poderia ser abordado a partir de uma visão de cunho mais sociológico, fazendo uso de textos desenvolvidos, por exemplo, no campo da sociologia do trabalho, ou a partir de uma visão de cunho mais gerencialista, fazendo uso de textos desenvolvidos no campo da administração de recursos humanos, ou mais especificamente de gestão de carreiras. A opção assumida foi a de se trabalhar com contos ou romances de autores brasileiros que permitissem certa triangulação na relação entre professor e participantes, sem que a essência da disciplina se perdesse.

O que seria, antes de mais nada, essa essência? Meu objetivo sempre foi o de criar um espaço para falarmos de nós e não dos outros, para entender a inserção de cada um de nós no mercado de trabalho. É natural que considero importante a discussão do contexto social mais amplo, mas sempre me pareceu fazer falta em nossa grade curricular disciplinas que estimulassem o desenvolvimento do pensamento autônomo e da consciência de nós mesmos – consciência da nossa trajetória, inserção social e projeto profissional. Conforme afirmou um dos participantes do curso, a utilização de textos de ficção como base para a discussão e reflexão

> é rica porque obriga a pensar. Ao nos debruçarmos sobre um texto literário ou outra manifestação artística, buscando estabelecer elos e conexões com a vida empresarial, somos forçados a abandonar uma postura passiva, de quem recebe o conhecimento pasteurizado, pré-fabricado, pronto, para construirmos nosso próprio aprendizado de forma ativa.

Como não temos o hábito de discutir essas questões coletiva e abertamente em nossa Escola, considerei que poderia haver certo constrangimento em abrir esse espaço de um momento para outro, em uma turma que não tinha necessariamente uma trajetória comum anterior. Isso ocorre porque na maior parte das vezes as disciplinas eletivas reúnem participantes de várias turmas. Achei que um caminho possível para contornar esse eventual constrangimento inicial seria introduzir uma história concreta que pudesse atuar praticamente como um substituto das histórias pessoais que permitisse a *discussão de si* através da *discussão do outro*. Nitidamente, ao conversarmos sobre determinadas personagens e suas histórias em nossa disciplina, estávamos discutindo em que medida elas representavam ou não uma determinada visão ou emoção que era, em última instância, nossa. Nas palavras de Marcel Proust,

> se lermos a obra-prima de um homem de gênio, sentiremos prazer ao descobrir nas suas reflexões alegrias e tristezas que também são as nossas, mas que estavam reprimidas: um mundo inteiro de emoções que desprezávamos e cujo valor se torna subitamente evidente ao fato de as lermos em um livro.[1]

---

1 Apud DE BOTTON, A. *Como Proust pode mudar sua vida.* São Paulo: Rocco, 1999.

A escolha dos textos

A escolha de quais textos utilizar foi certamente a etapa mais difícil da preparação do curso e a isso atribuo a minha inquietação ao longo das três experiências e as contínuas alterações que foram sendo feitas e certamente continuarão a ser em versões futuras. A receptividade aos textos em alguns momentos me surpreendia, em outros me frustrava. Apesar de considerar isso absolutamente normal e de certa forma previsível, percebi que cometi alguns erros de avaliação do impacto de determinados contos ou trechos de romances.

Para que se tenha uma idéia mais clara dos tipos de textos que utilizei e dos pontos de discussão que eles nos permitiram levantar, preparei um quadro explicativo com alguns textos que, a título de exemplo, geraram ricas discussões em sala de aula.

Quadro 11.1 *Textos literários no ensino de gestão com pessoas.*

Texto e autor	Descrição	Pontos de discussão
Luiza, Maria Adelaide Amaral[2]	Trata-se de um romance que traça o perfil de uma personagem ausente. Cinco pessoas que conviveram com a *Luiza* do título contam a sua versão de um mesmo conjunto de fatos. Não há nenhum capítulo escrito da perspectiva da própria *Luiza*.	Como construímos a nossa visão da realidade no interior das organizações? Quais as razões que podem levar a descrições de uma mesma realidade tão distintas entre si?
Apocalipse 1,11, Fernando Bonassi[3]	Trata-se do texto de uma peça teatral que foi encenada com grande sucesso pelo grupo *Teatro da Vertigem* de São Paulo e que faz uma leitura radicalmente crítica da realidade brasileira.	Que país é este? O que faz do *brasil* o Brasil? Quais são as condições conjunturais atuais que mais impactam a nossa realidade pessoal de inserção no mercado de trabalho?
Tiziu, Roniwalter Jatobá[4]	Trata-se de um romance que retrata a história de vida de um imigrante nordestino que sai de sua Bahia natal, vai para São Paulo e retorna, derrotado e mutilado, para a cidade onde nasceu.	Que tipo de vida levam algumas pessoas que são impactadas por nossas decisões como administradores?
O arquivo, Victor Giudice[5]	Trata-se de um conto muito curto e irônico, em que uma pessoa vai gradativamente perdendo poder e prestígio na organização em que trabalha até atingir o "*apogeu*" de sua carreira descendente, transformando-se em um arquivo.	O que é carreira? Quais são os formatos mais típicos de encarreiramento que encontramos em nosso ambiente organizacional contemporâneo? É pertinente imaginar, no contexto organizacional atual, que carreira é uma seqüência de promoções?

[2] AMARAL, M. A. *Luiza (quase uma história de amor)*. São Paulo: Globo, 2001.
[3] BONASSI, F. Apocalipse 1,11. In: *Teatro da vertigem. Trilogia Bíblica*. São Paulo: Publifolha, 2002.
[4] JATOBÁ, R. *Tiziu*. São Paulo: Scritta, 1994.
[5] GIUDICE, V. O arquivo. In: MORICONI, I. (Org.). *Os cem melhores contos brasileiros do século*. Rio de Janeiro: Objetiva, 2000.

Texto e autor	Descrição	Pontos de discussão
O espelho, Machado de Assis[7]	Trata-se de um dos grandes contos de Machado de Assis, no qual um jovem rapaz, depois de ser nomeado alferes da guarda nacional, encontra dificuldades em se ver no espelho sem estar vestido com a sua farda.	Qual a relação existente entre identidade profissional e identidade pessoal? Quais são as conseqüências de uma identificação pessoal muito extremada com a organização com a qual se trabalha?
A utopia burocrática de Máximo Modesto, Dionísio Jacob[8]	Trata-se de um romance escrito inteiramente na forma de memorandos que são enviados por um funcionário de uma repartição pública para um superior que não responde.	Que tipo de conseqüências o processo de burocratização da atividade organizacional pode trazer para as pessoas envolvidas?
A empresa, Hilda Hilst[9]	Trata-se de um texto de uma peça de teatro escrito por uma autora que é mais conhecida pelo seu trabalho como poeta. O enredo gira ao redor de uma estudante de um colégio religioso chamada América que tem uma atitude bastante rebelde com relação à estrutura de poder vigente no colégio.	Como as organizações podem nos levar a situações nas quais deixamos de pensar por nós mesmos e adotamos o pensamento do senso comum? Como se manter vivo em organizações que querem "*matar*" as diferenças?
HD 41, Anna Maria Martins[10]	Trata-se de um conto em que se aborda a vida cotidiana de um *workaholic*.	O que é um *workaholic*? Por que as pessoas se tornam "*viciadas*" no trabalho?
O invasor, Marçal Aquino[11]	Trata-se do roteiro de um filme que aborda o relacionamento entre sócios de uma construtora.	Quais são os prazeres e as dificuldades associadas ao trabalho em sociedade? Como podem ser resolvidos os problemas que surgem em sociedades formadas por amigos?
Teoria do medalhão, Machado de Assis[12]	Trata-se de mais um conto espetacular de Machado de Assis, no qual um pai aconselha seu filho que acabara de completar 21 anos sobre o seu futuro profissional.	Qual a papel que as famílias exercem sobre as nossas decisões de carreira? Como é exercido esse papel?
O anônimo célebre, Ignácio Loyola Brandão[13]	Trata-se de um romance que trabalha de maneira irônica a supervalorização da imagem e a construção do papel da celebridade em nossa sociedade.	Quais são as conseqüências que decorrem de um processo de supervalorização da imagem em nossa sociedade?

7 ASSIS, M. de. O espelho. In: ASSIS, M. de. *Contos:* uma antologia. Seleção, introdução e notas de John Gledson. São Paulo: Companhia das Letras, 1998. v. 1.

8 JACOB, D. *A utopia burocrática de Máximo Modesto*. São Paulo: Companhia das Letras, 2001.

9 HILST, H. A empresa. In: HILST, H. *Teatro reunido*. São Paulo: Nankin Editorial, 2000. v. 1.

10 MARTINS, A. M. HD 41. In: JATOBÁ, R. (Org.). *Trabalhadores do Brasil*: histórias do povo brasileiro. São Paulo: Geração Editorial, 1998.

11 AQUINO, M. *O invasor*. São Paulo: Geração Editorial, 2002.

12 ASSIS, M. de. Teoria do medalhão. In: ASSIS, M. de. *Contos*: uma antologia. Seleção, introdução e notas de John Gledson. São Paulo: Companhia das Letras, 1998. v. 1.

13 BRANDÃO, I. L. *O anônimo célebre*: reality romance. São Paulo: Global, 2002.

Texto e autor	Descrição	Pontos de discussão
Carta a Carlos Drummond de Andrade (10.11.1924), Mário de Andrade [14]	Trata-se da primeira de uma série de cartas que Mário de Andrade escreveu a Drummond, na qual ele faz recomendações sobre sua postura diante da literatura e da vida.	O que é um projeto profissional e como ele se insere em um projeto de vida?

O desenvolvimento das aulas

As aulas tinham uma estrutura comum, baseada fundamentalmente em apresentações na forma de seminários por grupos de quatro estudantes em média. Todos os estudantes do curso eram estimulados a ler o texto literário. Os estudantes se organizavam para escolher os textos e havia um processo natural de negociação em sala de aula. Isso usualmente fluía de maneira bastante tranqüila, mas o grupo assumia a responsabilidade de conduzir a discussão. Como não tínhamos muito tempo para cada texto e havia o pressuposto de que todos já o tinham lido, o grupo era orientado a ir além do texto, evitando uma apresentação que poderia se tornar repetitiva do conteúdo específico do texto analisado.

Geralmente, os estudantes buscavam apresentar informações mais amplas sobre os autores do texto e sua produção e, em seguida, propunham uma série de questões apresentando, a título de aquecimento, o resultado da discussão que o próprio grupo já tinha tido sobre elas. Na maior parte dos seminários, me reunia com o grupo responsável pelo seminário antes da aula para dar a minha contribuição. Preocupei-me, no entanto, sobremaneira, com a concessão de um espaço para que eles desenvolvessem sua própria linha de interpretação.

Havia, naturalmente, algumas discussões que contaram com a adesão entusiasmada dos participantes da sala e outras que não conseguiram mobilizar muito a sua atenção. Vejamos dois exemplos concretos:

A discussão do texto *Luiza,* de Maria Adelaide Amaral, foi conduzida por um dos grupos de maneira muito hábil, enfatizando não tanto a questão do embate das diferentes perspectivas na construção da realidade, mas a questão do assédio sexual e dos relacionamentos afetivos no ambiente de trabalho. O grupo se preparou, trazendo uma série de depoimentos sobre a posição das empresas com relação a isso, o que aqueceu e enriqueceu muito a discussão.

A discussão do texto Apocalipse 1,11 de Fernando Bonassi foi bravamente conduzida por um grupo que o estudou a fundo, mas não conseguiu mobilizar da mesma forma que o anterior o interesse do grupo. Trata-se de um texto difí-

[14] ANDRADE, M. de. Carta a Carlos Drummond de Andrade – 10.11.1924 – In: FROTA, L. C. (Org.). *Carlos e Mário*: correspondência completa entre Carlos Drummond de Andrade e Mário de Andrade. São Paulo: Bem-Te-Vi, 2003.

cil, escrito para o teatro, e apenas dois ou três estudantes que assistiram à encenação extremamente impactante da peça em um presídio desativado em São Paulo foram mobilizados pela sua temática O estranhamento do grupo se deveu fundamentalmente à forma – um texto de peça teatral – e à linguagem – visceral e violenta, misturando elementos retirados de textos bíblicos e a fala do submundo do crime e da pornografia–, não à temática.

Para que se tenha uma idéia da criatividade aplicada por alguns grupos em suas apresentações, faço menção a duas apresentações memoráveis. Nesta etapa, minha preocupação principal era estabelecer as ligações do texto com as experiências pelas quais eles vinham passando, não com a teoria. Não foi um curso *teórico* sobre Gestão com Pessoas, mas praticamente um espaço para discussão sistemática de temas relacionados à área. Não havia uma aversão à teoria, mas as ligações que eram feitas com ela não eram sistemáticas.

Uma das apresentações se baseou no texto *A utopia burocrática de Máximo Modesto* de Dionísio Jacob. Logo no início da apresentação, o grupo estabeleceu uma regra que deveria ser seguida por todos: todo aquele que quisesse fazer alguma intervenção deveria ter em mãos uma pequena bola de borracha que foi trazida para a sala pelo grupo. Isso gerou certa confusão na sala, pois todo aquele que queria falar tinha que levantar sua mão e pedir a bola que estava com outra pessoa em outro ponto da sala. A discussão ficou bastante truncada até que foi, em um determinado momento, interrompida por um dos participantes do grupo que levantou as seguintes questões: *Qual a razão de essa regra ter sido imposta? Qual é a sua utilidade para a nossa discussão? Por que ninguém a contestou? O que é que nos leva a aceitar regras e procedimentos dessa natureza sem questionar a sua utilidade?* A discussão, a partir daí, deslanchou.

Finalmente, outra delas se baseou no texto *O anônimo célebre* de Ignácio Loyola Brandão. Alguns membros do grupo responsável pela apresentação entraram na sala de aula caracterizados como *celebridades* – óculos escuros, roupas de grife, postura arrogante, sorriso postiço – ao som de uma música alta e sob muitos *flashes*. Eles conduziram uma discussão rica a partir da análise dos valores que permeiam algumas revistas voltadas para a vida dos *ricos e famosos*, mobilizando de maneira bastante intensa a participação dos outros colegas de sala.

O estágio atual dessa experiência me conduz a algumas conclusões parciais que gostaria de compartilhar. Em primeiro lugar, a utilização de ficção literária me parece promover de fato a criação de um contexto emocional que acelera e aprofunda o processo de aprendizagem de todos os envolvidos. Ela cria comprometimentos de ordem afetiva que vão muito além dos vínculos que freqüentemente observei em outras disciplinas de orientação mais instrumental. Em segundo lugar, ela traz uma série de armadilhas que, se não forem evitadas, podem acabar gerando um programa desestruturado e ineficaz, ainda que interessante. As principais armadilhas dizem respeito a um possível fascínio pelo texto literário por suas qualidades artísticas, sem o devido cuidado com a criação de pontes com os objetivos a que o curso se propõe. Como evitar isso? Entendo que há quatro questões fundamentais: escolha cuidadosa dos textos, observando-se os objetivos do curso; preparação exaustiva do professor com relação aos temas que pretende explorar junto com os participantes; orientação prévia, fora de sala de aula, dos estudantes que prepararão e apresentarão o seminário; participação ativa do professor na discussão com a classe.

Concluindo, essa é uma experiência em processo. Acredito que os estudantes e eu conseguimos criar uma relação em que construímos juntos o conteúdo do curso. Provavelmente, nunca me senti tão pouco professor e ao mesmo tempo tão responsável pela criação de um espaço de aprendizagem, para eles e para mim, tão rico. Um dos participantes do curso, ao ser estimulado a colocar em uma folha de papel suas emoções, sensações, percepções com relação ao curso, escreveu simplesmente o seguinte: *"Este curso fez-me sentir vivo."* Estou certo de que ele sabe da alegria que isso me causou.

12

A utilização da pintura abstrata no ensino de administração[1]

Djahanchah Philip Ghadiri

A aula

No âmbito de um curso de introdução à gestão no programa de especialização em administração, utilizei uma pintura de Jackson Pollock como contraponto à matéria. O curso de introdução à gestão na *École des Hautes Études Commerciales* de Montreal oferece uma reflexão e uma formação básica em gestão aos estudantes, caracterizados por uma grande diversidade cultural, de especialidades, de idades e de experiência de gestão. Além disso, o curso é estimulante, pois permite trocas de pontos de vista a partir de diferentes vivências.

No âmbito deste curso, desenvolveu-se uma discussão partindo das fontes históricas e clássicas de gestão até atingir as visões contemporâneas e as mudanças decorridas dos desafios atuais como a mundialização ou a revolução das novas tecnologias de informação e comunicação. Teorias, técnicas, instrumentos e modos de gestão foram apresentandos aos estudantes, bem como os debates e as críticas que estes provocaram. Trata-se, por conseguinte, de um curso que visa não somente familiarizar o estudante com o mundo da gestão e seus discursos, capacitando-os, mas também desenvolver o pensamento crítico sobre teorias, modos e práticas gerenciais que lhes serão apresentadas durante a carreira.

Assim, um dos princípios-chaves do curso é destacar os debates e as relações que fundamentam o desenvolvimento do discurso gerencial de forma que o

[1] Tradução do francês de Claudiani Waiandt; revisão técnica de Eduardo Davel e Sylvia Constant Vergara.

estudante não parta com uma série de certezas e receitas prontas de gestão, mas com um olhar cultivado que lhes permita um julgamento próprio do desenvolvimento contínuo da sua prática. Finalmente, este curso é uma primeira etapa para a formação de gestores à prática reflexiva.

Neste quadro reflexivo, a desconstrução do discurso gerencial pode revelar-se uma tarefa interessante, mas demasiadamente árdua para um curso de graduação. Contudo, se a compreensão meramente racional e cognitiva parece um meio incontestável neste contexto, um outro modo apresentou-se casualmente a mim.

A pintura abstrata na reflexão da administração

Tratava-se de uma grande tela pendurada sobre o meu sofá. Explosões, projeções, rastros de pintura sobrepunham-se num padrão caótico indescritível, sem nenhum centro, onde o olhar não se fixava particularmente em nada. Contemplava esta tela de Jackson Pollock (*Lavender Mist*; nº 1, 1950) intrigado, perplexo. Fascinado pela sua complexidade, sua ausência de ordem, sua inefabilidade, sua expansão de retalhos, sua profunda singularidade e excesso de ambigüidade, pensando que se tratava do perfeito pesadelo do gestor clássico e moderno. Pesadelo no sentido de que o gestor procura, em geral, fugir de qualquer abstração, pois contradiz a sua vontade corriqueira de dominar, ordenar, simplificar, reduzir, controlar, conjeturar e entender, nomear para melhor transformar e estabilizar.

Uma nova metáfora da organização?

E se apresentasse esta pintura de Pollock aos estudantes como uma metáfora do mundo das organizações? Em geral, metáforas organizacionais oferecem maneiras de atribuir sentido ao que acontece nas organizações. Todavia, o que os estudantes fariam com uma metáfora (imagem) que não tem sentido preciso ou imediato?

Aliás, Jackson Pollock visava precisamente isto: descrever o mundo de maneira relativa a qualquer narração, sem qualquer sentido preestabelecido. A necessidade de projetar um sentido e ordem sobre a tela era, de acordo com o pintor, um sintoma da crise existencial do homem moderno. Para Pollock, se há no olhar um sentido escondido, este é o do autor. A obra em si não pressupõe nenhuma verdade ou denominação. Portanto, oferece-se ao nosso olhar um mundo indefinível, em que o discurso do gestor não pode se fixar, uma vez que o sentido somente se apresenta a ele.

Esta obra de Pollock ressalta que a administração sempre tentou conduzir a ordem pela linguagem. Todo o discurso da gestão clássica e moderna tende a construir uma visão previsível, estável, rígida, simplificada, ordenada, sistemática, deliberada, universal, clara e verificável do mundo das organizações. A obra de Pollock permite ressaltar a experiência que este discurso tentou ocultar e combater. Com efeito, esta obra vem juntar-se a algumas angústias fundamentais, identificadas por Eugène Enriquez, contra o que a organização social tenta construir: o medo da imperfeição, dos impulsos, do desconhecido, dos outros, da liberdade de expressão e do pensamento.

Por uma mudança de paradigma

Também, no plano epistemológico, a tela de Pollock permite introduzir os estudantes a uma reflexão sobre a realidade. Por outro lado, esta obra, indefinível pelo seu autor, podia igualmente servir para destacar o papel da linguagem e a cultura na gestão, de um ponto de vista construcionista. Que discurso mobilizar para dar sentidos a esta experiência visual comum? Como entender coletivamente o sentido a partir da experiência? Tantas perguntas que se põem ao gestor para dar sentido ao processo de gestão, ao seu ambiente, para compartilhar a sua compreensão com outras pessoas que também desenvolveram as suas interpretações, e ainda para tentar negociar um sentido comum que lhe permitirá agir.

A tela de Jackson Pollock ressalta a importância e o papel da linguagem na profissão de gestor, permitindo ao mesmo tempo o estudante alterar o seu paradigma, compreendendo que o gestor é co-inventor da situação que tem que gerir, situação da qual nunca poderá fixar um sentido definitivo.

Um processo de criação intrigante

Também, após considerar a utilização da pintura abstrata de Jackson Pollock como uma obra acabada, verifiquei que havia aspectos interessantes a explorar na maneira como a pintura foi produzida.

A forma como Pollock criava a sua obra, chamada de *drip paintings* (pintura de goteira), parecia, realmente, rica em ensinamentos. Pollock fixava a tela no chão, em seguida, fazia equilibrar caixas de pinturas furadas sobre a tela. Utilizava também diversos utensílios que mergulhava na pintura e deixava gotejar sobre a tela, girando-os. Dizia que a pintura tinha uma vida própria e que tentava deixá-la exprimir-se. A tela tornava-se para ele "uma arena para agir", onde os jogos inconscientes expressam um papel importante. Por exemplo, a sua obra poderia permitir iniciar com os estudantes uma interessante reflexão crítica sobre as noções de estratégias deliberadas.

Assim, esta obra parecia perfeita para abordar a crítica da gestão clássica e abordar novas perspectivas mais contemporâneas sobre gestão e organizações.

Mais particularmente, poderia servir de introdução a teorias de gestão ou organizações que ressaltam a complexidade, a ambigüidade, a fluidez, a importância da linguagem na negociação e a construção do sentido das situações gerenciadas. A obra de Pollock podia servir de eixo entre as visões mais clássicas ou modernistas da gestão e das organizações, e as perspectivas que assumem, por exemplo, uma visão simbólico-interpretativa e pós-moderna.

Como utilizá-la?

A pergunta era atualmente saber como utilizar a obra em sala de aula. Pensei em uma variedade de possibilidades mais ou menos audaciosas. Usara já, no âmbito deste curso, o teatro, a fotografia e o cinema para dar vida a diversos aspectos da gestão. Sentia-me, então, muito confiante e os estudantes pareciam apreciar muito estes rodeios artísticos que lhes faziam aprender a matéria de maneira suavizada e lúdica. Mas a idéia de utilizar a pintura abstrata não parecia tão evidente. Jackson Pollock não era *Doze homens e uma sentença.*[2] Se os estudantes têm facilidade em relacionar um júri deliberando na tomada de decisão e o mundo das organizações, parecia que teriam mais dificuldades de convencê-los da relevância da reflexão da obra do pintor expressionista abstrato do qual a maioria nunca ouviu falar. Além disso, o cinema, a fotografia, o teatro são artes mais acessíveis, mais familiares, cuja associação com a realidade parece mais evidente. Fazer um mergulho no abstrato com pessoas sedentas por concreto parecia bem mais arriscado. Todavia, antes de qualquer coisa, esse era o lado interessante da situação: o mergulhar no que a administração se esquivou.

Então, decidi para esta primeira tentativa inserir a pintura de Pollock da forma menos ameaçadora possível, escolhendo a sessão mais austera, sistemática e rígida do curso, aquela que apresentava a visão mais estática e mais ordenada da organização e sua gestão para eu lançar minha experiência da pintura abstrata. Tratava-se da sessão que apresentava a estrutura organizacional ligada ao processo administrativo (PODC – planejar, organizar, dirigir e controlar). Na sessão precedente tinha abordado sobre planejamento e estratégia. Resumida-

---

[2] Um filme de Sidney Lumet (*12 angry men*, EUA, 1957) que aprofunda o estudo sobre as reações e os preconceitos humanos, narrando a história de 12 jurados que devem decidir se um jovem, acusado de assassinar o seu pai, é culpado ou inocente. Neste contexto, 11 deles têm a certeza de sua culpa, enquanto o outro não quer votar por culpado apenas por cogitar a possibilidade de o réu ser inocente. Não tem a clara certeza de sua culpa, algo que os outros possuem tão claramente. Como a jurisdição americana indica que só se deve votar pela culpa do réu caso não haja nenhuma dúvida de sua acusação, e como todos os outros 11 estão ansiosos para o retorno às suas casas, a situação começa a criar conflitos. Contudo, esse pouco caso de seus companheiros de júri acaba servindo de inspiração para que o jurado de número 8 busque, cada vez mais, a certeza dos outros jurados, tentando convencê-los a terem a mesma opinião que a sua, afinal, trata-se de uma vida humana que está em jogo, não um item qualquer.

mente, parecia oportuno escolher esta abordagem modernista para servir-lhes algo refrescante ou, quem sabe, para alguns, um pesadelo.

A minha intenção era utilizar a obra de Pollock como eixo para passar a abordagens mais dinâmicas ou construcionistas das organizações, tais como as abordagens de Anthony Giddens ou de Karl Weick. Aquilo devia também ser o ponto de partida de um debate central sobre a visão reducionista e ordenada do mundo veiculada pelo discurso da gestão, antes de abordar as sessões da liderança e controle. Enfim, parecia o momento ideal para os estudantes:

- do ponto de vista da pertinência, porque introduzia abordagens agora reconhecidas e incontornáveis nos estudos organizacionais e administrativos;
- do ponto de vista da sua experiência emocional do curso, porque refrescava e dava uma inspiração inovadora e crítica a uma sessão muito sistemática e desagradável; e
- do ponto de vista do conjunto do curso, porque preparava a discussão para as sessões que abordam a gestão da dimensão humana com sua porção de caos, de complexidade, de ambigüidade e de imprevisibilidade, de um lado, e o papel da linguagem para apreender tudo aquilo, de outro lado.

Uma sessão que desorienta

A escolha da tela de Jackson Pollock foi difícil. A que estava pendurada sobre meu sofá (uma reprodução!) tinha parecido perfeita à primeira vista, mas explorando a obra de Pollock, tinha protelado em todos os tipos de considerações. Por exemplo, certas obras deixavam prever contrastes e padrões muito claros que conduziam a focalizar sobre uma dimensão no lugar de outra. Tentava imaginar como os estudantes perceberiam a obra e desisti rapidamente. Retornei finalmente à minha escolha inicial pela sua lisura, seu detalhe, seus níveis múltiplos e a impressão de complexidade infinita, que nunca tiveram cessado de me estimular e perturbar.

Então, fui para a sala de aula, um pouco mais exaltado que o habitual. Ela é realizada em aproximadamente três horas com um intervalo de 15 minutos. Para esta aula, tinha solicitado aos estudantes a leitura de um capítulo sobre a estrutura social das organizações do livro sobre a teoria das organizações de Mary Jo Hatch.[3] De hábito, passo pela matéria do capítulo numa mistura de exposição e de discussões sobre os pontos que lhes pareceram menos claros. Utilizo para isso uma apresentação *PowerPoint*.

---

[3] HATCH, M. J. *Organization theory*: modern, symbolic, and postmodern perspectives. Oxford: Oxford University Press, 1997.

Tinha previsto, na primeira metade do curso, apresentar um caso que os estudantes deveriam analisar, bem como as abordagens modernistas da organização. Contava exibir o quadro logo após o intervalo, iniciando uma discussão crítica a partir do quadro que me permitiria introduzir a abordagem dinâmica da organização de Anthony Giddens e a idéia de construção social da organização. Por último, num último momento, deveríamos rever a matéria da última sessão sobre a planejamento e a estratégia a partir do que acabamos de discutir.

Após ter revisado as visões modernistas, racionais e clássicas da organização, substitui a imagem de alguns belos organogramas pela imagem desconcertante da obra de Pollock. Então, fiz as seguintes perguntas aos estudantes:

- Tudo o que foi visto até agora sobre a estrutura social da organização representa adequadamente o mundo das organizações?
- Em que esta imagem nos abre outras formas de conceber o mundo das organizações?

Não posso dizer que a reação dos estudantes foi tão entusiasta como a evocada pelos filmes *Tempo modernos* de Charles Chaplin ou *Brazil* de Terry Gulliam. Os estudantes não pareciam sensibilizados, estavam um pouco desorientados e pouco à vontade. Não viam as abordagens ou não queriam ver. Então, relancei a pergunta:

- Em que esta pintura é uma imagem fiel do mundo das organizações? Em que esta imagem representa uma versão mais próxima do que se passa nas organizações que a sugerida pelo organograma apresentado?

Certos rostos iluminaram-se, sorrisos apareceram, e uma estudante tomou a palavra para o meu grande alívio. Outros estudantes entraram na discussão. Os estudantes achavam o mundo das organizações mais confuso, menos claro, menos estável, do que aquilo que o organograma sugeria.

Uma discussão começou por meio do meu questionamento, levando os estudantes a identificar o que estas visões ordenadas da organização tentavam combater, diminuir e evitar. Gradualmente, fomos nomeando alguns temores da organização, identificados por Eugène Enriquez, assim como por outros autores. Mas se não pode evitar, capturar ou dominar completamente este fenômeno que é a organização, que tipo de teoria poderia nos ajudar a melhor apreender a sua dinâmica interminável?

Então, tive a oportunidade de inserir algumas idéias e perspectivas essenciais, apoiadas pelos próprios questionamentos dos estudantes: da teoria da estruturação de Anthony Giddens, que eles leram previamente no capítulo de Mary Jo Hatch, à questão da construção social da realidade das organizações e ao papel da linguagem. Então, retornei à forma como a tela tinha sido pintada. Perguntei: até que ponto esta tela de Jackson Pollock era uma produção planejada e determinada? Pude, assim, ilustrar a noção de estratégia como um processo emergente (formulado inicialmente por Henry Mintzberg e abordada no capítulo sobre a estratégia no livro de Mary Jo Hatch) que tínhamos tratado na semana precedente, assim como a idéia de estratégia como ação simbólica (formulada por Karl Weick e abordada no mesmo capítulo do livro de Mary Jo Hatch).

Para terminar, propus aos estudantes que memorizassem esta imagem e que a relacionassem a outras aulas, quando sentissem que o assunto discutido tivesse afinidade com este tipo de abordagem. A obra de Pollock serviria como possível contraponto e metáfora para toda a matéria do curso.

Neste dia, percebi que vários estudantes desenvolveram um distinto olhar sobre a organização e a sua gestão. Apesar disso, tinha a impressão de que alguns estudantes continuaram fechados a este desvio pelo absurdo e teriam abordado estes aspectos da gestão sob uma forma mais clássica. Tive a sensação, quando saí da sala de aula, de que talvez eu não tivesse formulado as perguntas certas, que talvez houvesse uma maneira mais fecunda e mais acessível de abordá-las. Prometi-me, então, refletir sobre o assunto.

Reflexão realizada: surpreender ou não surpreender?

Reflexão realizada, parece que o desafio com este tipo de desvio artístico radical é encaminhar o estudante para a reflexão, sem desconectá-lo em termos de engajamento de aprendizagem. O efeito de surpresa que a revelação súbita da tela causou certamente teve sua utilidade pedagógica, que contrastou mais fortemente com o assunto anterior. Por outro lado, a surpresa da utilização deste instrumento didático não convencional não os ajudou a começar a refletir sobre o que eu lhes havia proposto. Isto porque, penso que, quando utilizar um tipo de arte tão pouco convencional e tão afastada da experiência usual dos estudantes, é importante não os surpreender, mas prepará-los para a sua utilização.

Ou seja, no momento da primeira sessão do curso, seria bom anunciar que serão utilizadas diferentes formas de arte, como a pintura, e explicar o porquê da sua utilização. Esta pode ser explicada quando se expõe o seu estilo pedagógico ou mesmo pode fazer parte do plano do curso. Pode-se fazer referência ao que se faz noutro lugar, em outros cursos ou universidades a esse respeito. Também, pode-se utilizar a partir da primeira sessão um exercício utilizando as artes, que não seja demasiado ameaçador e que ajude os estudantes a cultivar a idéia. Assim, poderia preparar os estudantes a conceber *a priori* as artes como meios legítimos de ensino e de aprendizagem em gestão. Além disso, outros tipos de arte não necessitam tanta preparação assim.

Pode ser interessante, também, reservar eventualmente um tempo, durante cada sessão, para se fazer um desvio artístico e abordar a matéria do dia. Por exemplo, podem-se instaurar 15 minutos ou meia hora artística, em que a matéria da sessão é sistematicamente objeto de uma aprendizagem que se apóia no mundo das artes. Assim, o estudante fica gradualmente mais aberto e mais disponível a comprometer-se numa reflexão sobre estes caminhos geralmente menos freqüentados.

Finalmente, outra idéia seria incluir a tela de Jackson Pollock e uma série de perguntas sobre as quais refletir nas leituras da sessão. Poderia, então, pedir ao estudante que realize reflexões do contraste entre o que evoca esta imagem e o conteúdo das suas leituras respectivas. O outro desafio é orientar a reflexão e o debate a partir da obra, de maneira que as perguntas importantes que se queira explorar sejam as discutidas. Trata-se, então, de preparar algumas perguntas-chave.

Em termos de co-construção do conhecimento, se alguns estudantes têm dificuldades de se lançarem em reflexões e especulações sobre um trabalho quando eles estão conscientes de que não há resposta boa ou ruim, outros são desorientados se não houver uma verdade para descobrir e estabelecer de forma definitiva. Portanto, trata-se de manter um equilíbrio entre a fase de exploração pouco estruturada das interpretações que permite este tipo de obra e a fase de esclarecimento mais enquadrada das pistas de reflexão e lições que se controem coletivamente.

Aliás, um dos limites importantes com este tipo de obra é de ordem temporal: tem-se raramente o tempo necessário para explorar todas as possibilidades oferecidas pela sua interpretação. Com efeito, um trabalho abstrato oferece possibilidades de interpretação ilimitadas. Não tive o tempo necessário para aprofundar todos os indícios interessantes que se ofereciam e foi necessário excluir alguns deles.

Um potencial a explorar

Finalmente, penso que a obra de Pollock, que se inscreve na corrente do expressionismo abstrato, é uma fonte inestimável no ensino de gestão, porque vem relembrar, na visão modernista, certo ponto que a gestão geral tenta excluir, negar ou esquecer. Há muitas outras coisas a serem levantadas e exploradas. Podemos explorar ainda suas potencialidades na dinâmica de aprendizagem em sala de aula.

Enfim, a obra de Pollock não é a única de pintura abstrata que é interessante para o ensino da gestão. Não a selecionei após uma vasta investigação, mas simplesmente porque se impôs a mim pela sua força evocativa.

13

Dali e Mondrian no exercício da criatividade

Edinice Mei Silva e Samara R. Bernardino Hoffmann

Na atualidade, muito é exigido dos indivíduos nos ambientes organizacionais. E, dentre as demandas, encontramos a expressão da criatividade, o que traz à tona uma situação paradoxal instituída, pois as organizações, reprodutoras da sociedade industrial capitalista, com forte presença da racionalidade instrumental em suas práticas, inviabilizam o emergir de indivíduos criativos.

Ao examinarmos o tema criatividade no contexto das organizações, identificamos vários fatores que contribuem para a sua expressão. Alguns desses dizem respeito à própria organização e outros ao indivíduo. Dentre os fatores inerentes ao indivíduo estão características de personalidade, habilidades de pensamento, sensibilidade, consciência e atitudes.[1,2] Complementando, a criatividade baseia-se em fatos e valores da pessoa, no que é consciente e inconsciente, analítico e intuitivo, bem como em um ambiente de trabalho criativo, o que requer entusiasmo e dedicação do indivíduo.

Sendo assim, como vir a ter organizações em que a expressão da criatividade é incentivada, assegurando respaldo para sua prática?

Com este desafio posto e partindo do entendimento de uma organização ser um conjunto de pessoas que realizam tarefas em um ambiente com o intuito de concretizar um objetivo preestabelecido, nossa atenção voltou-se para a formação do futuro tomador de decisões, executor de tarefas, ator organizacional,

---

1 ALENCAR, E. M. S. *Criatividade*. 2. ed. Brasília: Editora da Universidade de Brasília, 1995.

2 OSTROWER, F. *Criatividade e processos de criação*. Petrópolis: Vozes, 1987.

aquele que deverá agir com propósito: o estudante de curso de administração. Surgiu assim em 2004 o projeto *O Despertar do Potencial Criativo* dos estudantes de Graduação do Curso de Administração da Universidade Federal de Santa Catarina, financiado pelo Fundo de Apoio ao Ensino de Graduação da UFSC.

Tal projeto teve por objetivos fazer com que o estudante participante viesse a promover atitudes de interpretação crítica, estruturasse o conhecimento mediante experiências em outras áreas e desencadeasse um processo de aprendizagem contínua com a aquisição de conhecimentos a respeito de si e do mundo ao qual pertence. A abordagem adotada para atingir os propósitos estipulados foi a da educação do olhar preconizada por Fernando Hernández,[3] com o auxílio da arte, partindo do princípio de que a arte auxilia na estruturação de conhecimentos mediante vivências que estão além da rotina diária, cria a possibilidade de estar em contato com outros conhecimentos, de exercitar a percepção e a memória, enfim, de trazer à tona elementos que normalmente estão adormecidos no indivíduo, e assim desencadear um processo de aprendizagem contínua, de desenvolvimento contínuo do potencial criativo.

O desafio na prática

O projeto em questão foi viabilizado no decorrer da disciplina optativa com o título de *Administração, Criatividade e Arte na Prática* do Curso de Graduação em Administração da Universidade Federal de Santa Catarina. Os encontros presenciais ocorreram durante 18 semanas, todas as quartas-feiras, durante duas horas de aula. Em quase todos os encontros, foram dos participantes solicitadas tarefas extra-sala de aula, como, por exemplo, leitura de textos, trabalhos práticos de expressão artística, assistir a um vídeo, entre outros.

A disciplina foi conduzida por uma docente do Departamento de Ciências da Administração (Edinice Mei Silva), com a participação efetiva de três estudantes mestrandas (Janaina Renata Garcia, Silvia P. C. de Andrade e Samara R. Bernardino Hoffmann) na preparação das aulas, nas discussões dos textos e práticas, e observação direta durante os encontros. Esta equipe foi constituída já a partir da elaboração do projeto e se tornou responsável por toda a sua execução.

Para atingir os objetivos do projeto, um planejamento dos encontros foi apresentado aos estudantes, contendo os temas abordados, as leituras prévias necessárias para o desenvolvimento das atividades e a prática estética pertinente ao assunto do encontro. Exemplificando por temas, destacamos criatividade e processo criativo, cultura e cultura organizacional, compreensão (racionalidade instrumental e substantiva), elementos da cultura visual, funções administrati-

[3] HERNÁNDEZ, F. *Cultura visual, mudança educativa e projeto de trabalho*. Porto Alegre: Artes Médicas Sul, 2000.

vas e arte contemporânea, entre outros. As leituras foram de textos de autores como Fayga Ostrower,[4] Edgar Schein,[5] Constantin Stanislavski,[6] Maurício Serva,[7] Fernando Hernández[8] e outros.

Quanto aos recursos estéticos utilizados para as práticas, tivemos a modelagem com cera, pintura a lápis de cor e guache, recorte e colagem e outros materiais, possibilitando a confecção de objetos bi e tridimensionais. Fizeram também parte das experiências a expressão musical e corporal (por exemplo, manifestações circenses, como a de malabaristas).

Com base no planejamento proposto, foram desenvolvidas as aulas que iniciavam com uma discussão do texto pertinente ao tema daquele encontro. Em seguida, os estudantes partiam para o desenvolvimento da tarefa proposta utilizando um recurso estético e, nos últimos 30 minutos da aula, os trabalhos eram apresentados e comentados livremente, concluindo com um fechamento, dado por nós, condutoras do seminário, focando o conceito básico do texto discutido, as práticas e a possível ligação com o campo da administração. Convém aqui ressaltar que, durante a condução do seminário, procuramos evitar que se estabelecesse a relação convencional "professor-responsável-condutor" e "estudante-passivo-receptor". A abordagem adotada foi da *co-responsabilidade* pela obtenção de conhecimento e da educação do olhar.

Seguindo a metodologia da educação do olhar proposta por Hernández,[9] foram feitas três avaliações durante o semestre, no início, meio e fim. Exemplificando, no primeiro dia de aula os estudantes foram solicitados a expressar sua expectativa com a disciplina, expressão esta que deveria ser feita através de recurso estético, utilizando material colocado à disposição dos participantes: lápis de cor, cera para modelagem, revistas para recorte, tesoura, entre outros. Na avaliação intermediária, foi pedido a eles que, levando em consideração os objetivos estabelecidos para o seminário, fizessem uma auto-avaliação expressa através de qualquer linguagem artística; tal avaliação deveria conter a apreensão e a manifestação do processo do despertar do potencial criativo (ver Quadro 13.1). O retorno do solicitado foi gratificante, pois muitos dos participantes trouxeram para a sala de aula uma experiência pessoal, um questionamento recorrente e ligaram isso com o conteúdo das aulas, por exemplo, um participante fez uma demonstração de como se aprende a jogar malabares, vinculando isto à resolução de problemas.

---

4 OSTROWER, F. *Criatividade e processos de criação*. Petrópolis: Vozes, 1987.

5 SCHEIN, E. H. *Guia de sobrevivência da cultura corporativa*. Rio de Janeiro: José Olympio, 2001. Cap. 1 e 2.

6 STANISLAVSKI, C. *A preparação do ator*. 13. ed. Rio de Janeiro: Civilização Brasileira, 1996.

7 SERVA, M. A racionalidade substantiva demonstrada na prática. *Revista de Administração de Empresas*, v. 37, n. 2, p. 18-30, 1997.

8 HERNÁNDEZ, F. *Cultura visual, mudança educativa e projeto de trabalho*. Porto Alegre: Artes Médicas Sul, 2000.

9 Idem, ibidem.

Figura 13.1 *Resultado prático da avaliação, expresso nas obras dos estudantes.*

A terceira e última avaliação foi escrita, quando os estudantes se auto-avaliaram com base em seu empenho, desempenho na disciplina e conteúdo absorvido. Nessa, eles foram solicitados a lhes atribuir uma nota, com base nos itens mencionados. Também deixamos em aberto se quisessem fazer qualquer comentário sobre o seminário. Eis alguns:

> As experiências em outras áreas foi o aspecto mais surpreendente da disciplina. Foi bastante difícil de entender os textos e mesmo discutir em sala de aula, porém a experiência com algo novo já me ensinou muita coisa (Thais Santos).

> Sem a leitura prévia dos textos propostos ficaria quase impossível para mim acompanhar as aulas (Mauro Fabiano Búrigo).

> Agradeço pelas aulas, vocês passaram a matéria de uma maneira muito fácil de captar, pelo fato de deixar em nossas mãos se queríamos ou não adquirir conhecimento (Diogo Steinbach).

A disciplina procurou enfocar o desenvolvimento da criatividade individual inicialmente, convergindo na criação coletiva. O objetivo foi desenvolver a criatividade mediante a metodologia de aprendizagem voltada para a educação visual, uma educação através da arte, que possibilitasse aos estudantes uma interpretação mais crítica da realidade e deles mesmos. Neste sentido, em um primeiro momento, buscamos colocá-los em contato com a arte, e assim, a partir dos elementos visuais (linha, superfície, cor, volume e luz) trabalhados por

Ostrower,[10] procuramos aproximar os estudantes do fazer artístico a partir da releitura da obra *O amanhecer*, de Joan Miró (1893-1983), quadro pintado por ele em 1941. A releitura é uma forma de analisar uma obra de arte pelos olhos daquele que a olha, e não pela ótica do artista.

Por que Miró? Explicamos aos estudantes que a escolha deveu-se a ele ter sido um artista que trabalhou com uma diversidade de materiais, formas e cores, que em suas obras apresentou diferentes possibilidades do trabalho com a linha e a cor. Além de seu tipo de arte ser abstrato, ele explorou e experimentou diferentes formas artísticas como a pintura, a escultura, a gravura, a cerâmica e a tapeçaria. A arte abstrata requer para sua compreensão que quem a olha esteja se dando uma oportunidade de observar, de olhar ampliando seu gosto visual. Ainda, daquele que olha a obra abstrata espera-se que não queira decifrá-la de imediato, que tome o tempo para "respirar" de dentro de sua mente, pois "a grande conquista da arte é a liberdade".

Então, os estudantes, a partir desta obra de Miró – *O amanhecer*–, tinham que apresentar outras possibilidades para a imagem em questão, utilizando os elementos visuais estudados. A intenção da atividade foi desenvolver e ampliar a percepção dos estudantes, incitando-os a visualizar outras possibilidades de realização do mesmo objeto, a obra. Os resultados foram muito satisfatórios; alguns estudantes alternaram apenas as cores e as linhas apresentadas na obra de Miró, outros foram além, utilizando texturas, extrapolando os limites da linha e da superfície. Exercícios que envolvam o fazer artístico permitem que o sensível, o consciente e o cultural se manifestem, pois, ao construir algo, ao criar, o indivíduo faz associações, reflete a respeito e sofre influência de sua cultura, do meio no qual está inserido.

Expondo Dali e Mondrian

A proposta do seminário era ir além do fazer artístico e chegar à compreensão visual. Sendo assim, em aulas seguintes, na tentativa de estimular a reflexão e a crítica que convergiriam para a compreensão mencionada, trabalhamos com vários temas e conceitos (por exemplo, memória, tratamento da nova informação, resolução de problemas e processo de criação). Um deles foi o conceito a respeito da racionalidade instrumental e da racionalidade substantiva formulado por Alberto Guerreiro Ramos.[11] Detalharemos aqui o ensino-aprendizagem desse conceito com base no uso da obra de Salvador Dali e de Piet Mondrian, tal como realizamos em sala de aula.

---

[10] OSTROWER, F. *Universos da arte*. Rio de Janeiro: Campus, 1983. Parte III.

[11] RAMOS, A. G. *A nova ciência das organizações*. Rio de Janeiro: Editora FGV, 1989.

Como de costume, a aula teve início com a discussão de um texto, visando esclarecer melhor estes conceitos, considerando que a questão da racionalidade já tinha sido discutida em outras disciplinas do curso de administração. A partir daí, apresentamos duas imagens que poderiam através de analogia explicitar uma representação instrumental e outra substantiva da racionalidade humana.

A pintura cuja representação remete ao que compreendemos como racionalidade substantiva, ou algo próximo a isto, foi a *Persistência da memória* de Salvador Dali (1904-1989), em que o artista apresenta vários relógios de forma não muito comum, como algo fluído, sem resistência, efêmero, fadado a derreter. Enfim, o artista mediante um questionamento acerca do tempo, da fragilidade da vida diante da rigidez dos relógios, incita o espectador a buscar o impossível, o inconsciente, os sonhos e os desejos. Salvador Dali, assim como os demais surrealistas, trabalhava com o irreal ou surreal, com o inconsciente, os sonhos, a fantasia, a loucura, buscando atingir outras esferas da mente humana. Neste sentido, acreditamos que uma obra surrealista como esta de Dali seria a representação que mais se aproximaria do que entendemos ser a racionalidade substantiva, algo que está comprometido com outras esferas da mente humana, que possibilitaria uma conduta mais fluida, criativa e ética do ser humano.

Para complementar o que foi discutido em relação à racionalidade, a pintura apresentada como representação dos elementos de uma racionalidade instrumental foi a *Composição em vermelho, amarelo e azul* de Piet Mondrian (1872-1944), pois demonstra uma preocupação do artista com o cálculo, a precisão e os meios-fins dela. Mondrian é conhecido por seus trabalhos geométricos, expressos em quadrados e retângulos coloridos, agrupados assimetricamente em blocos segmentados de linhas retas, nas cores primárias. O estilo da obra apresentada aos estudantes foi denominado neoplástico, que tem como característica o reducionismo que até hoje inspira a arte, a moda e a publicidade. De fato, Mondrian é considerado o pai do *design* de publicidade, isto porque seu estilo é usado em grelha como estrutura básica no *design* gráfico. Para Mondrian, tudo deveria ser calculado, o que é traduzido no radicalismo matemático que gerava estruturas mínimas da imagem, isto porque para ele uma superfície plana somente poderia conter elementos planos, excluindo assim as linhas curvas.

A partir da apresentação dessas duas obras, propusemos aos estudantes que eles tentassem elaborar uma imagem ou objeto que representasse o que haviam compreendido como racionalidade instrumental e substantiva. Aqui, objetivávamos desencadear nos estudantes um processo de reflexão, processo esse que teve um início lento, pois estes de imediato se mostraram paralisados pelo desafio da tarefa, ocorrendo assim a necessidade de a equipe condutora tirar dúvidas individualmente, esclarecendo sobre conceitos e as possibilidades de interpretação das obras. Houve estudantes que compreenderam e souberam representar perfeitamente o que fora analisado, outros perceberam que a representação ainda carecia de maiores esclarecimentos conceituais. Todavia, de modo geral, o exercício permitiu que os estudantes não só entendessem o que estava sendo apresentado, mas também que se engajassem em um processo de reflexão. Assim, o resultado pode ser visto nas "obras" apresentadas por eles (Quadro 13.2).

Figura 13.2 *Obras dos estudantes.*

Ressaltamos que os conceitos foram trabalhados além da mera explanação, a partir do tripé abordado por Ostrower:[14] sensível, consciente e cultural. Isso possibilitou que chegássemos à compreensão efetiva dos conceitos trabalhados, pois os estudantes tiveram que pensar a respeito do que estava sendo abordado e representar o que haviam compreendido. A arte permite que se vá além do que nos parece evidente: o processo criativo nos faz pensar e repensar a esse respeito, visualizando novas possibilidades, questionando e criando representações, associações entre o que está sendo analisado e os conhecimentos existentes, apreendidos pela cultura. A obra final, portanto, é o reflexo do tripé que sustenta a criatividade, a união do sensível, do consciente e do cultural.

Exemplificando essa união, tivemos o trabalho de uma estudante que, entre todos os demais, era a única com formação em artes plásticas. O resultado de sua prática estética foi apresentado com uma pintura densa, com traços e formas difusas e cores escuras, como que eliminando a luz. Quando solicitamos que comentasse sobre seu trabalho, veio à tona o seu "eu", sua criatividade que separava o sensível para a arte, o racional para a administração, a consciência de que não era viável unir os dois, e assim deixando transparecer os seus valores, advindos de seu contexto cultural imediato.

Esses são relatos de algumas aulas. O desenvolvimento da criatividade plena não ocorre e, como não ocorreu em momentos estanques, deu-se no desenrolar do processo, no amadurecimento e no crescimento a cada prática e reflexão com os estudantes. A disciplina procurou evidenciar a lacuna deixada pela

14 OSTROWER, F. *Criatividade e processos de criação*. Petrópolis: Vozes, 1987.

sociedade e pelas organizações, que demandam por seres criativos, porém não lhes permitem ser, não propiciam as condições necessárias à manifestação criativa, pois seus propósitos são incompatíveis com a conduta das organizações e da própria sociedade.

O que ficou da experiência

Trabalhar com arte no âmbito das ciências da administração é um desafio gratificante, pois nos possibilita integrar áreas aparentemente distintas e assim avançar não só no ensino da administração, como também realizar a difícil tarefa de nos encarregarmos de nosso autodesenvolvimento pessoal para desenvolvermos nossa capacidade intelectual, física, espiritual e emocional.

A experiência vivida com o seminário relatado aqui deixa a certeza de que a aplicação da arte no ensino enriquece não só o processo de ensino-aprendizagem, como também as pessoas em seu "íntimo-eu". Isto pode ser inferido pelos depoimentos dos estudantes:

> A arte está em tudo, por todos os lados e como abre nossa cabeça [...]. A arte é ousada; é o que devemos ser; a arte é inovação, criação, é como devemos pensar; a arte causa impacto, satisfação, felicidade, é o que nossa empresa, o nosso produto deve causar (Vanessa Sara Heiden).

Um indicativo que nos foi dado do valor da experiência para os participantes (nós ministrantes e os estudantes) decorre das manifestações de carinho dos estudantes que não ficaram restritas àquele tempo e espaço do semestre em que os trabalhos foram conduzidos. Em muitas oportunidades, encontramo-nos com eles na universidade e fora dela e tanto verbal quanto fisicamente demonstraram um contentamento visível por terem tido a oportunidade de compartilhar conosco a experiência. Inclusive, foi possível constatar o impacto da disciplina quando alguns dos estudantes se matricularam na disciplina na qual uma das autoras é titular.

A propósito, o uso da arte com a abordagem que adotamos foi, nos semestres seguintes, reproduzido nas disciplinas de Administração de Marketing e Desenvolvimento de Recursos Humanos. Novamente, pudemos constatar que os estudantes, ao se depararem com os recursos estéticos colocados à disposição deles, em um primeiro momento ficam quase paralisados, comprovando nossa percepção de que as instituições inibem o processo criativo, dificultando a manifestação da criatividade, e a universidade não está excluída disto. Após algum tempo, ao manusearem os recursos, a impressão que fica é de que voltam à infância, quando o aprender fazendo flui de forma natural e o ambiente castrador é minimizado.

Com a arte como recurso metodológico no ensino, sentimos que a sala de aula passa a ser quase um parque de diversões, onde predomina a liberdade no sentir, criar, fazer acontecer. A interação entre os estudantes, professor e conteúdo teórico-prático flui espontaneamente, em uma atmosfera muito gostosa em que se aprende com prazer.

Concluindo

Fica evidente que utilizar arte no ensino da administração é benéfico ao estudante e ao professor, porém os benefícios para serem auferidos requerem, ao nosso ver, o atendimento a um pré-requisito.

O grupo responsável pela montagem e condução do seminário, formado por uma docente e três mestrandas, teve seu trabalho facilitado pelo fato de tanto a docente quanto uma das mestrandas terem formação nas artes (arte visual e plástica). Acreditamos que aqui temos uma limitação palpável, pois, se o professor responsável pela disciplina não domina nenhuma linguagem artística, não tem ou teve contato prévio com recursos estéticos e desconhece o que vem a ser história da arte, fica sua utilização passível de falhas, com resultados restritos.

Podem surgir armadilhas do tipo: o estudante encarar a(s) aula(s) como uma brincadeira sem conteúdo, pois a ligação de teoria, conceitos administrativos com a arte não se estabelece de forma clara, para fácil compreensão do estudante. Em nossa experiência, quando isto aconteceu, tivemos que dar uma explanação mais aprofundada sobre arte, ou a obra artística, buscando trazer à tona os elementos linha, traço, espaço e as cores utilizadas na composição da obra, o conteúdo estético desta, a pressuposta intenção do artista e os conceitos administrativos possíveis de ligação com a arte.

Outros aspectos a serem lembrados têm a ver com o espaço físico utilizado para as aulas e o tempo de duração destas. Utilizamos uma sala de aula convencional e sentimos que este tipo de ambiente não favoreceu a descontração, a interação e o desempenho das ministrantes e dos estudantes.

O fato de os estudantes terem que desenhar, pintar, modelar em cima de uma carteira escolar comum pequena dificultou o manuseio dos recursos e a própria movimentação destes no espaço físico. Utilizamos algumas vezes, propositadamente, o guache pelo grau de dificuldade em seu manuseio. Se para o estudante de arte é complicado dominar a técnica do guache, imaginem para o estudante de administração que, como foi evidenciado, teve dificuldade. Com este recurso, distribuímos folhas de cartolina branca no tamanho 45 cm por 60 cm. Tivemos vários estudantes que ficaram olhando para o pedaço de papel em branco por mais de 15 minutos. Simplesmente, um desafio de aprendizagem.

Quanto ao período da aula, cremos que o ideal seria de três a quatro horas de aula para possibilitar aprofundar mais os temas, discussões e dar mais tempo para os estudantes executarem os trabalhos práticos.

Em suma, com base em nossa experiência, observamos que a utilização da arte no ensino da administração abre novos horizontes, enriquece todos os que participam do processo de ensino-aprendizagem. Assim nos disse Carolina Ramos, estudante da disciplina:

A observação dos fatos/coisas começa a gerar outros tipos de conclusões; posso dizer que esta disciplina me fez pensar mais – não no sentido de rendimento escolar, mas sim no modo de ver as coisas, das consideradas mais banais às mais estruturadas.

14

Uso de desenhos no ensino e aprendizagem sobre perspectivas organizacionais

José Roberto Gomes da Silva

Um tipo de recurso estético que tenho utilizado no ensino da administração, em disciplinas regulares ou treinamentos profissionais, é a composição coletiva de desenhos que expressem a visão dos participantes sobre as organizações. Tenho aplicado este tipo de dinâmica há alguns anos, com turmas de graduação, de pós-graduação e de equipes de empresas. Ela tem se mostrado adequada como elemento motivador de abertura à reflexão de temas variados, tais como: os desafios e a lógica das organizações contemporâneas; os fatores que afetam o desempenho organizacional; a realidade da mudança organizacional; o significado de administrar; as características da organização inteligente.

Em graduação, tenho utilizado a dinâmica no primeiro encontro da disciplina Teoria Geral da Administração, de modo a ajudar os estudantes a refletir sobre as grandes questões e crenças da administração e sobre as diferentes dimensões envolvidas na problemática da gestão. Costumo dizer que, antes de ouvirmos o que os autores (aos quais costumo chamar de "convidados especiais" da disciplina) nos têm a dizer, é preciso que procuremos ouvir a voz de nossa própria consciência.

Na pós-graduação, tenho utilizado a construção coletiva de desenhos, com objetivo semelhante, no primeiro encontro da disciplina Fundamentos da Administração, do curso de Mestrado Acadêmico, bem como na disciplina Organizações Contemporâneas e do curso de Mestrado Profissional.

A dinâmica é realizada antes da apresentação da disciplina ou da proposição de qualquer tipo de leitura prévia, visando a estimular a auto-reflexão, bem como a reflexão coletiva.

A montagem da "nossa galeria de arte"

A dinâmica se compõe de três etapas. Na *primeira*, é feito um convite para que cada participante, individualmente, procure pensar uma imagem que reflita o tema proposto. Costumo explicar, nesse momento, que, apesar de ser uma atividade lúdica, devemos vê-la, acima de tudo, como uma possibilidade de expressar nossas idéias, sem o compromisso de racionalizá-las excessivamente, o que é difícil conseguir fazer quando usamos apenas as palavras. No caso da pós-graduação, costumo também convidar os estudantes a procurar deixar de lado a "racionalidade defensiva" com a qual somos levados a agir no contexto cotidiano das organizações, uma vez que a sala de aula nos fornece um espaço de compartilhamento do processo de aprendizagem que raramente temos a oportunidade de construir no dia-a-dia de nossa rotina de trabalho.

Na *segunda etapa*, a turma é dividida em grupos de quatro a seis participantes que recebem a missão de negociar entre eles uma imagem que represente as idéias originais de cada um. Para a elaboração do desenho, cada grupo recebe apenas alguns lápis pretos, uma folha de cartolina branca ou de *flip chart* e uma caixa de hidrocor colorido (seis a 12 cores). Não é proibido usar palavras no desenho, mas as palavras devem ser utilizadas apenas como parte da imagem. De modo algum é permitido inserir textos explicativos no desenho.

Na *terceira etapa*, cada um dos grupos deve apresentar e explicar o desenho para os demais participantes da turma que, por sua vez, podem apresentar também as suas percepções sobre a imagem apresentada pelo grupo. Para tanto, peço que, antes de falar sobre os desenhos, o grupo o exponha, silenciosamente, durante 30 segundos para o restante da turma, de maneira que os demais possam construir as suas próprias percepções. Após o debate, realizo uma síntese das principais mensagens transmitidas pelo grupo. Todos os desenhos são afixados nas paredes da sala e, ao final das apresentações, procuro fazer ligações entre as imagens já apresentadas.

A estimativa de tempo, para uma turma de 30 participantes divididos em seis grupos de cinco a sete integrantes, é de 20 a 30 minutos para a elaboração do desenho e de 40 a 60 minutos para a apresentação e discussão dos desenhos dos seis grupos (ou seja, em média, 10 minutos para a discussão do desenho de cada grupo). É importante que a fase de elaboração dos desenhos não ultrapasse em muito os 30 minutos, de modo que os participantes se concentrem mais no conteúdo do que na arte final e que não iniciem conversas dispersivas, principalmente enquanto aguardam que os outros grupos terminem a sua tarefa. Em turmas nas quais os integrantes estão se conhecendo pela primeira vez, podem-se reservar 10 minutos adicionais para que, antes da elaboração do desenho, cada participante se apresente brevemente para os colegas de grupo.

Quando é possível, procuro manter os desenhos afixados em sala de aula durante todos os encontros da disciplina e procuro fazer constantes ligações dos tópicos discutidos com as imagens construídas e as questões discutidas pelos participantes no primeiro encontro. Costumo chamar, carinhosamente, este painel de desenhos de "nossa galeria de arte".

Exemplos de desenhos sobre a organização

A seguir, apresento dois exemplos de desenhos gerados com o auxílio da dinâmica, bem como uma síntese das análises realizadas pelo conjunto de participantes. Os dois desenhos foram produzidos em uma aplicação da dinâmica no primeiro encontro da disciplina Fundamentos da Administração do curso de Mestrado em Administração. O objetivo da aplicação da dinâmica foi o de promover uma reflexão inicial acerca dos temas variados que seriam abordados na disciplina, a qual visa a apresentar uma visão geral e atualizada sobre a Administração.

Exemplo 1: Partida de futebol

Na apresentação da imagem mostrada na Figura 14.1, o grupo autor do desenho procurou ressaltar: a intensa competitividade presente no contexto atual; o senso de equipe que precisa estar presente na mente dos participantes de cada time; a importância de contar com uma boa relação com a torcida (segundo o grupo, representando os clientes); a necessidade de respeito a regras e mecanismos de regulação (simbolizadas pelo juiz e pelos "bandeirinhas"); a importância de uma boa liderança (simbolizada pelo técnico); a necessidade de manter uma boa imagem pública (simbolizada pelo fotógrafo à esquerda do campo); a existência de condições de competitividade que não são homogêneas para todas as organizações (a quantidade de jogadores dos dois times não é a mesma); a necessidade de conviver com a rotatividade de pessoas (a existência de jogadores que não conseguem se manter na disputa, pois não se adaptam às necessidades do time – jogador do time vermelho, na parte inferior da figura, fora do campo).

Na discussão, eu e os demais participantes da turma ressaltamos, ainda, outras analogias, dentre as quais:

- a necessidade de que cada time respeite o adversário e "jogue limpo", segundo uma postura ética;
- o fato de que, para ganhar um jogo, não basta ter um bom time, é preciso "fazer um bom espetáculo", que agrade a torcida (cliente) de modo a que ela seja parceira no sucesso da equipe (organização) e que promova o fortalecimento do futebol como um todo (da concorrência, do mercado, da sociedade);
- a necessidade de ter sempre em mente que as vitórias de hoje não são garantia do sucesso de amanhã e que, portanto, o time, o técnico e cada

jogador precisam estar sempre prontos a aprender e a melhorar o seu desempenho;

- o fato de que o sucesso não se define em apenas uma partida (de que um zero a zero pode, muitas vezes, significar uma vitória), de que é preciso investir continuadamente na qualidade da equipe;
- o fato de que cada jogador é um ser humano com potencial, mas sujeito a limitações múltiplas e, como tal, precisa ser respeitado;
- a lembrança de que, sendo o futebol um símbolo de nossa cultura, a escolha do grupo por esta metáfora reflete o fato de que o nosso olhar para as questões organizacionais costuma ser moldado por uma lente que nos faz entender a realidade segundo nossos hábitos, crenças e valores característicos.

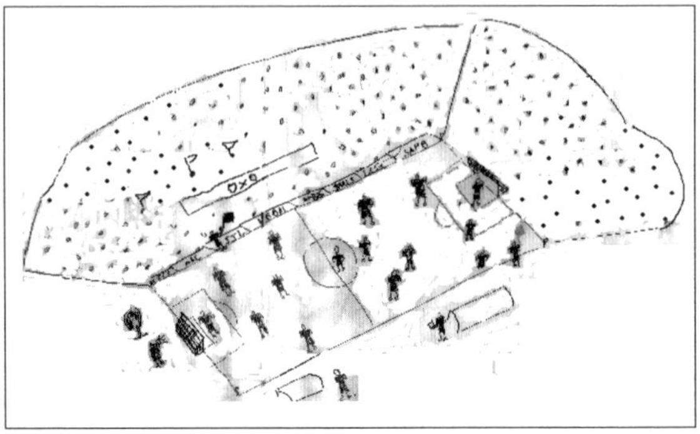

Figura 14.1 *Partida de futebol.*

Exemplo 2: Competição de barcos

A Figura 14.2 mostra um desenho elaborado por outro grupo da mesma turma de mestrado que optou, também, por enfatizar a questão da competitividade no contexto presente, porém utilizando a imagem de uma competição de barcos. Os principais aspectos ressaltados pelo grupo autor na apresentação do desenho foram: a necessidade de uma grande sincronia de esforços e de objetivos entre os membros de cada equipe, sob risco de o barco permanecer andando em círculos, sem avançar; a importância de um tipo de liderança que não seja controladora, mas que anime a equipe a dar o melhor de si; a necessidade de que todos na equipe tenham muito claro em suas mentes o caminho a seguir, pois os obstáculos são muitos e a escolha de um caminho errado pode representar grande risco (representados na figura pela tempestade, pela cachoeira e pelas pedras no caminho), ou não levar a lugar algum (representado na figura pelo caminho de volta, na parte superior do desenho); a necessidade de haver uma identidade forte da equipe (assim como na organização – simbolizada, no desenho, pela bandeira de cada barco).

Após a apresentação pelo grupo autor, os demais participantes da turma apresentaram algumas reflexões alternativas, acerca da imagem proposta, entre as quais se destacou o questionamento sobre a crença ilusória de que se consiga fazer com que todos os integrantes da equipe tenham os mesmos objetivos, já que os seres humanos são diferentes e é natural, portanto, que os seus objetivos sejam múltiplos. Neste sentido, a realidade organizacional é bem mais complexa do que uma competição de barcos com início, meio e fim, uma vez que as direções possíveis são inúmeras, assim como as crenças e os desejos de seus participantes.

Um outro questionamento importante referiu-se à predominância, nas idéias produzidas pela Administração, de uma visão de que a estabilidade e a calmaria representam, de forma genérica, o melhor objetivo a ser perseguido. Quanto a este aspecto, a metáfora dos barcos demonstrou ser interessante, uma vez que se pode imaginar que a imagem pode representar tanto uma competição de velocidade, cujo destino é a lagoa ensolarada, com águas calmas, palmeiras e peixes, como pode ser uma competição de esportes radicais, cujo caminho a ser traçado sejam as corredeiras ou a queda d'água. Ou seja, não há apenas um tipo de possibilidade de sucesso de uma organização ou de seus participantes (ou da equipe de um barco, dependendo do tipo de desafio). Em outras palavras, o conceito de sucesso não é único: para aqueles que querem banhar-se nas águas calmas, o sucesso seria chegar ao final do percurso central da figura, enquanto para aqueles que desejam a aventura e a emoção de vencer desafios, o sentido de o sucesso pode estar na capacidade de vencer as perigosas corredeiras.

Possíveis armadilhas e regras que podem facilitar a discussão

A partir das experiências de aplicação da dinâmica, tenho percebido algumas dificuldades normais ao processo e algumas regras que facilitam significativamente a extração de conteúdo consistente das discussões.

Em primeiro lugar, é preciso que o professor tenha em mente que o seu papel na dinâmica não é o de avaliar os desenhos, mas sim o de facilitar a reflexão e integrar-se com o grupo na discussão das idéias. Este papel do professor deve ser claro também para os participantes, desde o início das atividades. A proposta deve ser a de uma construção coletiva.

É importante que, antes de iniciada a dinâmica, o professor tenha muito clara, para ele mesmo, a visão sistêmica de todo o conteúdo que será abordado ao longo da disciplina, de modo que ele possa facilmente identificar, nos desenhos e na fala dos grupos, elementos de ligação com as futuras discussões em sala de aula. Isto é fundamental para manter o foco do debate sobre o tema da disci-

Figura 14.2 *Competição de barcos.*

plina, sem que surjam questões que desviem a atenção dos participantes. Caso o professor não estabeleça estas ligações, corre-se o risco de que a dinâmica se torne uma atividade interessante, porém que pouco acrescenta, futuramente, ao andamento das reflexões do conteúdo da disciplina.

Deve-se evitar também qualquer tipo de estímulo à competição entre os grupos. O objetivo não é o de revelar talentos artísticos, mas o de fazer com que cada participante assuma a discussão de todos os desenhos como sua. No decorrer de toda a dinâmica, o professor deve enfatizar que se trata de uma produção da turma como um todo e deve correr os grupos, incentivando a participação de todos os indivíduos na composição dos desenhos, mesmo que seja apenas colorindo alguns detalhes. Em cada grupo, são comuns as situações em que um indivíduo, por ser mais comunicativo, por ter uma personalidade dominante, ou por ter um maior talento artístico, tenda a monopolizar a atividade de produção do grupo. O professor deve ficar atento a estes casos e ajudar o grupo a se mobilizar de forma participativa.

Nas situações em que os indivíduos desenvolvem um espírito de competição, seja dentro de cada grupo, seja entre grupos, as atenções terminam se voltando para a defesa de posições e o espírito da reflexão coletiva tende a ser abandonado. Uma forma de não estimular a competição é ressaltar as qualidades artísticas de todas as imagens construídas, tarefa não muito difícil, já que, em geral, os desenhos são muito bem elaborados.

Em determinadas situações, sobretudo quando há a proposição de um tema mais delicado, como a mudança organizacional em uma empresa, podem ocorrer imagens que expressam fortes sentimentos dos participantes, bem como depoimentos mais emocionados. Nestes casos, o papel do professor não deve ser o de inibir que as emoções surjam, mas deve-se controlar para que a dinâmica não se torne um processo de catarse que em nada ajudaria o grupo, uma vez que não há recursos disponíveis para ajudá-lo.

É preciso evitar o estímulo ao surgimento de um clima excessivamente emocional que pode levar os indivíduos a se sentirem expostos ou manipulados. Um modo de lidar com esta questão é procurar inserir reflexões sobre a imagem que sirvam como contraponto aos sentimentos negativos ou até mesmo alguma brincadeira que possa quebrar o clima de tensão emocional.

É importante lembrar que a dinâmica tem por objetivo o estímulo ao diálogo e não um foco terapêutico. É raro que este clima de maior emoção ocorra em um curso de graduação ou pós-graduação. Porém, não é incomum ocorrer em cursos fechados para empresas que passam por momentos de mudanças que afetam a segurança emocional dos indivíduos. Não é preciso dizer que o próprio professor precisa ter um domínio completo de suas emoções, ainda que os desenhos possam trazer questões que, para ele, como um ser humano normal, possam ser especialmente mobilizadoras.

É preciso ter cuidado para não subvalorizar desenhos mais óbvios, tais como aqueles que apresentam colmeias, formigueiros, ecossistemas ou engrenagens. Embora algumas imagens se repitam com freqüência, as explicações dos grupos sempre tendem a ser originais. Além disto, é preciso não esquecer que para muitos participantes é, talvez, a primeira oportunidade de realizarem tal tipo de reflexão.

Do mesmo modo, é preciso evitar idéias preconcebidas do próprio professor, o qual precisa exercitar a sua criatividade durante todo o curso da dinâmica, buscando ligações com as imagens, por mais abstratas ou diferentes que elas possam ser. O professor deve procurar equilibrar, também, a quantidade de comentários que emite sobre cada desenho, de modo que os últimos grupos a apresentarem não se sintam menos valorizados ou "esvaziados" em suas apresentações.

O professor deve também evitar citar exemplos de imagens, antes que os grupos tenham elaborado os seus desenhos. Nenhum outro critério para composição do desenho, a não ser o tema central, a limitação do tempo e a não-inclusão de explicações escritas, deve ser proposto. A atividade de criação dos grupos deve ser inteiramente livre.

Considero, ainda, que é preciso que se tenha o cuidado de não permitir que as discussões assumam um caráter excessivamente ideológico. É normal surgirem imagens que refletem posicionamentos ideológicos com relação ao contexto presente e que, muitas vezes, provocam opiniões polêmicas entre os participantes. Neste caso, a atitude que procuro assumir é a de tentar traduzir para o grupo as diferenças de posições e propor que busquemos a ajuda das teorias que iremos discutir ao longo da disciplina, para que cada um possa rever a sua forma de entender a realidade das organizações. Cabe também lembrar aos participantes, neste momento, que o objetivo da dinâmica não é o de homogeneizar idéias, mas, ao contrário, permitir que elas possam fluir com mais naturalidade, para que possamos refletir sobre elas.

Percepções sobre os resultados

Após utilizar esta dinâmica em mais de 20 cursos, sinto-me plenamente à vontade com o domínio da técnica, a qual percebo ser muito prazerosa para todos os participantes, assim como o é para mim. Considero que ela tem sido extremamente importante para o estabelecimento da relação inicial com as turmas e são inúmeras as contribuições que ela tem trazido para o enriquecimento das discussões em sala de aula.

Em todas as turmas, o resultado tem sido fortemente positivo e a resposta dos participantes tem sido a melhor possível. Ao final dos cursos, tenho recebido o comentário de vários estudantes, enfatizando a importância daquele primeiro momento para o andamento da disciplina.

Jamais ocorreram situações de constrangimento ou manifestações de descontentamento dos participantes. Mesmo a timidez inicial daqueles que acham que não possuem a habilidade para desenhar é vencida, em geral, pela possibilidade de compartilhar a tarefa com o grupo.

Percebo que, a partir desta reflexão inicial coletiva, os estudantes tornamse mais receptivos a serem apresentados às teorias e passam a aguçar mais o seu senso crítico ao conhecê-las. Como já discutido por outros autores (por exemplo, MORGAN, 1986;[1] PALMER e DUNFORD, 1996;[2] TAYLOR, 1993),[3] o exercício de comparar metáforas ajuda também na percepção de que, qualquer que seja o modo escolhido para representarmos uma realidade complexa como a organização, estaremos sempre limitando nossa visão a alguns aspectos e deixando de perceber outros também relevantes. A possibilidade de comparar os desenhos dos diferentes grupos torna-se valiosa neste sentido. Costumo aproveitar este momento para lembrar aos participantes que assim também ocorre com as teorias e as idéias da Administração: por mais que possam mostrar uma bela pintura sobre a realidade, por mais que as imagens por elas apresentadas nos sejam sedutoras e familiares, nunca serão completas ou encerrarão uma interpretação definitiva sobre os fenômenos reais. A subjetividade está presente na Administração (e na vida) como na arte, e quem não souber apreciá-la estará deixando de ver o que há de melhor nos "quadros".

Acredito que este tipo de dinâmica possa ser também utilizado em outros tipos de situações como, por exemplo, a discussão de tópicos específicos de cada curso. Tenho vivenciado experiências de aplicação da dinâmica, por exemplo, também em situações de consultoria a empresas, quando se faz necessário promover uma reflexão conjunta acerca de contextos complexos, como é o caso de

---

1 MORGAN, G. *Images of organization*. Thousand Oaks: Sage, 1986.

2 PALMER, I.; DUNFORD, R. Conflicting uses of methaphors: reconceptualizing their use in the field of organizational change. *Academy of Management Review*, v. 21, n. 3, p. 691-717, 1996.

3 TAYLOR, J. R. La dynamique de changement organisationnel: une théorie conversation/texte de la communication et ses implications. *Communication et Organisation*, n. 3, p. 50-93, 1993.

mudanças organizacionais. Neste tipo de situação, deve-se ter atenção especial para que a dinâmica não seja dominada por questões políticas, defesas de posições, rivalidades ou outros aspectos inerentes à convivência na organização, sobre os quais, geralmente, o facilitador da dinâmica não possui conhecimento.

Finalmente, entendo que as maiores forças do uso desta dinâmica estão em ajudar a eliminar a inibição dos participantes, construir um sentido de colaboração para o processo de aprendizagem e, sobretudo, proporcionar uma discussão crítica, desprovida de pré-julgamentos, acerca do conteúdo a ser abordado na disciplina. Talvez o maior risco seja o de desviar a atenção dos participantes para a atividade em si, deixando o conteúdo objeto da aprendizagem em segundo plano. Neste sentido, a forma de mediação do professor facilitador assume uma importância fundamental no processo. O foco principal não pode estar nos desenhos ou na tarefa lúdica, mas nos significados que eles inspiram.

15

(Bri)colagem no ensino de teorias da administração e de cultura nas organizações

Alexandre de Pádua Carrieri

A idéia de utilizar outros meios e materiais no auxílio do ensino de disciplinas em Administração surgiu de uma discussão com colegas de que eu não utilizava algumas revistas da chamada "pop-administração". Concomitantemente, quando eu realizava uma pesquisa no meio rural, foram utilizados na coleta dos dados, com os produtores, lápis coloridos e papel para que eles desenhassem seu bairro, suas propriedades e esquematizassem seus sistemas de produção para nosso conhecimento. Nesta coleta, um produtor fez uma montagem com recortes velhos, tentando nos explicar a gestão de sua unidade de produção rural.

Com base nisso, comecei a pensar na idéia de introduzir a colagem para que os estudantes explicitassem sua visão de um tema qualquer nas aulas que ministrava. A idéia apareceu na minha busca de usar novas perspectivas teórico-metodológicas e buscar co-construir conhecimentos com os estudantes através da dimensão imagética, ou seja, através do uso de imagens publicadas em revistas, pois acreditei que poderia compreender mais e melhor a leitura e a produção dos estudantes, como atores sociais na construção de significados (culturais).

O material utilizado constitui-se de: revistas velhas do tipo descartável (*Veja, Carta Capital, Caras, Mônica, Tio Patinhas, Você S.A.*, entre tantas outras que abundam em nossos cabeleireiros e salas de espera), tesouras (sem ponta

---

1 Termo retirado de CERTEAU, M. *A invenção do cotidiano*. Petrópolis: Vozes, 1994.

para que os estudantes não se agridam e também ao professor), cola e papel em branco (folhas A4, cartolinas etc.).

As colagens são usadas nas disciplinas Teorias da Administração (graduação) e Cultura nas Organizações, e hoje, mais precisamente, na disciplina Organizações e Simbolismo (mestrado, doutorado e especialização). De maneira geral, são usadas para iniciar as aulas e quando há um tema que permite a exploração da criatividade e imaginação dos estudantes.

Colando e aprendendo sobre a noção de organização e gerência

A colagem como recurso estético de aprendizagem na graduação é usada para os estudantes mostrarem o que entendem por organização e administração e nas aulas que se referem ao tema de cultura nas organizações.

Inicio a primeira aula da disciplina dividindo a turma em grupos. Normalmente, na disciplina, trabalho sempre com o mesmo grupo, pois este realizará diversos trabalhos e traz aos estudantes diversas dificuldades que também podem surgir na vida profissional. Indiretamente, estou propondo que os estudantes trabalhem as dificuldades de se manterem em equipe. Neste sentido, brigas, discussões e até a dissolução do grupo são discutidas comigo e o grupo, no decorrer da disciplina.

Depois de divididos os grupos de, no máximo, quatro ou cinco estudantes, é dado o tema através de uma questão. Este varia, dependendo do que se quer discutir. Com esse propósito, lanço, então, uma das seguintes questões:

- Como vocês entendem o que é uma organização e como a representariam fazendo uma colagem?
- O que é gerir uma empresa nos dias de hoje? Como vocês poderiam representar isso por meio de uma colagem?
- Como vocês pensam o gerente ontem e hoje?
- O que você pode dizer sobre as teorias de Administração?

Peço que os grupos façam uma colagem que deverá explicar aos colegas seus significados ao término da aula.

É interessante ressaltar que grupos de rapazes são os mais resistentes para pegar tesoura, cola e papel. De modo geral, os estudantes de administração mostram-se mais tolhidos para começar a colagem do que os estudantes de outros cursos.

Para o desenvolvimento da atividade, há duas regras:

- revista, tesoura e cola devem circular e serem trocadas na sala de aula; e

- o grupo deve escrever em um papel os passos da construção da colagem, ou seja, falar sobre a metodologia desenvolvida para a montagem da colagem.

Os estudantes dispõem de 40 a 50 minutos para discutir e montar a colagem. Só então irão à frente da classe e explicarão o que eles querem mostrar com seu trabalho. Aqui, inicia-se um debate dos *porquês*: por que o grupo pensa que isto representa aquilo etc. e tal. Eles também escrevem isso para me entregar.

Este exercício é usado na primeira semana de aula da disciplina Teorias da Administração. Na verdade, uso o exercício para "conhecer" a visão global dos estudantes sobre organizações e/ou sobre gerência, o que é semelhante na construção da representação das organizações e o que é diferente, que idéias são comuns e que visões são diferentes. A partir disto, posso aprofundar temas da disciplina que construam uma visão mais crítica das organizações, do trabalho em organizações, assim como do papel da gerência.

A colagem (Figura 15.1) representa um exercício para promover uma reflexão sobre as Teorias da Administração. Esta colagem foi realizada por estudantes do quinto período, iniciando a disciplina Teoria da Administração II. Ela representa uma crítica ao consumismo, ao modismo dos modelos da Administração *versus* uma Administração que discuta as raízes brasileiras. Salienta-se uma jocosidade cultural dos estudantes sobre a rivalidade, entre os conhecimentos aqui gerados e os modismos estrangeiros, representada pelo antagonismo entre os dois principais clubes mineiros de futebol.

Figura 15.1 *Colagem feita pelos estudantes.*

Colando e aprendendo sobre culturas nas organizações

No mestrado e na especialização, a colagem é específica sobre o tema cultura nas organizações. Este exercício foi construído com base nos trabalhos de

Martin[2,3] sobre cultura nas organizações. É também uma construção do Núcleo de Estudos Organizacionais e Simbolismo (NEOS) que reflete a visão sobre os temas cultura e organizações.

O interesse pelo tema Cultura nas Organizações ganha cada vez mais destaque no atual processo de internacionalização das economias. Este novo contexto coloca em evidência diferentes valores e normas que condicionam o comportamento dos indivíduos e conferem às organizações uma nova dinâmica. Hoje, pode-se supor uma diversidade e dinamicidade das organizações para trabalhar, elaborando os novos dados que a realidade mutável impõe. A rigidez ou a flexibilidade de uma organização relacionam-se a valores e crenças compartilhadas pelos seus membros, que respondem pela sua capacidade ou não de mudar em resposta às novas exigências do meio, tais como competição, diferenciação e alta *performance*. Assim, à medida que as culturas respondem por valores, e por modos de interação entre pessoas e entre organização e ambiente, toda cultura é singular e deve ser estudada como entidade simbólica que manifesta esta construção social.

Os estudantes devem representar em três pedaços de papel a visão do grupo sobre:

- o CEPEAD/FACE/UFMG,[4] como uma organização mineira que todos os estudantes conhecem;
- Minas Gerais; e
- o Brasil.

O procedimento é o mesmo que o da graduação. Enquanto os estudantes falam, anoto as idéias principais na lousa em um grande quadro, como sugerido a seguir (Quadro 15.1). Ao final da anotação, pergunto se as anotações na lousa estão coerentes com o que foi mostrado. Todos devem participar, discutir.

Quadro 15.1 *Comparação das visões culturais.*

Grupos	Visão do CEPEAD	Visão de MG	Visão do Brasil
Grupo 1			
Grupo 2			
Grupo N			

[2] MARTIN, J. *Cultures in organizations*: three perspectives. Oxford: Oxford University Press, 1992

[3] MARTIN, J. *Organizational culture*: mapping the terrain. Thousand Oaks: Sage, 2002.

[4] Centro de Pós-graduação e Pesquisa em Administração; Faculdade de Ciências Econômicas; Universidade Federal de Minas Gerais.

Após todos apresentarem suas colagens, chamo a atenção para as anotações na lousa, onde as idéias semelhantes estão escritas com giz da mesma cor e as diferentes em giz branco. E, então, se começa a discussão sobre o tema cultura. Aqui se discutem as visões de cultura e colocam-se as seguintes questões:

- O que há de comum e de diferente sobre os aspectos anotados?
- O que isso significa? Há uma só cultura? Há várias?
- Os aspectos levantados são gerenciáveis? Em que medida o gestor tem um controle na criação de tais aspectos culturais? Quais são aqueles que os estudantes pensam que podem ser gerenciados e quais os que não?
- Será, então, que, diante desta diversidade mostrada pelas colagens, poder-se-á falar em um jeito brasileiro de gestão? Um só? E em uma organização?

Depois disso, relato que o curso será ministrado no sentido de buscar mostrar a diversidade de abordagens teóricas sobre cultura nas organizações, destacando-se duas perspectivas: a da cultura como variável e da cultura como metáfora.

Em outra parte da disciplina, quando se aborda a visão da cultura como metáfora e, mais precisamente, a abordagem teórica de três perspectivas desenvolvida por Martin (1992), utilizo, novamente, o quadro desenhado na lousa. Denison [5] e Frost et al.[6] argumentam que se poderia estudar a cultura pela soma das três perspectivas. Para esses autores, a perspectiva da *Integração* possibilitaria a visão do quadro ideológico da alta administração que percorre toda a organização. Pela *Diferenciação*, apareceriam claramente os grupos e suas ideologias, as subculturas, podendo-se colocar, frente a frente, a cultura tida como cola e as dos grupos. Finalmente, sob a perspectiva da *Fragmentação*, cada ator ganharia relevo, o que contribuiria para entender toda a organização. Nos estudos sobre mudança organizacional, segundo os autores, fica mais evidente a necessidade de considerar as três perspectivas: sob o ponto de vista da *Integração*, reconhece-se a desvitalização da cultura que "mantinha" a organização unida – a cola perde o grude; também sob essa perspectiva reconhece-se que uma transformação poderia promover conflitos e, depois, o aparecimento de consenso, de nova cultura. Sob o prisma da *Diferenciação*, evidenciam-se os jogos dos grupos para se tornarem dominantes, assim como suas culturas. Sob a perspectiva da *Fragmentação*, pode-se reconhecer como historicamente a mudança se processa no ambiente, como os indivíduos se colocam em face da mudança, como a processam e lhe conferem novos significados.

---

[5] DENISON, D. R. What is the difference between organizational culture and organizational climate? A native's point of view on a decade of paradigm wars. *Academy of Management Review*, v. 21, n. 3, p. 619-654, 1996.

[6] FROST, P. J. *et al.* (Ed.). *Refraiming organizational culture*. London: Sage, 1991.

Utilizando o estudo de Cavedon e Fachin,[7] aborda-se:

> A *diferenciação* da cultura organizacional das unidades estudadas [...] torna-se evidente nas *temáticas divergentes* presentes nas falas dos [...] grupos de atores. A *fragmentação* encontra-se nas *temáticas convergentes* entre indivíduos de grupos diferentes. [...] A *integração* é determinada pelo predomínio *[dos temas abordados]*.

Isto permite mostrar que é possível uma abordagem conjunta das três perspectivas apontadas por Martin,[8,9] pois promoveria uma integração das diferentes significações culturais que coexistem nas organizações. Além disso, para esses autores citados, essa integração tornaria "conciliável o que a princípio se mostra enquadrado em compartimentos estanques e contraditórios, desse modo concretizando-se o acionamento de 'múltiplas perspectivas', não só do ponto de vista dos diferentes atores, mas acima de tudo pelos 'múltiplos saberes'".[10]

De maneira geral, os estudantes do mestrado e especialização mostram-se mais resistentes para iniciar a tarefa. A impressão que fica é de que pedi alguma coisa absurda: "Fazer uma colagem? Nós? Para quê?" Frente a isso, procuro explicar que o uso da colagem é também um caminho que poderá ser usado pelos estudantes quando eles forem ministrar aulas e/ou fazer alguma consultoria sobre cultura em organizações. O exercício é apenas mais um caminho, e os estudantes podem usar outros materiais, como desenhos com lápis de cor etc. Aos poucos, eles se soltam e começa a diversão, que inclusive, se deixar, vai a aula toda.

É muito interessante observar como eles vão se dividindo para montar a colagem. Há grupos que são organizados e dividem as tarefas, inclusive de quem ficará responsável por escrever o que o professor pede. Há grupos em que todos recortam de tudo e depois com um monte de figuras decidem o que colar. Há grupos em que o trabalho sobra para dois integrantes. Há grupos em que se tem um líder que dirige tudo, principalmente o que colar e não colar, a representação do tema é dele, inclusive a apresentação da colagem para a classe. Há grupos em que os rapazes ficam lendo gibis e as meninas é que se encarregam da tarefa de construir a colagem.

Como método, há limitações. A principal é a escolha do tema relacionado à cultura. É preciso pensar em algo comum. Quando se leciona para a especialização e há um denominador comum, por exemplo, todos são da mesma organização, as possibilidades são ricas, pois aparecem inúmeras visões sobre a cultura

---

7 CAVEDON, N. R.; FACHIN, R. C. Homogeneidade *versus* heterogeneidade cultural: um estudo em Universidade Pública. In: ENCONTRO NACIONAL DE PROGRAMAS DE PÓS-GRADUAÇÃO EM ADMINISTRAÇÃO, 24. Florianópolis. *Anais...* Rio de Janeiro: ANPAD, 2000. p. 12. CD-ROM.

8 MARTIN, J. *Cultures in organizations*: three perspectives. Oxford: Oxford University Press, 1992.

9 MARTIN, J. *Organizational culture*: mapping the terrain. Thousand Oaks: Sage, 2002.

10 MARTIN, J. *Cultures in organizations*: three perspectives. Oxford: Oxford University Press, 1992. p. 2.

da organização e os debates são interessantes, pois na apresentação há muita discordância sobre o que determinado grupo está pensando.

Motivação para o debate e para a aprendizagem

Como processo de aprendizagem, o uso de colagem é muito rico, principalmente no seu aspecto simbólico. O uso da colagem possibilita diversas discussões, tais como: Por que se montou deste jeito? Como foi a concepção da colagem? Como foi a organização do grupo frente esta tarefa? Todos participaram? O que se queria encontrar nas revistas folheadas? Como o grupo chegou à colagem final? Por que os temas representados foram considerados os mais importantes?

Os estudantes saem da aula discutindo os temas levantados e pedem que se volte a discuti-lo nas aulas seguintes. Trabalhar com revista, cola e tesoura sugere aos estudantes algo diferente. Ao mesmo tempo, para outros estudantes este exercício de montar uma colagem parece coisa de ginásio, não tendo a menor graça trabalhar com recortes (afinal, na especialização eles estão pagando um curso). Todavia, é na hora da leitura para a classe que estes estudantes começam a observar que as figuras coladas transmitem mais facilmente o que eles haviam pensado. As colagens ajudam principalmente os estudantes da graduação a exteriorizar seus conceitos e a defender seus pontos de vista como grupo frente ao todo.

As colagens sobre organizações e algum aspecto da gestão (como, por exemplo, uma colagem sobre a função do gerente) são guardadas e devolvidas ao final das duas disciplinas de Teorias da Administração para que o mesmo grupo faça uma reflexão do que mudou na sua concepção e quais críticas ele poderá fazer de sua colagem. Esta reflexão, quando bem feita pelos estudantes, tem-lhes possibilitado uma visão mais global das teorias, da definição de organizações, do papel da gerência, enfim, de seu próprio papel como administrador.

Devo destacar que se pode trabalhar também de outras formas. Em uma outra experiência, troquei as colagens sobre organizações (ou papel da gerência) e pedi que os grupos criticassem as colagens dos colegas. As críticas deveriam ser teoricamente embasadas nas leituras das disciplinas. Depois, os grupos deveriam expor suas críticas e os porquês dela e, é claro, havia direito de resposta do grupo criticado. Essa experiência foi muito interessante, pois suscitou várias conversações e debates sobre as diferentes visões sobre os temas das colagens.

Para mim, essa reflexão é também usada para uma (auto)avaliação do processo de aprendizagem das disciplinas, do que foi ministrado e ficou sedimentado para permitir uma idéia sobre a gestão de organizações. Esta finalização do uso da colagem é essencial, pois me permite um grande retorno do que foi apreendido e aprendido pelas leituras no decorrer das disciplinas.

Uma atenção deve ser dada ao tema cultura, pois, ao mesmo tempo que este exercício busca proporcionar ao estudante maior conhecimento sobre os diversos conceitos de cultura organizacional que podem aparecer na classe trazidos pelos grupo, busca-se também desenvolver uma noção do simbólico, cuja referência é exercida através dos mitos, das cerimônias, dos ritos e rituais, onde se constrói um espaço no qual o imaginário se desenvolve e o controle sobre os membros organizacionais pode-se efetuar. Neste exercício de colagem sobre culturas, aspectos simbólicos são também levantados, pois essa abordagem pode se referir "a símbolos e significados compartilhados, que resultam das interações sociais, em face da necessidade de interpretar a realidade e de estabelecer critérios orientadores para a ação" (MACHADO-DA-SILVA e NOGUEIRA).[11] Desta colagem, o professor pode explorar aspectos como os já mencionados: os rituais de entrada nas organizações, processos de socialização, as representações sociais etc. Neste sentido, o professor pode apontar que os estudantes observem o quanto de diferentes colagens, de diversidade de respostas e interpretações se conseguiu e então como deve ser em uma organização em que há mais pessoas com diferentes visões de mundo (e de organização). Existirá só uma cultura ou várias?

Há ainda um tema interessante que a colagem tem permitido explorar, que é a auto-organização do grupo frente à tarefa proposta. Nas últimas colagens, tenho pedido aos estudantes explorar este tema também; assim, busco fazer o grupo refletir sobre quem participou e como foi tal participação. Qual a estratégia desenvolvida pelo grupo e o porquê de ela ter sido criada? Ela foi negociada ou imposta por determinado(s) participante(s)? Este tema da auto-organização tem possibilitado discutir outros, como a participação nas organizações e a negociação de estratégias, que não deixam de ser temas relacionados às disciplinas ministradas.

Por fim, posso dizer que o uso das (bri)colagens transformou a prática de ministrar as disciplinas. A colagem possibilitou apreender melhor o universo dos estudantes, que todo o semestre são novos, e maneiras distintas de ver e entender a realidade organizacional.

---

[11] MACHADO-DA-SILVA, C. L.; NOGUEIRA, E. E. S. Instituições, cultura e identidade organizacional. In: ENCONTRO DE ESTUDOS ORGANIZACIONAIS, 1, 2000, Curitiba. *Anais*... Rio de Janeiro: ANPAD, 2004. 1 CD-ROM.

16 Teatro de fantoches no ensino e aprendizagem da cultura e comportamento organizacional

Neusa Rolita Cavedon

Em 1993, iniciei as minhas atividades como docente, lecionando em uma universidade particular, nos cursos de graduação em Administração de Empresas e Administração de Recursos Humanos para estudantes do quinto semestre dos referidos cursos. Neste contexto, não eram raros os estudantes que moravam em uma cidade, trabalhavam em outra localidade e estudavam em uma terceira cidade, gastando em média duas horas em seu deslocamento até o *campus*, percurso esse realizado de ônibus. Em face dessas condições, muitos estudantes chegavam à universidade exaustos. A minha preocupação com a didática começou a se intensificar frente a esse desafio cotidiano e resolvi inovar. Comecei a experimentar diversas possibilidades, tendo por objetivo o conhecimento acadêmico, mas que pudesse ser ministrado de modo agradável, sem a aridez que certas temáticas suscitam. A partir de então, incorporei algumas experiências à minha vivência como docente. Uma delas, a do teatro de fantoches.

Como se deu essa inserção do teatro de fantoches na dinâmica da minha sala de aula? Os fantoches representavam uma das possibilidades, dentre as diferentes alternativas existentes, e eram utilizados para um tópico do programa. Vou tomar como exemplo um tema da disciplina Gestão e Cultura Organizacional, que ministrava na universidade particular citada anteriormente: Tipos de culturas organizacionais.

Em uma aula, eram desenvolvidos todos os aspectos teóricos relativos a essa temática. Na aula seguinte, estudos de casos e dinâmicas de grupo eram realizados. Em uma terceira aula, os estudantes eram convidados a elaborar uma história, cujo roteiro contemplasse uma situação de grupo que remetesse ao ambiente organizacional e o respectivo encaminhamento que eles, na condição de administradores, dariam para a dramatização apresentada.

A história deveria ser teatralizada através de fantoches que eu trazia para a sala de aula. A diversidade de personagens era fundamental para permitir que todos os integrantes do grupo pudessem representar um personagem. Tive a preocupação de adquirir fantoches que representassem figuras humanas e não animais, para evitar qualquer estigmatização nas histórias apresentadas.

Durante toda uma aula, os estudantes em pequenos grupos de até seis integrantes escreviam a história, manipulavam (à guisa de treino) os fantoches, escolhiam um narrador, optando pela necessidade do mesmo ou não. Na aula subseqüente, as apresentações aconteciam de forma seqüenciada, sendo a mesa do professor transformada em "palco". Determinados grupos criavam cenários que se distribuíam por toda a mesa ("palco"). Entusiasmados, criavam vozes diferentes das suas para os personagens e encarregavam os colegas de outro grupo de fazerem o registro através de fotografias.

A aula tornava-se prazerosa, ao mesmo tempo em que situações ocorridas nas empresas, onde muitos dos discentes trabalhavam, acabavam por ser apresentadas no teatro e repensadas à luz da teoria anteriormente estudada; estava concretizada a junção da teoria com a prática, da seriedade dos conteúdos acadêmicos com o lúdico.

Foto 16.1 *Cenário com um dos fantoches.*

No segundo semestre de 1999, tendo passado em um concurso para lecionar em uma universidade pública, fui chamada para tomar posse na referida universidade como professora em regime de dedicação exclusiva no curso de Administração.

Os estudantes, cursando o terceiro semestre na faculdade, eram bastante jovens, possuíam um perfil diferente, estudavam nos períodos da manhã e da noite, quase todos oriundos da capital, Porto Alegre; sem nenhuma ou com pouca experiência profissional, tinham dificuldade em compreender as teorizações referentes ao mundo organizacional.

Novamente, os fantoches passaram a ter uma importância na relação ensino-aprendizagem. Atualmente, possuo dez fantoches e adquiri um palco com cortinas, elementos esses que coloco à disposição dos estudantes por ocasião da apresentação.

Foto 16.2 *Alguns dos fantoches.*

Desafios

O uso de fantoches poderia, eventualmente, levar a uma infantilização das aulas; todavia, isso é evitado na medida em que previamente são traçadas considerações sobre as diferentes linguagens através das quais se pode transmitir conhecimento. Uma das situações expostas para os estudantes é que em muitas circunstâncias, no ambiente organizacional, os profissionais necessitam passar informações de cunho teórico para funcionários com um nível de escolaridade muito baixo e aí o lúdico funciona como um canal que viabiliza que a mensagem seja devidamente compreendida. Assim, é dito aos estudantes que cinema, teatro, histórias em quadrinhos são recursos válidos na disseminação de determinados conceitos no mundo organizacional.

Outro aspecto passível de ser trabalhado é aquele atinente à ênfase no fato de que razão e emoção não são incompatíveis, sendo os postulados de Morin[1] fundamentais para uma reflexão sobre a dicotomização que se estabeleceu na sociedade contemporânea, em que o amor e a sabedoria são colocados em "compartimentos" separados, havendo uma ênfase no *homo* como *sapiens*. Todavia, há uma correlação entre racionalização, inteligência, sabedoria e amor, fantasia e brincadeira. É Morin[2] que diz com propriedade:

> Pode-se chamar de prosa as atividades práticas, técnicas e materiais que são necessárias à existência. Pode-se chamar de poesia aquilo que nos coloca num estado segundo: primeiramente, a poesia em si mesma, depois a música, a dança, o gozo e, é claro, o amor. Prosa e poesia eram intimamente entrelaçados nas sociedades arcaicas. Por exemplo, antes de partir em expedição ou no momento das colheitas, havia ritos, danças, cantos. Encontramo-nos numa sociedade que tende a disjuntar prosa e poesia e na qual há uma ofensiva da prosa ligada ao desenvolvimento técnico, mecânico, gélido, cronometrado em tudo que se paga, tudo é monetarizado. A poesia tem, certamente, ensaiado defender-se nos jogos, festas, bandos de companheiros, nas férias.

Ao elucidar esses aspectos para os discentes, fica claro que o lúdico atrelado ao conhecimento técnico, acadêmico, representa uma tentativa de se unir prosa e poesia em uma síntese enriquecedora para o ser humano, algo que o beneficia sob o ponto de vista psicológico e que respeita a sua condição de ser racional e afetivo ao mesmo tempo. Diante disso, o lúdico assume um caráter de reflexão filosófica e não de infantilização.

Resultados

O resultado tem sido positivo, com diálogos ricos, como o que pode ser verificado no texto transcrito a seguir (Quadro 16.1) e que foi produzido por um grupo de seis estudantes de graduação da universidade pública onde leciono a disciplina Psicologia Aplicada à Administração, cujo objetivo é através do enfoque interdisciplinar, entre Psicologia e Administração, fornecer subsídios para que os discentes possam compreender o comportamento humano dentro das organizações, de modo a perceberem as diferenças individuais e coletivas como fundamentais para um processo de gestão que vise à integração do crescimento individual com o coletivo.

---

1 MORIN, E. *Amor, poesia, sabedoria*. Rio de Janeiro: Bertrand, 1998.

2 Idem, ibidem. p. 58.

Vale esclarecer que esta turma da disciplina Psicologia Aplicada à Administração era composta por estudantes de Contábeis, Administração, Economia e Comunicação Social, perfazendo um total de 23 discentes. A temática que lhes foi dada para criar a história foi "Grupos", tendo sido disponibilizada uma aula para a realização da tarefa. O tempo de duração da peça ficou em torno de 20 minutos para cada grupo. É interessante verificar a capacidade que os estudantes tiveram de integrar, em um simples diálogo, as teorizações apresentadas em encontros anteriores.

A "reunião" encenada evidenciou a importância da democratização do espaço organizacional, a valorização das contribuições de todos os profissionais, independentemente da sua posição hierárquica ou nível de escolaridade e a relevância do respeito para com as diferenças quando se trabalha em grupo. Todos esses aspectos foram enfatizados nas aulas expositivas dialogadas e nas dinâmicas; portanto, a ligação da teoria com o caso prático realizada pelos estudantes que apresentavam a peça teatral configurava-se como uma obrigatoriedade imposta nas regras de elaboração do teatro.

Como as discussões teóricas já haviam ocorrido, o teatro significou uma síntese das aulas precedentes, permitindo observar a assimilação dos conteúdos desenvolvidos previamente e intervir no sentido de esclarecer ou reforçar aspectos incorretos ou explorados de modo inadequado pelos discentes, ou seja, essa atividade oferece ao professor um *feedback* acerca daquilo que foi ministrado. Ao longo do tempo destinado à produção do teatro, cabe ao professor acompanhar cada grupo, buscando dirimir dúvidas que eventualmente venham a surgir em relação à teoria e sua aplicabilidade.

É preciso destacar que o próprio processo de criação e apresentação da "peça" já leva a uma aprendizagem. Por ser uma tarefa realizada em grupo, a mesma requer criatividade, integração, diálogo, superação de eventuais conflitos e isso também pode e deve ser explorado pelo professor com os estudantes, pois no mundo organizacional as tarefas serão desenvolvidas em sua maioria de forma conjunta e, portanto, utilizar a execução do teatro pode se tornar um laboratório interessante, se o professor conseguir relacionar essa experiência com o que ocorre extramuros do espaço universitário.

Por exemplo, possíveis reclamações que os estudantes venham a fazer em relação à atuação de colegas devem ser aproveitadas para estabelecer uma ligação com o mundo do trabalho, articulando questionamentos do tipo: Se essa situação ocorresse em uma empresa da qual você fizesse parte do corpo funcional, como você gerenciaria a questão?

Vale destacar que os colegas assistem à apresentação dos demais e manifestam-se, externando considerações teóricas sobre a mensagem que lhes foi transmitida. Em algumas ocasiões, o grupo que apresentou a "peça" de teatro finaliza a mesma com uma espécie de "moral da história".

Exemplo

Para exemplificar e permitir a compreensão de parte do que foi dito anteriormente, relevante se torna a transcrição do roteiro de uma das apresentações (Quadro 16.1).

Quadro 16.1 *Roteiro de uma apresentação.*

A Empresa X está buscando a redução de custos e solicitou a formação de um grupo para solucionar o problema. O grupo é constituído por representantes de cada categoria funcional da empresa: engenheiro (Abulai), administrador (Guilherme), secretária (Sinara), técnica de produção (Mary), operário da produção (Felipe), auxiliar de serviços gerais (Azeleide).	
engenheiro	– Bom-dia a todos! Eu sou engenheiro desta empresa e vou comandar este grupo de trabalho que foi formado para resolver o problema da empresa: redução de custos. Primeiramente, gostaria que os senhores se apresentassem, falando o nome e a sua função.
administrador	– Meu nome é Guilherme e sou administrador. Acredito que a formação deste grupo é uma oportunidade para discutirmos os problemas da empresa; de cada categoria funcional. Estas reuniões poderão unir mais os funcionários. Espero que sejam bem proveitosas.
secretária	– Meu nome é Sinara. Eu sou a Secretária do Dr. Abulai. Espero que as coisas sejam resolvidas rapidamente, pois preciso fazer muitas tarefas no meu local de trabalho.
técnica de produção	– Meu nome é Mary, sou técnica de produção. Gostaria de fazer algumas perguntas: Como serão as reuniões? Elas serão periódicas? O tempo de duração?
engenheiro	(respondendo grosseiramente) – Minha senhora, estas coisas serão discutidas posteriormente. Não mude o rumo de nossa reunião; vá com calma!
operário da produção	– Meu nome é Felipe. Sou operário de produção. Sou eu que coloco "a mão na massa". Gostaria de aproveitar e fazer uma reivindicação: tenho trabalhado muito, no meu local de trabalho há poucos funcionários, o local é muito sujo, o pessoal da limpeza não limpa direito.
auxiliar de serviços gerais	– Eu me chamo Azeleide. Eu faço a limpeza e cuido do café.
engenheiro	– Bom, já que todos se apresentaram, gostaria de saber as opiniões dos senhores sobre como podemos reduzir os custos da empresa.
técnica de produção	– Desculpe, Sr. Abulai, mas esta reunião não vai dar em nada. Se os diretores da empresa não conseguiram baixar os custos, não seremos nós que vamos resolver o problema.
administrador	– Sr. Felipe, não podemos pensar assim. Se os diretores nos chamaram para pensar no problema, é porque eles acreditam em nós. Acreditam que cada um de nós pode contribuir...
secretária	– Olha, concordo que devemos reduzir os custos! E só conseguiremos reduzir os custos terceirizando as funções. E devemos começar com os funcionários do nível auxiliar (serviços gerais).

operário da produção	Revoltado fala: – Daqui a pouco vão querer terceirizar a minha categoria. Aí a empresa pára, pois somos nós que tocamos esta empresa...
técnica de produção	– A terceirização realmente reduz os custos da empresa. Mas acredito que o setor da produção não pode ser terceirizado. Precisamos estudar as categorias que podem ser. Mas isto não irá gerar um clima ruim na empresa, pois iremos demitir alguns funcionários?
engenheiro	– Bom pessoal! Todos já falaram, alguém quer fazer mais alguma colocação?
administrador	– Ei, espere Dr. Abulai, a Sra. Azeleide ainda não contribuiu com sua opinião. Pode falar, Azeleide.
auxiliar de serviços gerais	– Bom, eu tenho pouco estudo, sou apenas uma servente de limpeza e faço café para a empresa.
operário da produção	– Ei! Esta reunião não vai dar em nada. Não concordo com a terceirização...
engenheiro	– Se o senhor não concorda, então me dê uma outra sugestão para reduzirmos os custos.
secretária	– Ei pessoal, tenho lido alguns livros sobre administração e acho que devemos reduzir os níveis hierárquicos. Isto reduz os custos. Minha sugestão é a redução dos níveis hierárquicos, terceirizar os auxiliares da limpeza e, quem sabe, também, os da produção.
operário da produção	– Opa, espera aí! Não podemos terceirizar a minha categoria! Não concordo! Discordo plenamente!
administrador	– Calma pessoal! Não vamos brigar! Quem sabe não encontramos outra solução! Vamos escutar todos os funcionários! E você Azeleide, não quer nos ajudar? O que você acha que poderíamos fazer para a empresa gastar menos, ter menos prejuízo...
auxiliar de serviços gerais	– Eu não entendo muito sobre esta "tal de terceirização", mas acho que há outras maneiras...
operário da produção	– Ei esperem aí, é você que vai dizer como a empresa irá reduzir os custos?
administrador	– Por que não? A Dona Azeleide passa por todos os setores do prédio. Ela vê a empresa de uma outra maneira, quem sabe ela não pode nos ajudar com algumas sugestões?
auxiliar de serviços gerais	– Pois é, como eu tinha dito, acho que há outras maneiras para diminuirmos os custos na empresa. No *setor da produção*, por exemplo, o colega Felipe só fala que o local está sempre sujo. Acredito que, se fosse colocado um recipiente abaixo de cada máquina, poderíamos aproveitar o óleo que cai e não sujaria tanto o chão da fábrica. Nos *setores administrativos* da empresa, onde nossa colega Sinara trabalha, poderíamos aproveitar o lixo que é gerado; isto é, reciclar o lixo seco e o orgânico. Colocamos tanto papel no lixo, quem sabe não podemos até receber um dinheiro com isso... Poderíamos aproveitar os papéis que são colocados fora como rascunhos também, economizando na compra de papéis...
engenheiro	– Ei pessoal! Esta idéia é muito boa. Realmente, precisamos reciclar nosso lixo!

auxiliar de serviços gerais	– Quando vou recolher o lixo na sala dos *engenheiros e administradores*, noto que as luzes das salas estão sempre acesas e os computadores ligados. Por que não apagar as luzes e os computadores no horário do almoço e quando saem do trabalho? Cansei de ver salas com luzes acesas fora do horário de expediente, inclusive à noite. Já na *sala dos técnicos*, não entendo muito o que eles fazem, mas noto que cada um trabalha sozinho. Será que, se eles trabalhassem juntos, a produtividade não seria maior? No setor que trabalho, vejo que a administração compra produtos de limpeza que são caros e não são bons. Nunca nos escutaram para saber se estamos satisfeitos com o material que é comprado para nós. O café que o almoxarifado compra é caro e nem é muito bom. Conheço um lugar que vende café em grande quantidade, por um preço bem mais barato. Mas, nunca ninguém me perguntou...
administrador	– Ok, Dona Azeleide, a senhora contribuiu com muitas dicas para a redução de nossos custos. Acho que podemos marcar uma reunião para outro dia, para pensarmos mais sobre o assunto.
engenheiro	– É isto aí, Guilherme. Gostaria que todos vocês fizessem que nem a Dona Azeleide. Olhem para a empresa. Peço a vocês que preparem, para a próxima reunião, sugestões para reduzirmos os custos dos seus próprios setores. Conversem com seus colegas de trabalho, seus clientes [...] quem sabe eles não poderão também contribuir...

AUTORES: Cristiane Difini; Guilherme Sobieski; Sinara Cristina Nunes Ferreira; Mary Liliane Cavalheiro Mendes; Felipe Casagrande Rodrigues; Abulai Jandi.

17

O uso de técnicas teatrais para desenvolver o saber relacional dos gestores[1]

Stéphanie Chasserio e Catherine Gosse

Este depoimento revela como a utilização das técnicas teatrais pode ser útil na formação de nível superior em administração, mais precisamente um MBA, com um público de engenheiros experientes. O MBA "gerente de empresa" é uma formação de nível de especialização destinado essencialmente a um público de engenheiros gerentes ou em via de ocupar funções de chefia. Este programa foi desenvolvido pelo Conservatório Nacional das Artes e Ofícios (CNAM) de Paris, sendo ensinado igualmente nos centros regionais, dos quais Lille, desde janeiro de 2003. Apresentaremos aqui apenas a experiência do centro de ensino de Lille.

Devemos ressaltar a particularidade do nosso público e o nosso estabelecimento.

Um contexto de ensino bem específico

Apresentação do Conservatório Nacional de Artes e Ofícios

O *Conservatoire National des Arts et Métiers* (CNAM) é uma instituição carregada de história, fundada em 1793, quando da Revolução Francesa, por Abbot

[1] Tradução do francês de Claudiani Waiandt; revisão técnica de Eduardo Davel e Sylvia Constant Vergara.

Grégoire. A missão do CNAM continua sendo a mesma, ou seja, ajudar a promover a socialização das pessoas pelo acesso à formação ao longo da vida. Era, então, um projeto inovador e de vanguarda que conservou sua pertinência ainda hoje. Isto tem, por conseqüência, o objetivo de fazer deste estabelecimento de ensino público um caso à parte no cenário universitário francês, porque forma apenas adultos, cuja maioria já está empregada. O nosso público compõe-se essencialmente de profissionais que vêm procurar as qualificações que lhes faltam para obter uma promoção, ou que desejam reorientar a sua carreira profissional. Esta característica é importante e será discutida quando falarmos da confrontação dos nossos estudantes com as técnicas teatrais.

O programa de MBA Gerente de empresa

O CNAM formava tradicionalmente profissionais no campo mais técnico, como o da mecânica, da física ou da química. Hoje, se a sua missão continua a ser a mesma, os pedidos e as necessidades de formação alteraram-se fortemente e a gestão tornou-se um dos principais campos de formação. Com esta perspectiva, em 1987 foi criado o programa de MBA. Este programa foi oferecido inicialmente em Paris; em seguida, em 2003, foi descentralizado no centro de formação do CNAM de Lille. Trataremos aqui apenas da experiência pedagógica realizada em Lille, porque a utilização das técnicas lhe é específica.

O programa de MBA compõe-se de um conjunto de cursos complementares das diferentes disciplinas de administração (gestão, marketing, contabilidade, finanças, gestão dos recursos humanos, estratégia). A equipe pedagógica atualmente é composta de cerca de 20 professores universitários e profissionais do meio empresarial. A pretensão deste programa é associar as qualidades de gerente a uma formação de engenheiro ou de cientista, que constitui uma vantagem apreciável para o exercício das responsabilidades gerenciais no ambiente organizacional. Desta forma, os nossos objetivos pedagógicos são os seguintes:

- emitir um conjunto substancial de conhecimentos fundamentais da empresa para um público de engenheiros, de técnicos e de cientistas, assegurando uma dupla competência;
- aumentar as faculdades de comunicação e as qualidades relacionais que favorecem o trabalho em equipe e a atuação da liderança; e
- implementar posturas e técnicas de trabalho pessoal para desenvolver a sua eficácia no cotidiano.

O público de gerentes engenheiros

Os estudantes que compõem os quadros deste programa têm, na sua grande maioria, uma formação inicial comum, seja em engenharia civil, em mecânica, em informática, em eletrônica, ou são procedentes das escolas (correspondente a universidades) de engenharia francesas. Desta forma, são pessoas que são essencialmente de formação científica. Além disso, são pequenos grupos entre 10 e 15 pessoas. Por último, outra particularidade, os grupos na sua maioria são compostos de homens. Estas pessoas exercem suas atividades profissionais ao mesmo tempo em que efetuam a sua formação que se estende por um período de 18 meses. Os postos freqüentemente ocupados são: chefes de projetos, diretores de produção e diretores de informação. Eles são localizados nas seguintes atividades: indústria têxtil, agroalimentar, automobilística, química, setor dos serviços de informação e setor bancário. É importante ressaltar que esses gerentes, em geral, são responsáveis por cerca de 10 a 250 pessoas e estão na vida profissional há, pelo menos, cinco anos. Além disso, para esses profissionais, integrar este programa de formação representa uma volta aos estudos que em alguns casos é feita sob uma base voluntária e em outros é exigida pela empresa.

A experiência das técnicas teatrais em ciência

É necessário considerar que tanto do lado da instituição fortemente ancorada na sua vocação técnica e científica quanto do lado deste público específico de engenheiros, o recurso de técnicas teatrais não é habitual. O CNAM privilegia os métodos de ensino tradicionais, como os cursos expositivos e os seminários. Os estudantes raramente se confrontaram com este tipo de prática, com exceção de alguns durante estágios de desenvolvimento pessoal.

A gênese de uma escolha pedagógica original

Quando recebemos a primeira turma de engenheiros gerentes em 2003, tínhamos escolhido fazer uma integração, bastante convencional, em que cada um se apresentava e estabelecíamos finalmente as regras do contrato mútuo que elaboramos com os estudantes. Muito rapidamente, passamos diretamente aos cursos e ao ensino. Contudo, à medida que explicávamos o programa, notamos problemas nos comportamentos e nas atitudes das pessoas, assim como um importante déficit de espírito de equipe, fato extremamente deplorável, porque o ensino do programa exige dos estudantes muitos trabalhos em conjunto.

Além disso, no momento de algumas aulas que exigem dos estudantes uma reflexão exaustiva e pessoal sobre a abordagem e práticas pessoais de gestão na sua vida profissional, vários mostravam-se particularmente reticentes em expressar publicamente a sua experiência, argumentando que se tratava de algum motivo pessoal. O nosso objetivo de que as pessoas trocariam e compartilhariam sinceramente suas experiências de gestão não foi atingido por falta de um real sentimento de confiança entre os membros do grupo.

Estas pessoas, na sua maioria, estão numa situação de sucesso na sua vida profissional. Dirigem projetos importantes na sua comunidade e estão progredindo regularmente. Decorre daí que não se sentem obrigadas a atitudes de mudanças em relação aos seus hábitos e suas formas de fazer as coisas. Elas estão com o seguinte estado de espírito: mesmo encontrando uma série de dificuldades em sua eficácia relacional, no momento tiveram êxito na gestão de suas equipes. Algumas, ainda, não receberam formação específica nesta competência. Os seus limites situam-se, principalmente, em certos aspectos técnicos da gestão, como a contabilidade e finanças, que são elementos necessários e importantes na formação MBA.

Esses estudantes têm uma formação científica e privilegiam o seu modo de pensamento, baseado em números e no raciocínio cartesiano. Também, parecia importante encontrar um meio para confrontar estes engenheiros gerentes com o fato de saber ser em matéria de gestão, ou seja, que as habilidades pessoais assim como a empatia e a atenção aos outros são competências gerenciais tão importantes quanto a capacidade de ler um balanço anual ou de calcular custos de produção.

Por conseguinte, reavaliamos a nossa abordagem e, particularmente, organizamos o período de integração. A avaliação deste primeiro ano ressaltou a importância de pensar nas atribuições específicas no período de integração quando as pessoas aprendem a conhecer-se. Esta fase de estabelecimento de contato e de relações parecia a chave para a seqüência do programa e a fundamentação das bases para uma colaboração real entre os indivíduos.

A escolha de práticas teatrais

Após realizada a avaliação, buscamos meios de criar entre estes engenheiros gerentes uma real dinâmica de grupo, tentando diminuir sua visão cartesiana do mundo empresarial, bem como melhorar sua relação com os outros. A escolha de práticas teatrais pareceu relevante, pois vinha ao encontro dos objetivos do curso de incentivar desde o início da formação relações fortes entre os membros do grupo.

A implementação

A missão do seminário de integração era desestabilizar os estudantes, de forma que eles assumissem suas posições frente aos outros membros do grupo, não se escondendo sob o seu título profissional; e intensificar as relações de confiança no grupo, criando um verdadeiro espírito de equipe e colaboração.

Para realizar este seminário de integração, recorremos a uma comediante profissional, formada em comunicação, que dominava técnicas teatrais e conhecia o contexto das empresas. Esta comediante, formada em técnicas para atores e não-atores de *Augusto Boal*,[2] possui instrumentos de comunicação e de relações humanas que lhe permite acompanhar o grupo com cuidado e prestreza. Durante o seminário, somente a comediante se relaciona com o grupo. Os membros da equipe pedagógica não participam do seminário. Contudo, o responsável pedagógico pelo programa recebe os estudantes do seminário e participa dos intervalos da integração e da avaliação final do seminário.

O desenvolvimento do seminário de integração

A formação inicia-se no mês de janeiro de cada ano e os cursos são realizados às sexta-feiras e sábados pela manhã. Os estudantes chegam no primeiro dia esperando participar de sua primeira aula de gestão e, para sua surpresa, são instalados numa grande sala, cujas mesas e cadeiras foram postas ao lado. São, assim, surpreendidos e ficam desestabilizados com esse início de aula. Muitos se sentem estressados, pois esperavam somente tomar notas, ouvindo um professor. São imediatamente convidados pela comediante, através de jogos e apostas, a ir ao encontro dos outros e colaborar com eles. O seminário desenrola-se por toda a sexta-feira, bem como pelo sábado pela manhã.

Alguns exemplos de técnicas utilizadas

Eis alguns exemplos de técnicas teatrais utilizadas.

Um jogo de apresentação: os participantes estão em círculo, de pé. Na primeira rodada, cada estudante diz o seu nome situando-se no centro do círculo. Na segunda rodada, cada um diz o seu nome e como se sente. Na terceira rodada, cada um diz o seu nome, como se sente e faz um gesto que corresponde ao que sente. Na quarta rodada, cada um deve imitar a apresentação do outro. Todos devem ser imitados. A comediante participa igualmente. Não há ordem nas rodadas. Este jogo é interessante, pois é de simples execução e todos podem participar, já que não requer capacidade específica. Além disso, permite conhecer, mostrar e ouvir uns aos outros. Cada um tem a mesma formação e pode constatar a proximidade dos sentidos. Por último, permite também rir, o que é muito importante para começar qualquer atividade.

---

[2] BOAL, A. *Jogos para atores e não-atores*. 3. ed. Rio de Janeiro: Civilização Brasileira, 2004.

Os jogos de guias e cegos permitem trabalhar a proximidade, o toque, a responsabilidade, a avaliação dos riscos para o estudante e o outro, a confiança, os limites. *Corrida cega de obstáculo, individuais e em equipe,* fomenta interrogar o espírito de equipe, a diretividade, o acompanhamento, a escuta, os comportamentos gerenciais (o espírito autoritário, democrático e aquele que não quer fazer nada), os próprios limites e o do grupo.

Jogos de observação e de espelho permitem conhecer-se melhor, olhar-se, começar a abordar a noção de linguagem não verbal. Por exemplo: dois a dois, um oposto ao outro. Um deve seguir os movimentos do outro como num espelho, sem falar. Tudo é "reflexão", dos pés à cabeça, até "a expressão que se faz".

A garrafa bêbada: em três, um estudante se posiciona entre os dois outros, devendo permanecer imóvel, enquanto balançam o seu corpo para cada lado. A pessoa do meio deve confiar nos dois outros e deixá-los segurar o seu corpo, mesmo de costas. Os dois parceiros apóiam a pessoa que está no meio, tranqüilizando-a e protegendo-a. Este jogo questiona a confiança que se atribui às pessoas, mas também a responsabilidade que temos pelas outras pessoas, bem como o limite do que podemos fazer pelo outro e as situações nas quais podemos colocar o outro.

A escultura coletiva: o grupo é dividido em dois. Uma equipe é cega, outra não. Os cegos serão as esculturas que o visionário, o escultor, irá modelar. Cada escultor escolhe, em silêncio, um cego para modelar. Ao tocar, sem falar, o escultor dá forma à sua escultura e lhe faz tomar certa posição, certa postura. Todos os escultores modelaram a sua escultura cega. As esculturas são modeladas e aproximadas para formar uma escultura coletiva, coerente e encaixada. Os escultores organizam-se para que as esculturas se assemelhem um pouco. A comediante acompanha o exercício, convidando os cegos "a sentir-se", sentir em qual posição se encontram, sentir quais são os vínculos com as outras esculturas. A comediante comenta sobre a comédia de ser tocado, de perder suas referências, permitindo que reflexões espontâneas sejam elaboradas pelos participantes.

Desta forma, este jogo é extremamente envolvente. As emoções são diversas e manifestam-se: "aqui a gente ri", "aqui a gente exprime que não gosta de ser tocado". Obra terminada, os escultores devem reproduzir a posição da sua escultura, formando, assim, uma réplica exata da obra coletiva. Uma vez no lugar, a comediante convida o grupo de cegos a se reposicionar, pegando-os pela mão. Orientando o primeiro cego, ela acompanha o grupo para a réplica da escultura coletiva. Ela "prende" cada cego na escultura, organizando de forma que cada um fique afastado do seu escultor de origem.

Quando todo mundo é acomodado, a comediante convida os cegos a reconhecer, pelo toque, seu escultor, ou seja, identificar a pessoa que tomou a mesma posição da que o cego tinha realizado. É o ponto forte do exercício. Todos os cegos apalpando os escultores para investigação do seu próprio criador. É um momento de concentração, em que se misturam sentimentos variados, vinculados ao prazer do jogo, ao embaraço, ao desejo de ter êxito. Quando o cego reconhece seu escultor, interroga-lhe "é você?"; se é ele efetivamente, pode abrir os olhos; se não, prossegue a sua investigação. O jogo termina quando todos os escultores são reconhecidos.

Este exercício provoca muitos comentários, que a comediante acompanha e recebe reformulando tudo que poderia representar uma falta de neutralidade ou que poderia ser um julgamento. Por exemplo, se o estudante diz: "as pessoas não gostam de ser tocadas desta forma", a comediante reformulará: "sim, *você*, não gosta de que a gente o toque desta maneira". Outro exemplo, se o estudante diz: "nós temos aparência de idiota", a comediante reformula: "sim, *você* se sente ridículo neste momento".

Quando os comentários terminam, invertem-se os papéis. Este jogo é muito interessante, pois requer confiança, porque se é esculpido de acordo com o desejo do outro, e este outro o conhece apenas há algumas horas. A mistura é também um jogo, mesmo se o grupo é majoritariamente masculino. Há uma parte da criatividade artística igualmente valorizada. Pode-se ser sério, engraçado e inventivo. A situação é divertida e provoca alegria no grupo. O corpo é muito investido, na forma da postura, por causa do tocar. Contudo, este jogo permite trabalhar o respeito mútuo, a coesão do grupo, a boa vontade na dificuldade, a paciência.

O conto dos quatro elementos: a comediante convida o grupo a pôr-se em círculo. Faz uma pergunta à pessoa ao seu lado: "e se você fosse um animal, o que seria?" A pergunta é respondida por todos os participantes. Da mesma forma, cada um encontra uma resposta de um outro estado: animal, vegetal, mineral e objeto. Todos os participantes agora são munidos de quatro palavras. A comediante pede, então, que cada um organize um pequeno texto pessoal, no qual colocará em jogo estas quatro palavras. Quando cada um desenvolveu o seu texto, a comediante convida para a organização de uma representação: cada um deverá encenar o seu próprio texto da maneira que lhe agradar. Cada participante encenará seu texto na frente do grupo. A dramatização é importante, pois é necessário que cada um se sinta na cena. Com este jogo, começa-se a encenar sozinho frente ao grupo. Desta forma, trabalha-se a segurança, a afirmação de si próprio e a valorização. Cada um deve ousar assumir a sua criatividade, a sua diferença.

Durante os exercícios, a comediante faz uma relação entre o que é vivido e o conceito de comunicação, despertando nos participantes um saber-ser relacional (Quadro 17.1).

Quadro 17.1 *Relação entre as técnicas teatrais e o aprendizado gerencial.*

Técnicas de teatro utilizadas	Aprendizagem gerencial
Jogo de apresentação com a imitação do outro	Aprender a se observar e a se escutar. Empreender diante dos outros, afirmar-se.
Jogo de guias e cegos	Trabalhar a responsabilidade, a avaliação dos riscos para si e para o outro. Trabalhar a construção da confiança.
Corrida de obstáculo em cego (individual ou equipe)	Questionar-se sobre o espírito de equipe, e, desta forma, sobre os componentes de gestão como a diretividade e a escuta.
Jogo de observação e de espelho	Sensibilizar-se para a linguagem não verbal.
A garrafa bêbada	Trabalhar a confiança e a responsabilidade frente ao outro. Tomar consciência dos limites do que se pode fazer com os outros.
A escultura coletiva	Acolher as demandas dos outros, tentar entendê-los. Trabalhar o respeito mútuo e a paciência. Construir a coesão do grupo.
O conto dos quatro elementos	Desenvolver a confiança e a segurança própria. Aceitar suas diferenças e sua criatividade.

Os resultados obtidos

Alguns comentários dos estudantes sobre este seminário de integração:

> Que encontro formidável! Uma forma que teve êxito, com pessoas que têm perspectivas diferentes, características diferentes, e que se uniram em grupo em pouco tempo. Ao fim do seminário, tinha retomado a minha confiança e realmente tinha me integrado ao grupo.
>
> A vantagem deste estilo de abordagem é que permite às pessoas, que vêm de meios totalmente diferentes, se reencontrarem por meio de jogos palpáveis. Os indivíduos soltam-se e cria-se uma sinergia de grupo. Também é uma possibilidade de utilizar outros meios de comunicação (além do oral ou escrito). Aprender a brincar com as palavras e dar-lhes o sentido que se deseja.

Eis algumas expressões tiradas dos testemunhos dos estudantes: "integração inesperada", "vantajosa em todos os níveis", "integração e gestão do estresse pessoal", "convivencialidade", "que desorienta, surpreendente, enriquece", "entusiasta, federativo", "coesão", "o grupo tem uma colaboração voluntariosa", "objetivo atingido", "adesão ao grupo com a contribuição individual", "descoberta".

Os pontos positivos

Este seminário, fundamentado em técnicas teatrais, estimulou um forte espírito de equipe entre os participantes. Também permitiu que as pessoas aprendessem a se conhecer além de um contexto relacionado à sua profissão ou ao seu *status* na empresa. Elas foram confrontadas aos mesmos jogos, às mesmas situações divertidas e desestabilizantes, sobretudo quando se trata de pessoas acostumadas a administrar, mais do que serem administradas.

Por outro lugar, cada um pode se mostrar criativo, inventivo e reativo. Cada um praticou a atenção (ouvir), a ajuda mútua e o respeito. As encenações ressaltam as diferentes interpretações de um mesmo gesto, um olhar ou uma atitude, conscientizando sobre a importância da relação com o outro e da compreensão dos diferentes pontos de vista na gestão. Por último, vários estudantes reconheceram a importância destas técnicas e pensam em utilizá-las em sua empresa.

Os limites

Atenção! O respeito ao indivíduo é a palavra soberana da utilização destas técnicas. Trata-se, da parte do animador, de valorizar, apoiar, ajudar a abrir-se, proteger, ouvir. Não se trata de perturbar, despir os indivíduos. Contudo, as emoções não são ausentes neste seminário e é importante ter um animador muito experiente para enquadrar e canalizar estas emoções.

Por exemplo, no momento da encenação do conto dos quatro elementos, as pessoas podem sentir dificuldades reais, tremer, ruborizar ou gaguejar. Então, é importante acolher esta emoção, apoiando-a, legitimando-a, ou seja, reconhecendo o caráter difícil do momento e valorizando a sua superação. A reformulação de comentários que poderiam ser desagradáveis ou portadores de julgamento é muito importante. Contudo, é uma reformulação que ensina a neutralidade e não uma tentativa de indicar culpados.

As vias para trazer melhoramento

No momento, utilizamos estas técnicas apenas no âmbito do seminário de integração. Seria interessante utilizá-las em outros cursos, especialmente os que ressaltam a relação, a gestão de conflito e a animação de reunião, porque estes campos são evocados nos exercícios do seminário de integração. Por outro lado, devemos estabelecer um acompanhamento deste seminário nas sessões que permitiriam um regresso à primeira experiência, mas igualmente aprofundá-la, com cuidado de vincular o teatro à gestão. Seria muito positivo implementar um seminário com o mesmo espírito, no meio da formação, e outro no fim para ancorar as aprendizagens nos comportamentos.

18

Estimulando a criatividade e o pensamento crítico: o professor como ator, diretor e dramaturgo

José Luis Felicio dos Santos de Carvalho

Vida de artista

Nasci ator. Tornei-me professor por acaso genético, talvez mais por herança do que por destino. Em um país que valoriza a arte somente no discurso, em um tempo no qual apenas alguns poucos afortunados conseguem merecer que as classes dominantes concedam que eles tirem seu sustento do ofício de artista, um adolescente com pretensões cênicas deve, ao menos, ser capaz de vislumbrar uma alternativa para o caso de seu plano-mestre ir por água abaixo. Meu primeiro ídolo foi Charles Chaplin. Minha segunda escolha era a sala de aula. Entre esses dois cenários, continuo firme com o velho Augusto Boal, que não se cansa de repetir que "o ser torna-se humano quando descobre o teatro".

Aos três anos de idade, tinha vários números cênicos prontos para encher a paciência de meus familiares e amigos: o vagabundo, o maestro, o marujo. Aos seis anos, uma caixa de mágica recebida como presente de Natal era tudo de que eu precisava em minhas apresentações para a vizinhança. Quando completei 12 anos, meus pais me matricularam em um curso de teatro. Aos 14 anos, estreava meu primeiro espetáculo profissional e ganhava alguns tostões furados, os quais começavam a me fazer ver como era difícil a profissão de ator. Graduei-me Bacharel em Artes Cênicas em uma das mais renomadas escolas de teatro do país. Hoje, diante de meus estudantes, tudo isso permanece vivo.

Desde meus primeiros contatos com situações em que devia ministrar aulas – ainda nos tempos do primário, quando os professores solicitavam que os estudantes explicassem a matéria uns para os outros –, percebi que a classe funcionava como um palco em que o ator fala para a platéia. Ainda criança, comecei a brincar com as possibilidades de atuação em sala: apresentava trabalhos fantasiado, mudava a voz, encarnava personagens históricos. Os outros garotos tremiam os joelhinhos de vergonha. Eu me sentia em casa.

Antes de concluir a faculdade, eu já havia optado pela carreira de docente. Além da constatação de que um professor estaria menos sujeito ao cumprimento de horários rígidos, outro motivo foi determinante para essa escolha: naquele momento, eu experimentava preconceito por ser ator e transitar no mundo empresarial. Um professor me havia visto numa reportagem de televisão sobre um espetáculo em que eu atuava. Ao me encontrar na classe, ele me perguntou se eu tinha um irmão gêmeo que "brincava de teatro". Na cabeça do sujeito, assim como para muitos de meus colegas, era improvável que qualquer pessoa tivesse um sonho diferente de passar o restante de seus dias metido num terno azul-escuro, vidrado na tela de um micro, exercendo um cargo executivo numa empresa multinacional. Era possível que numa sala de aula eu estivesse a salvo dessa pequenez de espírito.

O professor como ator

Se o antropólogo social inglês Erving Goffman[1] estiver correto, quando um professor se apresenta em sala de aula para uma platéia de estudantes, estes últimos tenderão a formar uma imagem mental daquela situação como uma cena teatral – mesmo que o professor não tenha consciência disso. As pessoas sentadas em fileiras estão predispostas a vivenciar aquela experiência sob a perspectiva de espectadores que assistem a um espetáculo ao vivo. Quando a aula terminar, eles irão cochichar nos corredores acerca do figurino estranho daquele ator-professor, de sua capacidade de improvisar diante de perguntas embaraçosas, de sua capacidade de arrancar risos quando a platéia está sonolenta, e assim por diante.

Baseando-me nessa noção – inicialmente percebida de modo intutitivo e depois estudada em profundidade –, resolvi assumir uma posição de ator-professor em sala de aula, desde meus primeiros momentos à frente daquele novo palco. Comecei a dar aulas durante o segundo ano do mestrado e logo percebi que minha criatividade poderia aflorar livremente na classe. Meus estudantes viram teorias apresentadas por diferentes personagens, desde professores quase mumificados até gerentes metidos a sabichões; testemunharam comerciais

---

[1] GOFFMAN, E. *A representação do eu na vida cotidiana*. 7. ed. Petrópolis: Vozes, 1996.

de televisão revividos em sala de aula em representações durante as quais eu vivenciava simultaneamente todos os membros da família que experimenta a nova margarina. Cada aula fazia nascer um novo personagem, mais uma situação cômica.

Nos primeiros anos como professor, eu abusava das técnicas de contação de histórias, as quais podem ser utilizadas por qualquer professor com um mínimo de afinidade com o palco. Muitas dessas técnicas estão presentes no imaginário de qualquer brasileiro, já que a principal vertente da nossa interpretação atual nasceu dos atores que contavam histórias.

Desde os primeiros momentos do teatro no Brasil, quando os religiosos catequizavam os índios por meio da narração de fatos bíblicos até as operetas, revistas e burletas do início do século XX, a comunicação direta com o público é parte fundamental da cena brasileira. Nossas platéias sempre aplaudiram entusiasticamente os intérpretes habilidosos com a voz, com a expressão facial e com os gestos amplos de braços e mãos.

Mais tarde, com o surgimento da radionovela, os malabarismos vocais dos artistas levavam multidões de donas-de-casa às lágrimas e ao júbilo. Estas mesmas donas-de-casa são nossas avós, nossas mães. Os padrões de narração que as emocionaram estão vivos em nossos estudantes. Atualmente, as novelas televisivas mantêm a tradição, conduzindo o foco dos espectadores para o rosto e para a voz dos atores. Peça a uma criança que represente qualquer personagem: a primeira mudança corporal que ela produzirá será na face; a segunda, na voz. Essa tradição é parte de nossa cultura. Quem nunca brincou de fazer voz de professora primária impaciente, voz de locutor esportivo, voz de jogador de futebol, voz de político em horário eleitoral gratuito, voz de preto velho, voz de Lula, de Jânio Quadros, de Paulo Maluf? Com um ou dois trejeitos de rosto ou mão, tem-se um personagem vivo.

Técnicas para a representação teatral

Para usar essas técnicas em sala de aula, a primeira coisa a fazer é descobrir o centro vocálico da classe. Geralmente, trata-se de um ponto situado um pouco acima e para trás do centro geométrico da sala. Depois de visualizar o centro da classe, basta buscar projetar a voz para um ponto situado um pouco acima desse centro e mais em direção ao fundo. Em seguida, o conselho mais importante: o bom contador de histórias fala para os olhos, não para os ouvidos. Ele trata de usar as palavras para descrever uma cena na qual se desenrola uma história a ser visualizada com riqueza de detalhes pelos ouvintes. A descrição física dos personagens envolvidos e dos cenários é muito importante.

Pode ser interessante acrescentar particularidades distintas aos personagens que se quer evocar: um vendedor nervoso em seu primeiro dia de trabalho pode chamar a atenção de uma classe, levando-a a prestar atenção na demonstração de uma determinada técnica de vendas. Mas, se o nervosismo deste vendedor o leva a gaguejar e a maldizer sua própria gagueira na frente do cliente, a lição se torna inesquecível para a turma.

Outras técnicas incluem a escolha de trechos a serem representados pelos personagens da história, ao invés de narrados pelo contador, e a demarcação de um espaço para a vida cênica. Numa narrativa que considera um conflito entre um contínuo e seu gerente de repartição, em certos momentos o professor narrador pode desejar viver esses tipos. A cada um deles corresponderá um trejeito vocal, assim como um espaço de atuação. O gerente poderá ficar sempre sentado atrás da mesa, enquanto o contínuo ocupará a parede da porta. A imaginação da platéia trabalhará a favor: se o gerente está sentado e fala de forma pausada, é possível que ele seja gordo e que esteja saturado das gírias do contínuo. No momento seguinte, o gordo pode tornar-se asmático e começar a resfolegar quando o contínuo tentar criar argumentos para justificar seu milésimo atraso. A técnica conta com a potencialização de estímulos vindos da platéia e da imaginação do narrador.

Para os docentes que desejarem aventurar-se por essa linha de atuação-representação em sala de aula, um ponto de partida promissor pode ser a leitura dos livros de Constantin Stanislavski,[2] um ator e encenador soviético que criou o mais completo método de representação. Em sua obra, que foi inicialmente publicada nos anos de 1930, mas que permanece insuperável, encontram-se idéias interessantes acerca da interpretação teatral, muitas das quais podem ser transpostas para situações de ensino. Em primeira instância, tudo decorre do "ser mágico", ou seja, quando alguém deve representar uma vida diferente da sua, é importante permitir que sua imaginação flua livremente para que as palavras do texto ganhem vida: "Se um cão pudesse falar e resolvesse conversar comigo, o que diria?" Somente ao deixar que sua imaginação o coloque naquela mesma situação, o ator estará apto a apropriar-se da situação e responder de forma a criar a ilusão de que aquele texto está sendo dito pela primeira vez, naquele instante, e que ele contém a pura verdade.

Muitas vezes, o professor deve fazer o mesmo tipo de exercício, ao repetir diante da platéia palavras que não são suas, porém do autor de um livro didático. Por meio da vivência imaginária da situação expressa naquele texto, as palavras podem ganhar a verdade cênica necessária para que os estudantes acreditem nos seus argumentos. O trabalho com casos para estudo pode ser uma boa ilustração desse princípio stanislavskiano.

---

[2] STANISLAVSKI, C. *A construção da personagem*. Rio de Janeiro: Civilização Brasileira, 1970. STANISLAVSKI, C. *A criação de um papel*. 2. ed. Rio de Janeiro: Civilização Brasileira, 1984. STANISLAVSKI, C. *A preparação do ator*. 2. ed. Rio de Janeiro: Civilização Brasileira, 1968.

Num caso empresarial, uma narrativa estabelece um protagonista (o gerente de produto de um fabricante de geladeiras, por exemplo), um antagonista (o diretor de marketing da empresa concorrente) e uma situação dramática (o concorrente acaba de lançar uma campanha publicitária para impedir que o herói aumente a participação de mercado). Os estudantes precisam da matéria-prima da imaginação para desenvolver as cenas decorrentes dessa situação e resolver essa peça. Eles montam as cenas em suas mentes até chegar a um desfecho. O que impede um professor de usar sua imaginação para contar essa história de forma viva? O gerente-herói pode ter problemas de cicio na fala; seu concorrente pode arquear uma das sobrancelhas e esfregar as mãos, assim como fazem os vilões dos antigos filmes de ficção. A situação pode ser enriquecida pela caracterização corporal desses tipos. O envolvimento dos estudantes pode ser ainda mais intenso: em certas turmas, quando usei expedientes assim, alguns grupos apresentaram suas soluções incorporando aqueles personagens criados pelo autor do caso, mas elaborados por sua imaginação e seus corpos.

Os estudantes, obviamente, reconhecem imediatamente o jogo cênico, pois todos certamente brincaram de faz-de-conta quando crianças. Sabem eles que naquele momento criou-se um espaço para a representação, um lugar em que são suspensos os julgamentos e os entraves à imaginação. Eles podem libertar-se da supremacia da razão e permitir que as soluções aos problemas propostos possam ser complementadas pelo sentimento, pelo instinto, pela intuição. As respostas advindas do jogo cênico são, portanto, mais próximas do real! Ao rejeitar a busca de uma solução única e perfeita, ao brincar com a situação e transcender o preto-e-branco do livro didático, o estudante se expõe ao erro, assume riscos, negocia com ele mesmo e com o professor uma solução vivida e sentida. Para o ensino da Administração – em que aspectos práticos e vivenciais são tão importantes quanto o embasamento teórico –, o jogo teatral pode ser extremamente profícuo. Não é necessário sequer que o estudante crie ele mesmo um personagem e entre no jogo: a simples configuração de um espaço cênico para a reflexão conjunta (a descrição de uma cena e de seus possíveis desdobramentos) pode ser suficiente para que os resultados sejam obtidos.

Dirigindo a classe: jogos dramáticos

Em muitas turmas de graduação e pós-graduação em Administração, pude implementar diversas maneiras de dirigir meus estudantes-atores de forma que eles pudessem participar da ação proposta, ao invés de somente contemplar minha própria atuação. Os dois métodos mais usados nessa época foram os jogos dramáticos e a tomada de papéis (*role-playing*).

Jogos dramáticos são propostas de caráter lúdico por meio das quais se pretende estimular aprendizado e participação. Eles constituem uma chance para desbloquear a criatividade. Um exemplo que ilustra essa dinâmica remete às minhas aulas de Administração de Propaganda, durante as quais eu costumava pedir que os estudantes redigissem anúncios para a televisão. Mesmo abordando técnicas de redação criativa, era muito difícil conseguir que os estudantes abandonassem a ladainha do "não consigo" e do "não sou criativo". Os resultados costumavam ser desinteressantes e demoravam horas para aparecer. Quando a turma era dividida em grupos, alguns deles passavam até duas horas sem apresentar nenhuma idéia. E tratava-se apenas do arcabouço de um comercial com duração de 30 segundos!

A idéia era simples: eu costumava criar um produto ou serviço imaginário, tal como uma pílula que permitisse que a pessoa se sentisse descansada mesmo sem ter dormido, ou uma viagem de turismo para Marte, e solicitava que grupos de estudantes criassem uma proposta para um comercial. Por intermédio desses produtos milagrosos, que excitavam a imaginação dos estudantes, eu esperava que suas mentes pudessem divagar livremente e que muitas peças fossem geradas. Nada acontecia. Eu havia esquecido de um outro princípio de Stanislavski:[3] por mais que a imaginação de um artista possa ser provocada a níveis extremos, ela só será aproveitada se o corpo do artista for envolvido no processo criativo. Um pintor deve debater-se com os pincéis, borrar-se todo de tinta e estragar várias telas até pintar sua obra-prima. Um pianista deve ficar com os dedos dormentes de tanto ensaiar, suar copiosamente nas teclas brancas e pretas até que nasça uma sinfonia. Meus estudantes não tinham seus corpos disponíveis para a criatividade, somente suas mentes.

Certo dia, numa turma de pós-graduação, ao invés de apresentar os temas costumeiros e esperar que aparecessem os primeiros lampejos criativos a muito custo, resolvi pedir que todos os estudantes ficassem descalços e comecei a envolvê-los em situações improvisadas nas quais o jogo consistia na contracenação de personagens em situações absurdas. Eu pedia, por exemplo, que um estudante imaginasse ser um astronauta e o punha para interagir com outro estudante que representava um caçador de cabeças, e assim por diante. Duas diretrizes norteavam essa dinâmica: permitir que os estudantes fizessem besteiras e rissem deles mesmos, para atenuar suas capacidades de autocensura; e colocar cada um deles numa situação em que seria preciso resolver um problema inesperado a cada segundo.

Um estudante representando um padre dos tempos medievais tornava-se num piscar de olhos um tigre faminto; seu parceiro de cena transmutava-se de um perdido viajante do tempo a um esquimó desgarrado da tribo. Nesses encontros inusitados, somente duas regras deveriam ser seguidas. Primeira: o personagem deveria ser incorporado e mantido durante toda a cena, sem que nenhum dos atuantes interrompesse o jogo. Segunda: todas as cenas e contrace-

[3] STANISLAVSKI, C. *A preparação do ator*. 2. ed. Rio de Janeiro: Civilização Brasileira, 1968.

nas deveriam ser vivenciadas pelos corpos dos participantes, isto é, não se podia permitir que a ação cênica cessasse e fosse substituída por um diálogo.

Depois de toda essa confusão, os estudantes se sentavam para escrever os tais comerciais. Desde a primeira vez em que experimentei a nova abordagem, os resultados foram surpreendentes. A criatividade dos estudantes parecia desenfreada. Certa vez, numa classe dividida em equipes que haviam passado por essa dinâmica, o grupo que mais demorou levou somente três minutos para confeccionar sua idéia.

Houve algumas dificuldades com essa proposta, todas elas decorrentes de autocensura. Alguns estudantes estavam em presença de pessoas da mesma empresa, muitas vezes superiores hierárquicos, o que fazia com que eles estivessem permanentemente atentos às opiniões dos chefes. Em outros casos, estudantes demasiadamente tímidos não conseguiam entregar-se à contracenação. Para minimizar tais problemas, deve-se sempre observar a regra mais importante: no jogo dramático, não pode haver espectadores. Todos são brincantes, todos devem atuar, todos devem sentir-se "no mesmo barco" e, se for o caso, passar juntos pela angústia e pela superação. Quem não estiver disposto a participar deve ser avisado de que não poderá permanecer naquele recinto. Além disso, o clima deve ser de brincadeira, nunca de zombaria: se algum estudante sentir-se ofendido com alguma provocação, a confiança da turma no professor pode esvair-se irrecuperavelmente.

Consultoria com a tomada de papéis

A tomada de papéis foi um recurso utilizado em aulas que envolvia situações de negociação e atendimento a clientes. Uma dessas experiências está relatada em minha dissertação de mestrado. A empresa júnior da faculdade em que eu ministrava aulas estava recebendo seus recrutas e precisava de alguém que os fizesse passar por uma situação parecida com aquela que iriam enfrentar em suas novas tarefas, de modo que eles perdessem a virgindade diante de uma situação de confronto interpessoal antes que ela aparecesse para valer. A perspectiva dos treinandos era apavorante: nas suas novas funções, estudantes que jamais haviam pisado em uma empresa deveriam ser habilitados para atender pessoalmente a gerentes e gestores. O encontro com os executivos costumava ser ameaçador, porque eles sabiam que estavam lidando com pessoas jovens, ainda em início de formação.

Elaborei uma intervenção durante a qual os consultores juniores mais antigos, que haviam passado por momentos difíceis no campo, representassem os papéis dos interlocutores com os quais eles próprios se haviam chocado. Os estudantes mais velhos deveriam reviver, portanto, as situações que mais lhes tinham incomodado, porém, como sugeriria Boal,[4] no papel do agente opressor, não do oprimido. Aos novos consultores, pedi que interagissem com os veteranos como se estes fossem não seus colegas, mas as pessoas que eles estavam representando. Apontei uma câmara de vídeo diretamente para os rostos dos treinandos. Depois da improvisação, o vídeo era exibido e discutido por todos.

Conseguimos trabalhar durante três horas ininterruptas, durante as quais não me lembro de ter visto nenhum estudante ausentar-se nem mesmo para visitar o banheiro. A atuação dos consultores mais velhos foi perfeita. Alguns deles chegaram aos mesmos requintes de crueldade com os quais haviam sido tratados no campo. Os olhos de todos brilhavam, suas respirações ficavam suspensas por vários segundos. Por mais que todos os presentes tivessem aprendido rudimentos de negociação, vivenciar essas situações era incrível. Somente por meio da representação teatral pôde-se chegar o mais próximo possível da vida real, sem as conseqüências correpondentes àquelas que o mundo real reservaria para eles. Para o sucesso dessa dinâmica, foi fundamental a contracenação com pessoas impregnadas da "verdade cênica" decorrente de uma experiência anterior.

Cabe observar que um dos estudantes participantes dessa vivência matriculou-se, na semana seguinte, em um curso regular de Artes Cênicas. Aliás, essa reação não é rara: ao tomar contato com a prática do teatro, muitos estudantes e gerentes costumam me pedir recomendações com relação a alternativas para continuar esse estudo. Alguns enxergam esse movimento como uma forte possibilidade de desenvolvimento profissional.

Representação teatral e consciência crítica

Em meus primeiros anos como docente, acreditava que usar o expediente da representação era a melhor forma de cativar a atenção de um grupo de estudantes jovens e impacientes. Sentam-se nos bancos escolares atualmente os filhos da MTV; eles esperam que, ao menos, o professor saiba se comportar como um VJ! O problema é que nem todo professor nasceu para ser *showman*; é perigoso assumir que, se os estudantes desejam ver um *show* em classe, todo professor deve querer ou poder corresponder a esse espetáculo.

Por minha habilidade com os estudantes, algumas vezes fui procurado por coordenadores acadêmicos para dividir meus conhecimentos teatrais com outros professores, de forma a supostamente permitir que agradassem mais em classe. Nunca aceitei, por vários motivos:

---

[4] BOAL, A. *Teatro do oprimido e outras poéticas políticas*. 2. ed. Rio de Janeiro: Civilização Brasileira, 1980.

- não creio que a forma de transmitir a matéria seja mais importante que o conteúdo;
- não se pode forçar qualquer professor a ir contra seu temperamento, suas emoções e, muitas vezes, seu próprio corpo, para portar-se como um artista em aula;
- o aprendizado de um ator pode não ser transmissível; alguns teóricos de Artes Cênicas acreditam que alguns indivíduos nascem atores e outros nunca o serão;
- mesmo para aqueles que nascem sob o signo da Teatro, o refino de suas habilidades é um processo penoso que pode perdurar por décadas de trabalho intenso;
- se um estudante avalia como melhor a aula de um professor-ator, isso não significa necessariamente que seu processo de aprendizagem foi mais efetivo; pode querer dizer apenas que naquela aula o estudante se divertiu mais.

Obviamente, uma tal abordagem pode camuflar sérias questões. Essa forma de aula pode desviar a atenção dos estudantes com relação a pontos críticos ou criticáveis. Quando a turma entra no processo catártico de se deixar seduzir pelos tipos que desfilam diante dela, ou de permitir que tais personagens entrem em seus corações, os estudantes tendem a ficar menos vigilantes. Enquanto o estudante gargalha, suas barreiras críticas ficam menos sólidas, e é mais fácil nele incutir idéias que poderiam ser rejeitadas se seu envolvimento com aquela fantasia não fosse tão profundo. Este é, aliás, o principal expediente utilizado pela dramaturgia televisiva para manter dóceis os 60 milhões de famintos. Voltando às salas de aula, o ator-professor pode conseguir inserir na cena certas "verdades" (cênicas ou não) que não seriam prontamente aceitas se os estudantes não houvessem baixado suas guardas.

Surgem, então, os questionamentos decorrentes da discussão sobre a autoridade do texto teatral: a partir do momento em que o professor assume o papel de ator, ele deve ser cuidadoso ao declamar as palavras do autor da cena. Nos momentos de maior comoção de seu público, se o educador não mantiver acesa a vigilância, certamente os estudantes não o farão. Ao se considerar que textos e livros de Administração podem mascarar interesses de instituições, empresas e outros agentes, não se pode demandar que o professor atue de modo despreocupado, apenas reproduzindo acriticamente as palavras de um dramaturgo.

Minhas convicções acerca da transmissão de conceitos de Administração por meio de processos cênicos sofreram, conseqüentemente, algumas transformações marcantes. Num primeiro momento, senti-me incomodado por mediar minha relação com os estudantes pela representação. Ainda que seja impossível dissociar relações humanas de representações socialmente elaboradas, melindrava-me o fato de que eu não somente estava utilizando essas técnicas para reforçar uma representação não autêntica do mundo, como também ensinava outras pessoas a seguir pelo mesmo caminho.

Ao entrar em contato com determinados consultores da área de Gestão de Pessoas, descobri que eu detinha um conhecimento almejado por certos interesses com os quais não compactuava. Fui procurado por um consultor empresarial que desejava utilizar técnicas de representação teatral para "armar executivos para negociar e lidar com questões sindicais". Havia uma promessa de se ganhar muito dinheiro com treinamentos voltados para a representação e o gerenciamento de imagem, tanto no campo empresarial quanto na política, mas eu não conseguia concordar com a idéia por trás dessas propostas.

Nessa época, minhas leituras acerca de espetacularização da sociedade, teorias sobre o poder, pós-modernismo e semiótica me faziam enxergar de modo cada vez mais crítico as pesquisas às quais eu me dedicava até então. O professor estava se transformando em acadêmico. Ingressei no doutorado e entendi que, com o conhecimento, vem a responsabilidade. Descobri a segunda vertente – além da criatividade – com a qual a Administração pode confiar que o teatro pode propiciar: a crítica.

Meus contatos como ator com o trabalho de Bertholt Brecht[5] influenciaram profundamente a nova maneira pela qual eu buscava estender a ponte entre Teatro e Administração. Com o acesso às leituras menos óbvias, as quais eram estimuladas pela minha dedicação à vida acadêmica, mais uma vez repensei meu trabalho em classe. Estimulado por novos textos e longos debates com professores e amigos, voltei minhas preocupações para a questão da autoridade. Em sala de aula, eu havia começado como contador de histórias, depois fui ator das narrativas encontradas na matéria textual da disciplina, e em seguida ocupei a cadeira do diretor. Nesse novo momento, minha inquietação dizia respeito ao(s) autor(es) de todas esses cenas. Havia um texto por trás das representações conduzidas por mim ou pedidas aos meus estudantes; interessava-me então a forma pela qual esse texto havia nascido e tinha sido suficientemente forte para ser experimentado em uma cena na sala de aula.

A questão do autor me parece bem encaminhada dessa maneira: para ser tido como dramaturgo em sala de aula, o professor-autor deve encarregar-se de permitir que os estudantes desenvolvam a si próprios como autores, a partir do contato com referências autorais relevantes. A arte e, particularmente, o Teatro parece ser capaz de construir essa passagem, ao sensibilizar os estudantes para problemas de modo inesperado ou instigante, ao mobilizar interesses de forma arrebatadora e criar novas significações para as questões com as quais os estu-

---

[5] Ver, por exemplo: EWEN, F. *Bertholt Brecht*: sua vida, sua arte, seu tempo. São Paulo: Globo, 1991; e PEIXOTO, F. *Brecht*: vida e obra. 3. ed. Rio de Janeiro: Paz e Terra, 1979.

dantes se deparam em suas vidas. O binômio criatividade e crítica, naturalmente presente na atividade teatral, me pareceu adequado para despertar o exercício do aprendizado científico de forma estimulante, provocativa e cativante.

Vou citar uma experiência recente, conduzida em minhas aulas de Comunicações Administrativas. Levei para a classe um recorte de jornal que noticiava a prisão da dona da maior butique de luxo do país, por suspeita de sonegação fiscal. A mídia tinha dado amplo destaque ao fato, e alguns veículos condenavam a empresária, enquanto outros – a mídia de negócios – a colocavam na posição de uma executiva que cometeu um erro de gestão, não um desvio ético. As duas narrativas traziam embutida uma questão: tratava-se de um problema de polícia ou de um equívoco na administração do negócio? Pedi que os estudantes escrevessem roteiros nos quais os protagonistas variavam entre a empresária, os policiais que a prenderam e os clientes da butique. Os contrastes entre as narrativas puderam mostrar claramente em que medida os problemas do caso referiam-se à gestão ou à ética.

Para concluir

O Teatro é uma importantíssima manifestação da vida, que acompanha o ser humano desde seus primeiros passos. Falo do início dos tempos e também do início de cada nova vida. É uma ferramenta poderosa, uma possibilidade de comunicação e expressão, uma terapia, um meio para mudar o mundo. Em mãos equivocadas, pode confundir, prejudicar, machucar. O Teatro deve ser tratado com respeito, conhecimento e disciplina, principalmente em sala de aula. Não seria porque William Shakespeare disse que somos todos atores que podemos todos explorar esse recurso em aula.

Aos interessados, recomendo contato com a teoria e com a prática, antes da aventura na classe. Para ajudar na empreitada, ver aqui uma breve relação de armadilhas e dificuldades, bem como de forças e facilidades no processo de ensino-aprendizagem por meio das Artes Cênicas (Quadro 18.1).

Quadro 18.1 *Armadilhas, dificuldades, forças e facilidades no processo de ensino-aprendizagem.*

Armadilhas	Enganam-se aqueles que acreditam que para se fazer Teatro em classe não se necessita nem de método, nem de planejamento: as regras legadas por Diderot[6] sobre ensaio e repetição ainda não foram revogadas, nem mesmo pelos onipresentes gurus da gestão. Um erro grosseiro pode ser trilhar os caminhos do Teatro sem uma boa base teórica: os professores de Administração têm à disposição escritos teóricos sobre artes cênicas produzidos ao longo de aproximadamente 4 mil anos para fundamentar suas aulas. Um professor não deve tentar colocar o Teatro no comando de uma aula sem nunca tê-lo feito na vida: talvez seja uma escolha temerária demandar dos estudantes que trilhem novos caminhos que são obscuros até mesmo para o responsável pela classe.
Dificuldades	Um entrave ao processo pedagógico pode advir de se tentar envolver igualmente todos os estudantes na proposta cênica: existem estudantes mais tímidos, outros são avessos a novas experiências, há alguns que foram educados a desmerecer o aprendizado por meio da arte. A indústria cultural parece ter trabalhado firmemente (com certo sucesso) para reduzir as possibilidades de formação de consciência crítica nas novas gerações, o que pode contribuir para impedir o exercício da contestação e mesmo da imaginação. Certas instituições de ensino podem criar entraves para propostas que não sejam apoiadas por métodos convencionais, os quais geralmente se amparam nos ditames positivistas.
Forças	A linguagem cênica – teatral, televisiva ou cinematográfica – é bem conhecida de todos, o que permite criar possibilidades de comunicação que transcendem a necessidade de conhecimento prévio de um tema a ser estudado; em verdade, não é preciso nem falar a mesma língua para criar uma comunicação de base teatral. O saber teatral é milenar, não pode ser dissociado do próprio sentido de humanidade (a profissão mais antiga do mundo é a do ator, mesmo porque, para desempenhar aquela, outra é necessário representar!), e isto faz com que a experiência teatral seja familiar, natural, e, portanto, confortável para a maior parte das pessoas. Mesmo quando somente lido ou discutido, e não encenado, o Teatro enseja uma vivência que extrapola os limites da razão, pois desperta a emoção, a sensibilidade, a corporeidade; isto faz com que o viver teatral constitua uma experiência mais completa, prazerosa e memorável do que quando se pede que os estudantes 'apenas' usem a razão.
Facilidades	Para trabalhar com artes cênicas, não se precisa de muitos recursos: somente o ator (aquele que age, que representa, que interpreta, que comanda o jogo), o texto (o que se diz, o que se discute, o que se vive) e o público (que pode jogar ativamente ou de modo mais comedido, mas nunca deixa de participar). O jogo teatral desperta a brincadeira, o elemento lúdico, transportando a discussão para um universo em que impera o faz-de-conta e no qual se permite o erro; a criatividade e a imaginação trabalham de rédeas soltas, o que pode despertar oportunidades inigualáveis para o desenvolvimento dos estudantes. A arte cênica permite o exercício da crítica de forma mais livre; em nossa sociedade, o confronto intelectual confunde-se por vezes com o conflito pessoal, e, quando se leva o problema para o mundo do Teatro, pode-se deixar eclodir o embate sem que este se torne uma contenda irreconciliável entre as partes.

6 DIDEROT, D. *Paradoxo sobre o comediante*. Lisboa: Guimarães Editores, 2000.

19

Experimentando diferentes modos de conhecimento por meio da improvisação teatral[1]

Steven S. Taylor

Leciono no departamento de gestão do Worcester Polytechnic Institute, sendo nossa missão e foco a gestão da tecnologia. Meus estudantes são tecnólogos, na maioria engenheiros e cientistas da computação. Não falo aqui dos empregos glamorosos da engenharia; meus estudantes são os "verdadeiros" engenheiros, mantendo a rede elétrica, desenhando *boiler*; são também engenheiros de *software*, mantendo e implementando sistemas de gestão e controle do processo de produção; ou engenheiros de qualidade preocupados com defeitos nos dispositivos da indústria médica.

Leciono para esses tecnólogos uma disciplina de pós-graduação chamada *Gestão da Criatividade em Organizações Intensivas em Conhecimento*. Ela é eletiva para uma variedade de programas de mestrado em gestão. Na disciplina, buscamos tanto conhecimento acadêmico e teórico sobre a gestão da criatividade, quanto o desenvolvimento do nosso próprio processo criativo. Este é realizado por meio do livro *The artist's way at work*[2] e por um projeto no qual os estudantes expressam seu próprio processo criativo. A compreensão teórica é perseguida por meio de uma variedade de leituras, conferências, discussões e exercícios.

---

[1] Tradução do inglês de Maria Tereza Flores-Pereira; revisão técnica de Eduardo Davel e Sylvia Constant Vergara.

[2] BRYAN, M.; CAMERON, J.; ALLEN, C. *The artist's way at work*: riding the dragon. New York: Quill, 1998.

No coração da compreensão teórica está a questão da relação entre conhecimento e criatividade. Esta é uma questão que mantemos ao longo da disciplina, uma questão para a qual não espero encontrar uma resposta definitiva e, ainda, uma questão para a qual os estudantes são incitados a responder num ensaio sobre gestão da criatividade em uma organização específica. Apreender tal questão requer alguma conceituação sobre o que se entende por conhecimento e o que se entende por criatividade e, posteriormente, considerar como esses dois conceitos se juntam e interagem.

Definir o que se entende por conhecimento pode ser realizado de várias formas. Começo dando aos estudantes o primeiro capítulo do livro de Baumard,[3] *Tacit knowledge in organizations*, o qual proporciona uma excelente avaliação do tema do conhecimento nas organizações. Depois foco nas quatro formas de conhecimento do Nonaka,[4] como uma maneira de iniciar a discussão sobre conhecimento. Nonaka esboça a distinção epistemológica entre conhecimento tácito e explícito e, além disso, a diferença ontológica entre conhecimento individual e coletivo. Combinando essas duas distinções, uma matriz dois por dois com quatro diferentes modos de conhecimento é construída: individual-tácito, individual-explícito, coletivo-tácito, coletivo-explícito. Embora o trabalho de Nonaka enfoque as transições entre esses diferentes modos de conhecimento, fico satisfeito em simplesmente analisar os quatro modos, de maneira profunda e incorporada. Baumard oferece uma longa lista de exemplos dos quatro modos de conhecimento a partir de uma literatura existente, o que, na melhor das hipóteses, oferece aos estudantes uma compreensão intelectualizada do tema. Estou buscando, diferentemente, uma compreensão mais profunda, corporificada. Quero que os estudantes pessoalmente experimentem os quatro modos de conhecimento em um exercício de sala de aula para que, posteriormente, sejam capazes de assimilar essa experiência.

É relativamente fácil transformar em experiência os conhecimentos individual-tácito e individual-explícito. Freqüentemente peço aos estudantes que escrevam as instruções sobre algo que eles conheçam por meio do corpo, como, por exemplo, jogar um *frisbee* e, a partir daí, de maneira bastante rápida, peço que identifiquem a diferença entre o conhecimento corporificado (tácito) de como jogar e o conhecimento explícito sobre as instruções de como se jogar *frisbee*. É também fácil falar sobre conhecimento coletivo-explícito, sendo que podemos nos referir a coisas como o programa da disciplina, que define uma forma de conhecimento coletivo-explícito. É, entretanto, muito mais difícil apreender formas de conhecimento coletivo-tácito de maneira que seja direta e facilmente conectada à criatividade.

---

3 BAUMARD, P. *Tacit knowledge in organizations*. London: Sage, 1999.

4 NONAKA, I.; TAKEUCHI, H. *Criação de conhecimento na empresa*. Rio de Janeiro: Campus, 1997.

Exercício de som e movimento

Com o propósito de criar a experiência que proporcionará aos estudantes experimentar os quatro modos de conhecimentos e, particularmente, o conhecimento coletivo-tácito, uso um exercício de música e movimento do teatro. O exercício consiste em tocar alguma música e pedir aos estudantes que se movimentem de modo a responder aos estímulos da música e uns dos outros. Uso música instrumental como *I'm old fashioned* de John Coltrane, *New England country side* de Aaron Copeland, *Prelude to silence* de Bela Fleck e os Flecktones, *The ecstasy of gold* de Hugo Montenegro e *Sie, sie* de Ibrahima Camera. A música é escolhida de modo que seja não familiar aos estudantes e que abarque uma grande variedade de ritmos, tempos e estilos. O exercício tem um tempo de duração que varia entre 10 e 20 minutos.

Exercícios de som e movimentos nos quais o ator é treinado é uma técnica desenvolvida pelo *Open Theater* na década de 1960 e se popularizou através do *Living Theater* em sua primeira obra coletiva de encenação chamada *Mysteries and smaller pieces* em 1964. Aprendi o exercício com Tim Good em 1992, quando eu estava atuando na produção *The Apollo of Bellac* no Emerson College, a qual ele estava dirigindo. Tim Good descreveu o exercício para mim desse modo:

> O exercício original do Open Theater e do Living Theater ficou conhecido como *som e movimento*, porque a voz humana poderia ser usada para criar sons repetidos que não fossem palavras, e misturar aquele som com movimento. Em universidades, e especialmente na cultura Ocidental, estudantes são muito intelectualizados e, por conseguinte, muito verbais, mas totalmente desligados de seus corpos. Este é o motivo pelo qual utilizo esse exercício físico, procurando estabelecer a comunicação física e as relações entre os membros do grupo. Logo, enquanto o trabalho está baseado em *som e movimento* nós trocamos o som da voz humana pela música gravada, de modo a permitir que o corpo receba uma carga expressiva por completo. Esperançosamente, isto se traduz no palco na forma de um engajamento físico completo dos atores, mesmo quando eles estão encenando um texto literário simples.[5]

Meu desejo não é transpor essa experiência física do palco, mas proporcionar aos estudantes uma experiência que priorize a aprendizagem atráves da dimensão física, uma aprendizagem baseada no corpo.

Fazemos o exercício de música e movimento na segunda semana de aula, quando começamos a focar o tema do conhecimento. Depois de ter trabalhado com a atividade do *Artist's way at work*[6] e discutido as leituras brevemente, pas-

---

5 GOOD, T. (comunicação pessoal).

6 BRYAN, M.; CAMERON, J.; ALLEN, C. *The artist's way at work*: riding the dragon. New York: Quill, 1998.

so para a atividade. De modo jocoso, digo: "Então, eu estou certo de que vocês devem estar imaginando de que maneira eu deixarei vocês desconfortáveis esta noite". Obtenho risadas nervosas como resposta. Digo isso para deixar claro que não há problema nenhum de eles estarem se sentindo desconfortáveis e reconhecer que o trabalho baseado em movimento é algo com o qual eles não estão acostumados. Isso era evidente na semana anterior quando fiz os estudantes se utilizarem de um exercício de teatro[7] como uma forma de se conhecerem melhor uns aos outros.

Esquentando com "sim e"

Faço a introdução do exercício com uma breve discussão sobre uma das principais lições sobre improvisação teatral, "sim e". Em resposta à ação do outro, podemos dizer "sim e", ou "sim, mas" ou "não e" ou "não, mas". A improvisação funciona quando a resposta é "sim e". As outras três respostas cortam a improvisação e a criatividade do fluxo dos eventos. Para ilustrar essa idéia e conscientizar os estudantes do quão difícil isto é, fazemos uma breve atividade "sim e", a qual creio vem do trabalho de Johnstone.[8] A atividade é feita em duplas e eu me desloco pela turma inteira, dois estudantes por vez. A forma da atividade é simples. A primeira pessoa faz à segunda pessoa uma pergunta que pode ser respondida com "sim" ou "não". A segunda pessoa responde à questão com "sim e", oferecendo alguma declaração sobre o tópico. A segunda pessoa, posteriormente, faz à primeira pessoa uma pergunta com resposta do tipo sim e não e o processo se repete. As perguntas podem ser ridículas; não devem ser ofensivas. Por exemplo, um diálogo pode seguir-se dessa maneira:

– O seu cabelo é verde?

– Sim e ontem era azul. Você muda a cor do seu cabelo diariamente?

– Sim e eu mudo a minha roupa íntima todos os dias. Você rasgou a sua roupa íntima hoje no almoço?

– Sim e foi um buraco bastante grande. Alguém notou?

– Sim e eu fiquei muito contente comigo mesmo de eu ter conseguido não rir. Você vai comprar roupas íntimas novas?

– Sim e eu vou naquele novo *shopping* à noite para fazer isso. Você vai à Lua freqüentemente?

– Sim e, às vezes, eu vou para Marte também. Você consegue respirar no vácuo na Lua?

– Sim e embaixo d'água da mesma forma. Você sabe como se respira nitrogênio líquido?

---

7 BOAL, A. *Theatre of the oppresses*. New York: Theatre Communications Group, 1985.

8 JOHNSTONE, K. *Impro*: improvisation and the theatre. London: Faber and Faber, 1979.

Ou pelo menos esta é a forma como a atividade deveria acontecer. Os estudantes relutam em dizer "sim e"; ao contrário, caem nos seus padrões habituais dizendo "sim, mas" ou respondendo à questão honestamente, que na maioria das vezes é o "não". Freqüentemente, tem-se um diálogo como este:

– Você veio de moto para a aula esta noite?

– Sim, mas eu fiquei molhado. (Uma risada aparece e eu intervenho para lembrar-lhes de que é para responder com "sim e".)

– Sim e eu fiquei molhado. Que tipo de moto você tem? (Mais uma vez eu intervenho para lembrar-lhes de que eles precisam fazer uma pergunta com resposta do tipo "sim" e "não".)

– Sim e eu fiquei molhado. Você dirige moto?

– Sim e eu dirijo carro também. Os seus pés coçam?

Depois de todos terem treinado o exercício por alguns minutos, discutimos o que aconteceu e como nos sentimos. Conversamos sobre nossas respostas habituais "sim, mas" ou "não, mas" e como soa quando os outros respondem dessa maneira, comparando com a energia de escutar uma resposta do tipo "sim e".

Praticando o exercício

Faço, então, a introdução do exercício com música e movimento, falando para eles que esse exercício se refere a escutar uns aos outros e dizer "sim e". Contudo, não lhes é permitido falar ou fazer qualquer som durante o exercício. Não obstante isso, é fundamental escutar um ao outro. Eles devem escutar a música e uns aos outros e responder como eles se movem. Os estudantes sempre dizem que não entenderam o que eu quis dizer e, na realidade, não posso dizer muito mais do que isso. Há uma lição aqui sobre tentar traduzir o conhecimento corporificado da atividade em instruções intelectualizadas e reconheço que não é tão necessário tentar defini-las muito mais. Sugiro, ao contrário, que eles irão captar a idéia à medida que a praticam. Começo colocando todo mundo sentado no chão, num círculo. Acredito que a atividade funciona melhor com cinco a dez pessoas, mas já cheguei a fazer com 20 estudantes. Coloco a música alta o suficiente para escutar, mas não tão alta a ponto de dominar o ambiente e depois me junto aos estudantes sentando no círculo com eles.

Vario a música e esta noite a primeira foi *New England country side* de Copeland, que tem pouco mais de cinco minutos de duração. A música começa lentamente e tenho a sensação de estar acordando pela manhã em uma fazenda. Sentado no círculo, faço alguns alongamentos, soltando meu corpo gradualmente. Percebo que alguns dos estudantes ficam olhando para mim e começam a fazer o mesmo, alongando-se da mesma forma. Uma das primeiras maneiras pelas quais as pessoas respondem à atividade de ficar escutando um ao outro e dizendo "sim e", porém sem nada falar, é através da observação das ações dos outros. As notas longas e curtas da música e os movimentos longos e curtos são perfeitos para o alongamento. Eu me imagino como um gato, acordando de uma soneca num ambiente quente e ensolarado. Deixo que a energia da música embeba o meu corpo. Ao mesmo tempo olho a sala, percebendo que vários estudantes estão se movendo. Alguns estão respondendo à música e envolvidos em si mesmos e na música, aparentemente desligados do resto do grupo. Outros estão mais focados nos seus colegas, na maioria das vezes de maneira astuta por não querer ser pego olhando para os outros. E, normalmente, há um ou dois que não se movem de maneira nenhuma, parecendo doentes e inseguros sobre o que fazer. De qualquer forma, experimento e observo essas inferências que faço com a esperança de que conseguirei testar algumas delas numa discussão após o exercício.

Fico um pouco ansioso em interagir mais profundamente com memórias de exercícios de sons e movimentos que realizei no passado que me causaram um reflexo de antecipar as coisas. Mas eu sei que muitos, senão todos os estudantes, sentem-se desconfortáveis e precisam de tempo para se ajustar à atividade. Para a primeira parte da primeira música pouca interação ocorre. Existem alguns breves momentos de duas pessoas que se colocam uma em frente à outra, como se estivesse uma refletindo a outra, enquanto outras duas se alongam e demoradamente se movem de maneira conjunta. Fico imaginando quem está seguindo e quem está liderando. Posteriormente, quando falo sobre essa questão, descobrimos que os papéis de seguidor e de líder se alternam e que, freqüentemente, não fica muito claro para ambos quem está cumprindo qual papel. Há um grande grupo de pessoas fazendo suas próprias coisas, muito mais a partir da música do que outro. Depois de cinco minutos, a música pára e se instaura um momento de silêncio. Suponho que pensamos algo. Todos param de se mexer e relaxam um pouco. Eles olham para mim e dizem alguma coisa. Permaneço em silêncio e aguardo a próxima música iniciar.

A música é *The ecstasy of gold* de Montenegro, uma pequena peça que se parece com a trilha sonora de um *western* estilo "pastelão". O movimento se torna menos abstrato e mais literal. A maioria dos estudantes movimenta seus pés e imita uma cavalgada, escondendo-se atrás de rochas e demonstrando, de alguma forma, que está no velho Oeste. A interação aumenta enquanto os estudantes simulam breves tiroteios e encenam pequenas cenas uns com os outros. A música é lúdica e os estudantes também o são. A interação ainda está um a um, mas alguns subgrupos maiores se desenvolvem à medida que as pessoas se divertem em criar cenas e movimento a partir uns dos outros. Torna-se mais fácil dizer "sim e" para as ações dos outros à medida que nos lembramos das brincadeiras de *cowboy* da infância. A música dura dois minutos e meio e, quando termina, também termina o movimento. Uma sensação de enfado paira, enquanto os estudantes olham para mim para averiguar se a atividade está terminada. Para mim, é como se eles estivessem recém-começado a aprender o exercício e quero que continuem. A magia do conhecimento coletivo-tácito ainda não aconteceu de forma completa. Deixo que a breve pausa entre as músicas ocorra em silêncio.

A próxima música é *I'm old fashioned* de Coltrane, e a partir da primeira nota suave do saxofone percebo que os estudantes relaxam na música. Trata-se de ir devagar, de uma dança de sonho. Outro estudante faz o gesto como se estivesse fumando maconha. Agora tem um misto de movimentos abstratos e literais e, à medida que a música toca (com a duração aproximada de oito minutos), os subgrupos se tornam maiores e maiores até que finalmente acontece que todo o grupo está se movimentando de maneira integrada. É claro que pode não acontecer de o grupo se integrar, mas geralmente ocorre. Pode ser alguma coisa abstrata como a forma de flor, uma dança circular de grupo ou uma versão de dança ritmada em linha. Pode se tornar mais literal quando todos se comprometem em encenar uma mesma cena. Sempre que isso acontece, um personagem principal é salvo, ou morre, ou morre e depois é salvo. O grupo se junta e em conjunto constrói e depois vivencia a cena, levando-a a um encerramento dramático. Geralmente, o movimento coeso de todo o grupo não dura muito tempo e subgrupos surgem fazendo coisas diferenciadas. Quando a música termina, tenho a sensação de que estivemos em algum lugar, que alguma coisa aconteceu para o grupo e fico satisfeito com o que fizemos. Fico satisfeito, porque senti a experiência do conhecimento coletivo-tácito, o qual estava procurando e muitas coisas interessantes ocorreram ao longo do caminho que podem se tornar uma rica fonte de discussão. Sempre tive alguma sensação de medo de que nada ocorresse durante a atividade e uma vez o grupo pareceu realmente dançar. Mas, mesmo na dança, houve interessantes momentos de conhecimento coletivo-tácito sobre o qual falar.

Relaxo no silêncio até que uma nova música comece. A música é *Sie, sie* de Camera, uma orgia selvagem de tambores e percebo medo, pavor e exaustão nos olhos dos estudantes à medida que a música inicia. "Acho que nós iremos parar por aqui", falo para eles e desligo a música.

Processando a atividade

Peço que se sentem no chão novamente e formem um círculo. Sinto vontade de permanecer no físico o tanto quanto possível à medida que resisto para o conhecimento intelectualizado das palavras. Mas também compreendo que precisamos refletir sobre a experiência em termos intelectuais para que ela realmente seja assimilada.[9] Começo o processo da maneira mais ampla possível. "Então, o que aconteceu? Como foi para vocês? O que se passou?" Alguns sorrisos apare-

---

9 TAYLOR, S. S. Knowing in your gut and in your head: doing theater and my underlying epistemology of communication. *Management Communication Quarterly*, v. 17, n. 2, p. 272-279, 2003.

cem, algumas risadas de desconforto e depois o silêncio. Acabo de pedir a eles que traduzam uma experiência com base no corpo na forma de palavras e isto não é fácil. Espero. Aos poucos, algumas considerações começam a surgir: "foi divertido", "quando a música de faroeste tocou, eu me meti num tiroteio com o Jeff", "isso, e daí ele morreu nos meus braços", "eu gostei do jazz".

Deixo a experiência ser externalizada durante todo o tempo que os estudantes queiram falar sobre ela. Depois, começo a colocar questões mais específicas sobre coisas que vi.

> – Bárbara. Você pareceu estar envolvida em alguma coisa lá naquele canto durante a primeira parte da última canção. O que estava acontecendo?
>
> – Eu estava realmente dentro da música e simplesmente isso me fez parecer ser levada para longe de todos.
>
> – Mas você voltou.
>
> – Sim, quando todo mundo estava junto pulando para baixo e para cima. Senti como se eu tivesse que me juntar ao grupo.
>
> – Nós estávamos te convocando.
>
> – Vocês estavam. Era como se eu estivesse sendo convocada.
>
> – Você não pôde resistir ao poder do grupo. (Risos.)
>
> – Então, isso é um exemplo de conhecimento tácito-coletivo (perguntei). Todo mundo sabia que isto estava acontecendo?

Conversamos posteriormente sobre isto e descobrimos que ninguém tinha a idéia de que o grupo estava convocando Bárbara, mas todos tiveram esta sensação até um certo ponto. Isto nos levou a uma discussão sobre conhecimento tácito-coletivo e o que significa compartilhar o conhecimento tácito, torná-lo coletivo. Descobrimos que não precisamos ter compreensões idênticas para que um conhecimento seja tácito-coletivo. De certo modo, reconhecemos que tivemos a mesma compreensão e torna-se necessário que o conhecimento tácito seja traduzido em conhecimento explícito e que essa tradução é, na melhor das hipóteses, imperfeita e, na pior, um ato de violência.

Por ato de violência quero dizer a experiência e a sensação de que o conhecimento tácito é trivializado e tornado explícito de forma a humilhar e a desvalorizar o conhecimento tácito. Por exemplo, quando os estudantes descrevem o grupo como "todo mundo estava junto pulando para baixo e para cima", essa descrição soa para mim como um pequeno ato de violência para o meu próprio conhecimento tácito daquele momento. Para mim, aquele foi um momento particularmente bonito, caracterizado por uma conexão intensa bastante aberta e cuidadosa, ao mesmo tempo com um elevado nível de comprometimento do grupo. Descrever a cena como "pular para baixo e para cima" diminui o que eu sentia e sabia sobre aquele momento.

A discussão sobre nossas experiências individuais nos levou à discussão sobre conhecimento tácito-individual e o que significa conhecer alguma coisa em seu corpo. Trago as idéias de Polanyi[10] de que sabemos de coisas que não conseguimos dizer que sabemos. Há murmúrios de concordância à medida que reconhecemos que estamos tentando falar sobre coisas sobre as quais não é possível falar. Ofereço a idéia de Langer,[11] que é a de que o conhecimento corporificado pode ser expresso através de modos artísticos. Neste caso, poderíamos pensar sobre o que estávamos fazendo enquanto dançávamos que nos permitia comunicar nosso conhecimento tácito e que talvez pudéssemos começar a falar sobre a experiência se utilizássemos a poesia ou, pelo menos, uma linguagem explícita como as metáforas.

Não é uma discussão fácil e muitas vezes ficamos em silêncio. Muitas vezes, retornava às nossas dificuldades como exemplos de dificuldades de tradução dos diferentes modos de conhecimento, até que finalmente sinto que estou fazendo uma violência para o nosso próprio conhecimento corporificado da atividade, à medida que tento processar e tornar o conhecimento explícito. Para mim, esta é a demarcação sutil que eu tinha que traçar. Quando alcançamos conclusões explícitas, encerramos a aprendizagem, como se estivéssemos dizendo, "Sim, isto era sobre aquilo, e isto é tudo sobre aquilo". Se não discutimos algo, este algo se perde no restante das experiências não processadas e o aprendizado também pode ser perdido. É uma questão de manter o equilíbrio, levantar temas e oferecer teorias que funcionem como vigas que nos dêem espaço para ver a nossa experiência "a partir de determinado ponto", mas que não exclua a experiência para futuras explorações.

A próxima reflexão sobre a experiência vem em diferentes momentos durante a disciplina, à medida que faço referência ao exercício para falar sobre diferentes modos de aprendizagem. Quando falamos sobre criatividade como forma de captar o conhecimento inconsciente e da importância de dedicar um tempo ao processo criativo para o processo inconsciente, comparo o conhecimento inconsciente com o conhecimento tácito. Os dois conceitos são diferentes, mas relacionados de várias maneiras. Mais uma vez, discuto os conceitos e seguro as tensões entre conhecimento inconsciente e tácito sem resolver essas tensões (como se uma das lições da nossa exploração criativa fosse que manter as tensões nos ajuda a sermos mais criativos). Podemos nos referir mais uma vez à experiência do exercício e tomar um atalho da discussão do exercício para falar sobre diferentes formas de conhecimento. Posso dizer alguma coisa do tipo: "Quando o grupo estava pulando para baixo e para cima, havia uma consciência do que vocês estavam fazendo?"

---

10 POLANYI, M. *Personal knowledge*: towards a post-critical philosophy. London: Routledge & Kegan Paul, 1978.

11 LANGER, S. K. *Philosophy in a new key*. Cambridge: Harvard University Press, 1942.

Esta referência a uma experiência compartilhada oferece uma forma para falarmos de coisas que são bastante difíceis de ser articuladas e faladas no abstrato. Permite-nos que usemos atalhos (por meio de palavras) que sejam significativos para todos na sala de aula porque se referem a uma experiência específica e logo são enraizados nesta experiência. Nesse sentido, a atividade produz a mesma função que Langer atribuiu à arte: "A primeira função da arte é objetificar a experiência, assim poderemos contemplar e entendê-la."[12] O exercício cria uma experiência de diferentes modos de conhecimento que existem no mundo para os estudantes e lhes permite contemplar e entendê-los.

[12] LANGER, S. K. *Philosophical sketches*. Baltimore: Johns Hopkins University Press, 1962. p. 90.

20

Aprendendo cultura organizacional com canções de rádio[1]

Stephen Linstead

Às 21h3min do dia 27 de fevereiro de 2006, a *BBC Radio 2* emitiu uma frase que não se ouvia no lançamento de uma nova programação há mais de 40 anos: "Nós apresentamos *The song of steel*, uma canção de rádio que fala de homens e mulheres que trabalharam na indústria de ferro de Rotherham e Sheffield." As *Canções do Rádio 2006* compõem uma série de seis programas que revive e moderniza um formato de documentários de rádio seminalmente desenvolvido no final das décadas de 1950 e 1960. Os programas originais foram criados pelo escritor, letrista e cantor Ewan MacColl, com orquestração e direção de música de Peggy Seeger, produção e edição de Charles Parker, um produtor de rádio que contava com o apoio da BBC. Eles não foram originalmente planejados como uma série, mas como a idéia de um programa sobre um incidente específico. Na medida em que os programas se tornaram um sucesso, sua missão foi descoberta e seu escopo ampliado, mas nunca os programas foram planejados como um todo, embora eles cubram um grande espectro de eventos do tema da psicologia da dor até a desapropriação de uma comunidade migrante e complementem muito bem uns aos outros.

Juntas, as duas séries se tornam um importante recurso à disposição de professores de sociologia, antropologia industrial, história dos negócios, psicologia e psicologia social, gestão e organização, métodos de pesquisa, política, dentre

[1] Tradução do inglês de Maria Tereza Flores-Pereira; revisão técnica de Eduardo Davel e Sylvia Constant Vergara.

outros.[2] A série original de oito programas de uma hora está agora disponível em CD, e as novas séries podem agora ser consultadas pelo *website* da BBC Radio 2.[3] Só poderei aqui dar uma "pincelada" sobre o potencial desse material, e irei me concentrar no uso das séries originais. Usei-as para ilustrar aspectos da cultura com estudantes de mestrado e de graduação e para ensinar métodos de pesquisa para estudantes de doutorado. Também colaborei com um colega que utilizou as séries num processo de consultoria para facilitar a mudança cultural. O material também se traduz bem internacionalmente – eu o usei com audiências nos Países Baixos, França, assim como no Reino Unido, mesmo que a maior parte desse material contenha um forte sotaque inglês.

O conteúdo detalhado das duas séries é apresentado no Quadro 20.1.

Quadro 20.1 *As duas séries das Canções de Rádio da BBC*

	Título	**Assunto**	**Primeira apresentação**	**Tema do CD ou *website download***
Séries originais	*A balada de John Axon*	Estradas de ferro	02.07.58	TSCD801
	Canção da estrada	Construção	05.11.59	TSCD802
	Cantando e pescando	Pesca marítima	16.08.60	TSCD803
	O grande mineiro	Mineração	18.08.61	TSCD804
	O sopro do corpo	Poliomielite	27.03.62	TSCD805
	No limite	Adolescentes	13.02.63	TSCD806
	Jogo de luta	Boxe	03.07.63	TSCD807
	Os andarilhos	Ciganos	17.04.64	TSCD808
Radio Ballads 2006	*A música do aço*	Ferreiros	27.02.06	Yes
	O inimigo dentro de nós	HIV/AIDS	06.03.06	Yes
	A buzina do caçador	Caça	13.03.06	Yes
	Balanços e rodeios	Parque de diversões	20.03.06	Yes
	Trinta anos de conflito	Sectarismo	27.03.06	Yes
	A balada dos navios	Construção naval	03.04.06	Yes

2 Os programas de 2006 foram criados pelo produtor John Leonard e pelo diretor musical John Tams, com a equipe de produção da editora Annie Grundy e com os entrevistadores Vince Hunt e Sara Parker (filha de Charles). Eles trabalharam com seis diferentes tópicos em relação aos temas originais, mas que representam temáticas significativas que tiveram uma proeminência desde que a série original foi ao ar.

3 Disponível em: <www.bbc.co.uk/radio2/radioballads>.

Em relação às primeiras séries, MacColl e Seeger registraram em seu disco, *Freeborn man*, que as canções de rádio eram "o trabalho de um time de cantores, letristas, técnicos, instrumentistas e outros, conscientemente tentados a aplicar as técnicas populares de criação em um dos veículos de comunicação em massa – o rádio".[4] Isto é uma descrição modesta do projeto e de seu significado, que moldou o mundo de uma geração de músicos, locutores de rádio e escritores da mídia.

O programa perdeu de forma notável seu impacto original no decorrer dos anos. O conceito pelo qual ele se desenvolveu era simples – anotações de campo poderiam ser feitas por entrevistadores e conversas com informantes-chave e horas de gravação poderiam ser editadas de modo que as palavras das pessoas poderiam ser utilizadas para contar suas próprias histórias, sem a intervenção de um narrador ou de um entrevistador. Ao contrário, música incidental pontuada por canções, especialmente escritas por MacColl usando falas e imagens dos informantes. O programa teria narradores e atores, e seria amarrado pelos três elementos de uma letra original; uma combinação de uma música composta, arranjada e improvisada de forma a incorporar uma variedade de estilos que inclua *jazz*; a "atualidade" ou gravações de campo com efeitos de som (na verdade, podem ser também incluídas canções do próprio repertório dos informantes).

MacColl desenvolveu uma técnica de improvisação. Utilizou melodias tradicionais como base de suas músicas. Como resultado, obteve um produto que se assemelha a uma música tradicional e que, simultaneamente, não mais se parece com aquela que havia usado como base original. Ele retorna a música aos informantes para a checagem de erros e para averiguar se eles gostam e a aprovam. O maior elogio recebido por ele foi de um pescador de 80 anos. Disse: "Por toda minha vida eu conheci esta música." Claro que não, pois MacColl acabara de escrever a canção, mas ela tinha o cheiro de autenticidade que MacColl queria alcançar. As músicas não foram necessariamente utilizadas de forma completa nos programas, mas os versos eram freqüentemente colocados aqui e ali para enfatizar, ligar ou ilustrar em diferentes pontos do programa – os versos também poderiam ser executados de modo mais lento, ou de uma forma diferenciada para criar um efeito.

A tecnologia do estúdio requeria que um novo cenário fosse criado – duas máquinas de gravar, cada uma com um operador, funcionavam como equipamentos para a edição de voz, à medida que músicos e artistas tocavam ao vivo no estúdio sob a direção de Peggy Seeger. Isto permitia que a música fosse ajustada ao tom, som e ritmo das vozes na sua gravação final, criando um todo orgânico, uma relação dinâmica entre palavras e música que fornece uma forma dramática a todo um modo de vida. Parker, escrevendo *The listener* em 1959, argumenta que eles não são realistas sociais:

---

[4] MACCOLL, E.; SEEGER, P. *I'm a freeborn man*. New York: Oak Publications, 1968.

> realismo social [...] nada significa para mim neste trabalho. Eu transito na ilusão, não no "realismo"; minha preocupação – e eu tenho certeza de que falo também por Ewan MacColl – é recriar, num trabalho de arte no rádio, uma sensação profunda que deriva da experiência direta de uma situação particular [...]. Minha preocupação essencial é com as ilusões, sendo que não sou arrogante a ponto de assumir que o gravador me dá poderes de fornecer "a realidade".
>
> O ponto em questão não é nada menos do que a verdadeira relação entre o documentário e a ficção; aqueles de nós que percebem os imensos problemas e possibilidades que sublinham essas relações precisam ser cautelosos com as palavras; tentar explicar muitas vezes causa confusão. A pessoa só pode esperar trabalhar de forma resoluta na selva que se constrói entre os dois, procurando transformar esta numa flor, tudo menos o trabalho, continua uma estranha conjectura, e mesmo que o trabalho [...] seja amarrado para ser mal interpretado.[5]

Isto é relevante, pois destaca a importância do caráter estético do programa e não apenas o fato de ser um documentário histórico. Como Albert Casey grifou em *The teatcher*, mais uma vez em 1964 os programas produziram uma "recreação imaginativa da experiência". Ele acrescentou: "As canções do rádio são sobre o nosso modo de vida atual, tentando dar uma conotação épica à vida – 'fazer', como John Grierson disse uma vez, tornar 'o cotidiano significativo'."[6] Os programas falam de relacionamentos reais que, ainda hoje, soam como vozes cheias de vida. Eles não são, portanto, programas nostálgicos.

As canções de rádio ganham vida à medida que, conscientemente, escolhem reafirmar a estética do drama musical na forma de documentário. Parker resumiu suas cinco características-chave, que são: a forma inovadora de utilizar o gravador; a reafirmação da tradição oral; a redireção de um fundo dramático de um conceito de drama (realidade) do tipo "pedaços da vida" (*slices of life*) para um (teatro popular), conceito de drama ligado a ritual; e a troca dos atores por pessoas reais – a voz viva do passado e do presente. O que pode ser acrescentado é o uso de letras de estilo popular, melodias, instrumentação e técnicas de composição. O terceiro programa da série, *Cantando e Pescando* (*Singing the Fishing*) ganhou o Prêmio da Associação Italiana de Jornalismo no *Prix d'Italia* em 1960 – a maior honra a que um programa desse tipo poderia aspirar.

---

[5] PARKER, C. Carta para *The Listener* 13/11. BBC Arquivo WAC/09/CP (resposta à crítica do Sr. Paul), 1959.

[6] Citado em ASTON, L. *Radio ballads*. London: Topic Records, 2000, p. 5 (folheto que acompanha a reedição do programa em CD).

Usando os programas para ensinar cultura organizacional

Não é fácil "sentir" a cultura de uma organização, mesmo que haja uma série de vídeos disponíveis no mercado que possam ajudar a fazer isso. Mas quando tentamos transpor o sentimento de uma cultura de forma mais ampla – de uma comunidade ou de uma indústria, por exemplo, de uma forma mais antropológica do que sociológica –, os recursos são poucos, mesmos que olhemos documentários que registrem crises como uma greve de mineiros no Reino Unido, 1984-1985. As canções do rádio fazem exatamente isso – elas carregam a cultura das profissões, indústrias e comunidades e deste modo complementam os existentes tratamentos de culturas organizacionais e nacionais.

As próprias baladas mostram que se pode chegar à cultura por diferentes caminhos. No Quadro 20.2, ofereço um esboço do conteúdo de ambas as séries, em termos da maneira pela qual elas se aproximam da cultura, e das diferentes dimensões culturais de suas temáticas.

Quadro 20.2 *Cultura por meio das canções de rádio.*

Tema	Canção	Cultura como/cultura conhecida por meio de
A subcultura industrial	*A balada de John Axon*	Evento
	Cantando e pescando	Profissão, narrativa
	O grande mineiro	Comunidade, lugar, mito
	A música do aço	Colapso e reconstrução, capital cultural
	A balada dos navios	Comunidade, humor
As subculturas das profissões marginais	*Canção da estrada*	Empreendimento épico, linguagem, objetos
	Balanços e rodeios	Profissão, movimento
	Jogo de luta	Comédia, violência, decepção
Saúde física e mental	*No limite*	Tempo, crescimento, ambigüidade, luta pessoal
	O sopro do corpo	Experiência pessoal, restabelecimento
	O inimigo dentro de nós	Experiência pessoal, resposta à tragédia
Conflito social	*Os andarilhos*	Temas controversos/conflito
	A buzina do caçador	Temas controversos/conflito
	Trinta anos de conflito	Violência, religião, choque de culturas, reconciliação

Para ilustrar, vamos considerar dois exemplos – *A balada de John Axon* e *Cantando e pescando*. A primeira buscava contar a heróica história de um ferroviário, o qual, como Casey Jones nos EUA, ficou em sua locomotiva desgovernada com o intuito de evitar um desastre maior. Ele poderia ter fugido, mas, ao contrário disso, arriscou sua própria vida. Originalmente, eles pretendiam

> produzir um musical formal, por exemplo, com atores e cenas dramáticas, mas, quando fomos encontrar-os com a viúva de John Axon para conseguir os direitos para fazer o programa, levamos um gravador com o intuito de obter material de apoio para a preparação do manuscrito. À medida que conversávamos com a Sra. Axon e com os colegas de trabalho de John Axon, rapidamente percebemos que nas próprias e autênticas palavras dos informantes capturadas pelo nosso gravador estava o princípio do programa.[7]

O que eles descobriram é que estavam contando a história de um modo de vida industrial – o tipo de experiência, sentimentos e forças sociais que levam um homem como John Axon a estar onde ele estava naquela noite fatal, e os valores construídos durante anos que o levaram a tomar tal decisão. A história de Axon é a de uma comunidade, e o desdobramento da narrativa do acidente está entrelaçada com a narrativa de como um jovem entra na indústria, aprende o seu ofício, programa sua ascensão e luta com os problemas e os desafios do trabalho e da sua vida. Como MacColl destacou "era claro que aquilo que tínhamos gravado era uma foto de um estilo de vida, contado através de palavras carregadas com um tipo especial de vitalidade que deriva do envolvimento com o processo de trabalho".[8] Um ferroviário expressa isso metaforicamente: "Quando você trabalha no vapor, os trilhos vão para as costas da sua coluna, como *Blackpool* foi para a rocha" (*Blackpool* era um *resort* litorâneo famoso por seus doces, os quais carregam o nome do próprio *resort*). O auge da peça recria a última jornada de Axon com elementos de ópera popular e usa declarações de seus colegas de trabalho para criar um monólogo que ocorre em sua cabeça, poderosamente ligando seu sacrifício pessoal à vida de todos os ferroviários. Esta canção tem sido usada com sucesso para construir acordos em uma grande ferrovia estatal européia que está passando por um processo de comercialização e mudança cultural.

A *Canção da estrada* (*Song of a motorway*) proporciona um material maravilhoso, porque junta os trabalhadores imigrantes, mas, sobretudo, pela simples justaposição de estilos de linguagem; ela contrasta de maneira dramática a cultura administrativa e a operária. Não existe uma comunidade estável aqui com operários que trabalham sob contratos e se mudam de uma casa temporária para outra; existe, contudo, um forte senso coletivo de experiências compartilhadas. Objetos são muito importantes – máquinas, ferramentas, processos de trabalho, todos os trabalhos carregam um importante valor simbólico – e com a

---

[7] Charles Parker, citado em ASTON, L. *Radio ballads.* London: Topic Records, 2000. p. 5.

[8] Citado em ASTON, L. *Radio ballads.* London: Topic Records, 2000. p. 6 (folheto que acompanha a reedição do programa em CD).

natureza épica do sinal de que cada um faz parte de algo maior e mais especial. A dinâmica da cultura é sempre assunto para diferença, conflito entre etnicidades, profissões, assim como para sindicatos e gestores.

Mas as duas grandes investigações industriais são *Cantando e pescando* e *O grande mineiro (A música do aço)* e *A balada dos navios* (*The ballad of the big ships*). Elas adicionam ao retrato do século XX a indústria pesada, mas a maior parte dos dados é retrospectiva, embora a tentação pela nostalgia seja efetivamente evitada pelos produtores. O primeiro foco está em duas comunidades de pesca do arenque, uma na Escócia e outra em Yarmouth, Inglaterra, onde os responsáveis pelo programa tiveram a sorte de encontrar três informantes que capitanearam barcos através das três grandes eras da vela, do vapor e do diesel e, obviamente, amam ambos o trabalho e contar histórias – do cotidiano, das pessoas, das lutas, dos triunfos, das tragédias e das comédias.

Neste programa, a técnica de grandes composições intercaladas com hipnose é melhor demonstrada na canção *O cardume de arenques* (*The shoals of herring*). A música alegoriza a jornada da vida. Cada verso conta histórias vívidas dos recentes progressos de um jovem pescador. Elementos da música são adicionados ou reprisados durante os últimos estágios do programa enquanto a história se desdobra. Apenas uma parte da história com a música é apresentada a seguir, já que uma transcrição completa iria ocupar muitas páginas (Quadro 20.3). A melodia A, ainda que parte da música, não aparece, no programa, próximo do corpo principal da canção.

Quadro 20.3 *Pedaços da canção* O cardume de arenques.

[Melodia A] wistful prologue

With our nets and gear we're faring
On the wild and wasteful ocean
It's there on the deep
That we harvest and reap our bread
As we hunt the bonny shoals of herring...

...[Tune B] to jaunty ensemble accompaniment

Singer 1:

Oh, it was a fine and a pleasant day
Out of Yarmouth harbour I was faring
As a cabin boy on a sailing lugger
For to go and hunt the shoals of herring

Now the work was hard and the hours were long
And the treatment sure it took some bearing
There was little kindness and the kicks were many
As we hunted for the shoals of herring

Sam Larner (82 year old ex-herring fisherman)

Real old bulldog breed they were: they didn't care for nothing, neither God nor man, they didn't; they didn't! That's the truth; they were wicked old men. Now and again you'd find a kind man but some of them oh they were... cruel! You weren't allowed to speak and they'd take you and give you a rope's end afore they'd look at you... put the rope onto your backside if you give 'em yer trouble!...

Oh, we fished the Swarth and the Broken Bank
I was cook and I'd a quarter sharing
And I used to sleep standing on my feet
And I'd dream about the shoals of herring

Sam Larner

And d'you know what? Sometimes I been sleepy and they'd throw a bucket of water on you to wake you up ... "Wake up you young beggar!" ...and they'd chuck a bucket of water on you to make you shake your feathers. That'd wake you up!

Well, we left the home grounds in the month of June
And to canny Shields we soon was bearing
With a hundred cran of the silver darlings
That we'd taken from the shoals of herring

Sam Larner (to mournful single concertina accompaniment)

Away we went to Shields ... I was looking on deck and I could see the Shields pier... I could see 'em a-coming! O that felt funny going into Shields pier ... strange and – exicted to see different affairs of life you see, I'd never been away from home before... away from home!...

...**Singer 2**: (to jaunty accompaniment)

Now you're up on deck, you're a fisherman
You can swear and show a manly bearing
Take your turn on watch with the other fellows
While you're following the shoals of herring

In the stormy seas and the living gales
Just to earn your daily bread you're daring
From the Dover Straits to the Faroe Islands
While you're following the shoals of herring

Singer 1 (to mournful accompaniment)

Well, I earned my keep and I paid my way

[more actuality]

And I earned the gear that I was wearing

[more actuality]

Sailed a million miles, caught ten million fishes
We was following the shoals of herring...

...[Tune A] slow, reflective

Night and day we're faring
Come winter wind or winter gale
Sweating or cold,
Growing up, growing old and dying
As you hunt the bonnie shoals of herring

As palavras aqui estão baseadas na fala dos pescadores – por exemplo, a metáfora *living gale*[9] foi tirada diretamente do campo de pesquisa. Assim como todas as canções de rádio, cada música foi concebida "tanto como uma extensão de uma parte específica de gravações originais, quanto como um comentário àquela gravação ou como um enquadramento para o conjunto de partes da atualidade". De cada música ecoou os padrões de fala e os sotaques dos informantes, bem como a atmosfera que antecipa a chegada ao porto, as dificuldades de lutar contra ventos fortes e tempestuosas marés e a ocasional tragédia fatal. Logo, o sucesso era a veracidade desta música mesmo como uma criação a favor da tradição, que não foi apenas realizada por uma grande quantidade de cantores populares, mas também reapareceu nos repertórios dos cantores irlandeses tradicionais como *A costa de Erin* (*The shores of Erin*).

Uma parte da música *Canção da estrada*[10] usa a linguagem para mostrar de forma bela o contraste entre o mundo local e o mundo da burocracia gerencial. Os gestores entrevistados para o programa muitas vezes pareciam estar falando uma linguagem diferente da dos trabalhadores, pois parecem estar lendo um manuscrito decorado, ou estar escrutinando seus próprios pensamentos antes de comprometê-los com palavras. Escutar a sessão *Nós somos os engenheiros consultores* (*We are the consulting engineers*) pode ser um excelente dispositivo para fazer com que gestores e estudantes de gestão reflitam tanto sobre sua própria linguagem, como nas formas pelas quais eles estão relacionados com seus colegas e subordinados através da linguagem e dos temas do poder, controle e informação. Usar um dispositivo analítico como o "*web* cultural" de Gerry Johnson para ensinar as conexões entre cultura e estratégia é um modo muito útil de acessar linguagem e símbolos em uso e fazer a ponte com relações de poder.[11]

Uso sessões deste programa para começar a discussão sobre diferenças entre a cultura expressa nessas apresentações estéticas e o modo pelo qual a cultura é discutida em apresentações mais simples sobre cultura organizacional. Encontramos o tipo de coisa que somos encorajados a procurar em cultura organizacional, como significados compartilhados, valores e experiências comuns, símbolos, linguagem e objetos? Até certo ponto, sim. Existe alguma conexão entre cultura e liderança? Muito pouca, e percebemos que a ênfase está mais no processo cultural imanente do que no objeto a ser manipulado. Encontramos evidências de outras coisas que certamente são culturais, mas que não são encontradas nas organizações? Mais uma vez um enfático sim, como o intenso conhecimento da história, um sentimento de identidade social, o engajamento do corpo em um trabalho que o molda, ou a lealdade ao trabalho maior do que ao empregador. Percebemos a cultura como um estilo de vida? Sim, a cultura é

---

9 Enfrentando tempestades e ventos fortes.

10 Para melhor discutir, veja LINSTEAD, S. A. Exploring culture with the Radio Ballads: using aesthetics to facilitate change. *Management Decision*, v. 44, n. 4, p. 474-485, 2006.

11 JOHNSON, G. *Strategic change and the management process*. Oxford: Blackwell, 1987.

experienciada muito mais como um estilo de vida do que como uma forma de trabalhar. Quais são as conseqüências de debater sobre cultura organizacional se/como ela pode/deve ser gerenciada? Esta é a parte divertida.

Uma série de opções metodológicas também é gerada pelos programas. Por exemplo, a forma como *John Axon* usa um evento para explorar e caracterizar o processo cultural. Os estudantes podem escolher um evento dramático e analisar o que está sendo exposto (ou que questões o evento levanta) sobre a comunidade e seu estilo de vida. Às vezes, a atividade vai para caminhos inesperados – um estudante pensou no 11 de setembro e perguntou: "Por que empilhamos pessoas em grandes edifícios para trabalhar?" Aquilo estimulou uma intensa análise das relações entre cultura e estrutura, e pesquisas posteriores revelaram uma bibliografia substancial para embasar a questão por ele levantada. *Cantando e pescando* trata da jornada de marinheiro para capitão e os eventos significativos de transição de um estágio para outro, e de maneira proveitosa provoca reflexão sobre os ritos de passagem a partir de histórias culturais individuais e como estas podem ser obtidas.

Quanto mais se utiliza o programa, maior é a profundidade da compreensão emocional e intuitiva sobre a cultura. E considerando a forma pela qual os programas são criados, conhecimentos técnicos significativos também são transmitidos. Uma resposta freqüente dos estudantes é a do quanto eles aprenderam sobre a indústria, com a qual eles pensavam estar familiarizados, após ouvirem os programas. Se na disciplina só é possível escutar pequenas amostras, muitos estudantes vão adiante e buscam alguns CDs para escutar por conta própria, ou seja, gera uma repercussão. Na primeira série, as vozes industriais são bem masculinas (embora as mulheres sejam uma importante fonte de informações sociais), mas nas novas séries o equilíbrio é mais perceptível, incluindo, por exemplo, as mulheres que trabalharam nas fundições de aço como motoristas de guindaste no período da guerra.

O problema de utilizar os programas como um todo com um grupo que inclui pessoas cuja língua nativa não é o inglês é que algumas vezes pode se tornar difícil compreender algumas coisas que os informantes dizem, devido aos seus sotaques acentuados. A maior parte do sentido, entretanto, se mantém clara mesmo que algum significado seja perdido, mas, ao utilizarmos pequenas sessões, gosto de utilizar as transcrições sempre que possível. Os CDs podem ser copiados em *Windows Media Player* ou *Real Player*, e as trilhas ou sessões podem ser editadas utilizando um *software* como o barato *SoundForge*. Se você preferir a última opção, recomendo utilizar um computador para o áudio e outro para a apresentação em *PowerPoint*.

Enfim, vale a pena observar que a maior parte da teoria de cultura organizacional enfatiza o compartilhamento dos significados, e privilegia o conhecimento como cultura. Não há falta de material nas *Canções do Rádio* para ilustrar isso. Contudo, a cultura está fortemente embasada em experiências e sentimentos compartilhados, ocasionados por estas experiências, e é isso que é raramente abordado pela teoria de cultura, mas cada vez mais e de maneira mais forte capturada pelas *Canções do Rádio*. Ouvintes estão quase instantaneamente num mundo no qual se sentem trabalhando naquele ofício ou naquela indústria. A cultura se torna viva, com alegria, crueldade, problemas, generosidade, simpatia, paixão, tristeza, dor, aflição, frustração, triunfo, humor, dor de cabeça e felicidade, o que está muito distante da simples análise da cultura através da profissão, do processo de trabalho, um resultado da tecnologia ou uma conseqüência do plano estratégico organizacional.

21

A música popular no ensino da gestão cultural

Marcelo Dantas

Nunca tive o hábito de utilizar a arte para dar aulas. Apesar de ser um aficcionado do cinema, da música popular e da literatura, nunca havia conseguido transformar a arte em instrumento didático em sala de aula de modo satisfatório. Algumas tentativas se mostraram pouco efetivas, como, por exemplo, usar filmes. Quando usava trechos de filmes, isso me parecia inadequado, porque um filme é uma obra na sua íntegra e nunca acreditei que ver uma única cena ou partes extraídas do todo pudesse sequer chegar perto do que é, para mim, a fruição de uma sessão de cinema, no próprio cinema ou mesmo em casa. Se usava um trecho para exemplificar alguma situação, ficava com a sensação de que tinha manipulado a obra e não acreditava que esse tipo de uso resultasse num aprendizado mais profundo ou mais sensitivo.

Também experimentei usar filmes inteiros, mas isso também se mostrou um problema porque, com aulas de duas horas de duração, teria que ocupar uma aula inteira com a exibição, para somente na aula seguinte poder discutir o filme e suas relações com o conteúdo da disciplina. Também me sentia um pouco culpado de substituir uma aula por um filme. Era como se eu estivesse me ausentando da minha responsabilidade. Com isso, experimentei usar apenas um ou dois filmes durante um semestre de 30 aulas de duas horas cada uma. Isso se mostrou pouco eficaz e sem maior sentido. Para usar o cinema como instrumento de aprendizagem, acredito que deveria usá-lo de forma regular, mas para isso teria que tornar os filmes a estrutura do curso, o que se mostrou, até agora, uma possibilidade distante para mim.

Desse modo, seguindo o meu estilo e a minha intuição, sempre privilegiei nas aulas o que eu chamo de *pedagogia da relação*. Para mim, o que distingue uma aula presencial de um curso a distância é a presença viva, simultânea e material, de professor e estudantes. Assim, sempre me preocupei em me colocar inteiro nas aulas, não apenas como aquele que expressa os conteúdos programados da disciplina, mas também o responsável pela condução das relações com os estudantes, entre estudantes e professor e os estudantes entre eles. Essa escolha é a que tenho exercido com resultados mais ou menos satisfatórios, e esse resultados dependem de muitos elementos, desde a própria preparação do conteúdo, a sua distribuição no tempo do curso, até a maior ou menor empatia que acontece nas relações, os estímulos que reciprocamente se dão entre professor e estudantes.

Somente em 2004, quando fui responsável pela criação da disciplina Gestão Cultural como optativa para os estudantes da graduação em administração na UFBA, é que a minha escolha mudou e considerei extremamente pertinente o uso de elementos da produção artística para o próprio desenvolvimento do curso.

O curso

Depois de cerca de 15 anos desenvolvendo pesquisa sobre organizações e identidade cultural, principalmente organizações baianas ligadas à etnicidade e ao mercado cultural, comecei a desenvolver o projeto de uma disciplina para a graduação em administração sobre essa área. As motivações eram evidentes: na Bahia, pesquisas governamentais da última década indicam que a cultura participa no PIB do Estado com uma média de 4%. Se associarmos à cultura o turismo, o peso aumenta para cerca de 8%. Ora, com um mercado cultural tão importante, dinâmico e fundamental no desenvolvimento econômico regional, não havia nenhuma disciplina que tratasse desse tema para os nossos estudantes. Era evidente que estávamos desprezando um setor importante e ignorando as suas potencialidades como mercado de trabalho para o administrador.

A disciplina teve por objetivos: discutir os elementos formadores da identidade cultural brasileira e baiana; analisar as relações entre identidade cultural e mercado; delinear o campo do mercado cultural e sua especificidade na Bahia; analisar a gestão cultural como campo de atuação do administrador e suas peculiaridades; discutir as relações entre identidade, cultura e mercado. A construção do conteúdo, partindo dos elementos formadores da identidade cultural brasileira e baiana, passa das expressões culturais coletivas e suas manifestações econômicas – a exemplo do carnaval – para a produção cultural, ou seja, o mercado cultural propriamente dito. A partir daí, tratamos das relações entre a gestão e a cultura, dos incentivos à produção cultural e até da cultura como elemento de marketing, através do marketing cultural.

Diante desse conteúdo, me fiz a seguinte pergunta: que expressões culturais estão na origem do Brasil, desde os primeiros momentos da colonização até os dias atuais que poderiam servir de elo entre o passado e o presente da nossa identidade, assim como na nossa produção cultural? Os dois elementos que me vieram imediatamente à cabeça foram a poesia e a música. A poesia está presente na alvorada da colonização com os textos do Padre Antonio Vieira, cuja imagem, escrevendo na areia da praia com uma bengala, está no imaginário brasileiro. Dedicado à catequese dos índios, ele é o responsável pelas primeiras letras da nossa história. Ou, ainda, um pouco mais tarde, na obra do poeta baiano seiscentista, Gregório de Matos, cuja modernidade e ousadia em forma e conteúdo causam enorme impacto ainda hoje. Da mesma forma, a música faz parte dessa construção da nossa identidade. Primeiro com a música dos índios, os habitantes da terra que começava a ser colonizada, com as suas cerimônias primitivas de celebração à natureza; depois com os negros escravos que conseguiram manter em meio aos horrores da escravidão a sua expressão através dos seus tambores e ritmos, de festa e religião, que permanecem até hoje como uma presença indiscutível na música brasileira. E, afinal, o que hoje reúne poesia e música em uma só expressão artística para os brasileiros? A nossa música popular.

A música popular conduz a história

A partir daí passei a construir a metodologia da disciplina e então escolhi a música como elemento a ser utilizado no desenvolvimento do curso. A idéia inicial, que acabou sendo posta em prática, era abrir a aula sempre com uma música que funcionasse como elemento deflagrador do conteúdo que seria desenvolvido a cada seção. A partir da organização dos conteúdos para cada aula, uma música seria escolhida como elemento simbólico e discursivo para a introdução do tema da aula. De início, vieram imediatamente à mente algumas possibilidades (Quadro 21.1), e assim fui preparando o trabalho.

Durante todo o curso, cada aula é aberta com a apresentação da música (em CD). Depois que os estudantes ouvem toda a música, ela é repetida com a apresentação simultânea da letra em *slides*. Na primeira vez, eles escutam a música e se deixam envolver por ela, mas dificilmente compreendem a totalidade da letra. Por isso, em seguida repito a audição da música com a exibição da letra, que agora é acompanhada atentamente em todos os seus detalhes pela turma. Essa foi a forma encontrada para que os dois elementos, música e letra (poesia), fossem absorvidos da forma mais completa pelos estudantes.

Quadro 21.1 *Músicas populares utilizadas em cada aula: alguns exemplos.*

Aula	Temática	Música (autor)
1	Elementos formadores da cultura brasileira	*Tropicália* (Caetano Veloso)
2	A colonização portuguesa e sua marca na identidade brasileira	*Fado tropical* (Chico Buarque/Ruy Guerra)
3	A escravidão e a cultura negra como base da formação do povo brasileiro	*Milagre do povo* (Caetano Veloso)
4	A identidade baiana como síntese da identidade brasileira	*Triste Bahia* (Caetano Veloso/Gregório de Matos)
5	Mercado cultural brasileiro/baiano – anos 20-50	*Aquarela do Brasil* (Ary Barroso)
6	Mercado cultural brasileiro/baiano – anos 60	*Domingo no parque* (Gilberto Gil)
7	Mercado cultural brasileiro/baiano – anos 70	*Vapor barato* (Jards Macalé/Wally Salomão)
8	Mercado cultural brasileiro/baiano – anos 80	*Brasil* (Cazuza/George Israel/Nilo Romero)
9	Mercado cultural brasileiro/baiano – anos 90	*Canto da cidade* (Tote Gira/Daniela Mercury)
10	Mercado cultural brasileiro/baiano – anos 2000	

Depois, faço uma análise da música, contextualizando historicamente a sua produção, o gênero a que pertence, a sua importância no mercado, e finalmente a relação do seu conteúdo (a letra/poesia) com o tema da aula. Em seguida, inicio a exposição do conteúdo. Aqui, é importante ressaltar que a aula é expositiva, mas sempre buscando uma expressão menos tradicionalmente acadêmica. Uso elementos de narração, imagens poéticas, referência de outras obras de arte que se relacionam com o conteúdo.

Procuro funcionar, nesse momento, como um "contador de histórias", na tradição da cultura oral brasileira, e mais especificamente tentando honrar a nossa riquíssima tradição de história oral, como é o caso, por exemplo das tradições afro-baianas, que sobreviveram aos séculos praticamente sustentadas apenas na força da história oral, repassada de uma geração para outra, como acontece, por exemplo, com o candomblé, a religião de origem africana, reconstruída pelos negros escravos na Bahia (e no Brasil), que se constitui num dos elementos mais basilares da nossa cultura. E também como no caso dos contadores de histórias, a audiência, o ouvinte, é livre para a qualquer momento perguntar alguma coisa, interromper a narrativa, para imprimir a ela a sua curiosidade, como as crianças fazem quando estão escutando uma história. Esse método tem dado uma leveza que é talvez a característica mais importante do curso e que se expressa na minha relação com os estudantes.

A apresentação da disciplina

No primeiro dia, apresento a proposta da disciplina e o seu conteúdo. Nesse primeiro encontro, faço uma enquete com a turma, com as seguintes questões:

- Quais as suas expectativas em relação à disciplina?
- Quais os temas atuais, em gestão cultural, que mais lhe interessam no momento?
- Quais as áreas que mais lhe interessam no mercado cultural?
- E em relação à sociedade brasileira, que aspectos da nossa identidade você considera mais determinantes?

Depois que eles respondem e me entregam as respostas – para minha análise posterior –, peço a alguns estudantes que comentem as questões verbalmente e uso suas repostas e dúvidas para explicar os objetivos da disciplina, tentando mostrar a sua relação com a atividade profissional do administrador, a singularidade do conteúdo em relação às matérias já sacramentadas do curso e a proposta de uma experiência mais sensorial e estética, além de acadêmica.

Nesse primeiro encontro, a maior curiosidade dos estudantes é sobre o que é Gestão Cultural, o que significa o nome da disciplina. Explico que essa é uma disciplina em construção e que Gestão Cultural é uma especificidade que diz respeito a algumas vertentes, como, por exemplo, a gestão da produção cultural – seja o produto uma obra cinematográfica, musical, literária ou de artes plásticas. Essa produção pode ser o negócio da própria empresa, como é o caso das produtoras cinematográficas, gravadoras, editoras, galerias de arte. Mas também podemos entender a Gestão Cultural como a gestão de eventos culturais, de caráter coletivo ou mesmo institucional, como, por exemplo, o carnaval.

Também podemos relacionar a Gestão Cultural com o fenômeno da interculturalidade, que diz respeito aos processos de relações entre culturas diferentes que se tornam prioritários, por exemplo, no caso de fusões, aquisições ou privatizações de empresas estatais – principalmente quando envolve países diferentes e, portanto, identidades culturais diversas –, em que a cultura de uma empresa (a compradora) terá que se relacionar com a de outra (a que foi comprada, ou privatizada). Compreender as diferenças culturais pode ser o aspecto mais importante do sucesso de um empreendimento desse tipo.

É por essa razão que o curso começa justamente com uma primeira parte dedicada à identidade cultural. É a base fundamental para compreender, por um lado, costumes, valores, hábitos e comportamentos culturais que vão se expressar no mundo organizacional. Ter a sensibilidade atenta para esse aspecto pode ser fundamental para a gestão de qualquer organização, já que, mesmo aquelas que possuem uma forte cultura organizacional, certamente expressam, nessa cultura corporativa específica, valores e comportamentos que são comuns àquela nação, àquela sociedade, àquela região, àquela comunidade.

A primeira aula

A primeira aula de conteúdo inicia de fato a primeira parte da disciplina, que é desenvolvida a partir dos elementos formadores da sociedade brasileira, desde o descobrimento, passando pela colonização até as suas marcas na contemporaneidade. A primeira música, que inaugura o conteúdo e o método, é *Tropicália* de Caetano Veloso (Quadro 21.2).

Quadro 21.2 *Música* Tropicália *de Caetano Veloso.*

Sobre a cabeça os aviões
Sob os meus pés, os caminhões
Aponta contra os chapadões,
Meu nariz
Eu organizo o movimento
Eu oriento o carnaval
Eu inauguro o monumento
No Planalto Central do país

Viva a bossa, sa, sa
Viva a palhoça, ça, ça, ça, ça

O monumento é de papel crepom e prata
Os olhos verdes da mulata
A cabeleira esconde atrás da verde mata
O luar do sertão
O monumento não tem porta
A entrada é uma rua antiga, estreita e torta
E no joelho uma criança sorridente, feia e morta,
Estende a mão

Viva a mata, ta, ta
Viva a mulata, ta, ta, ta, ta

No pátio interno há uma piscina
Com água azul de Amaralina
Coqueiro, brisa e fala nordestina
E faróis
Na mão direita tem uma roseira
Autenticando eterna primavera
E no jardim os urubus passeiam a tarde inteira
Entre os girassóis

Viva Maria, ia, ia
Viva a Bahia, ia, ia, ia, ia
No pulso esquerdo bang-bang
Em suas veias corre muito pouco sangue
Mas seu coração balança a um samba de tamborim
Emite acordes dissonantes
Pelos cinco mil alto-falantes
Senhoras e senhores ele pões os olhos grandes
Sobre mim
Viva Iracema, ma, ma
Viva Ipanema, ma, ma, ma, ma

Domingo é o fino da bossa
Segunda-feira está na fossa
Terça-feira vai à roça
Porém,
O monumento é bem moderno
Não disse nada do modelo do meu terno
Que tudo mais vá pro inferno
Meu bem
Que tudo mais vá pro inferno
Meu bem

Viva a banda, da, da
Carmem Miranda, da, da , da, da

A reação dos estudantes, no primeiro dia, é de total surpresa e um ar de expectativa. A partir do segundo dia, quando vai se estabelecendo a rotina, eles passam a esperar qual será a música e o que ela significará para o conteúdo do curso. Sempre pergunto ao final da música, quem da turma já a ouviu antes e, no caso dessas primeiras, poucos as conhecem, apesar de fazerem parte da obra dos mais importantes artistas da música popular brasileira.

Aproveito para contextualizar historicamente a música na evolução do mercado cultural brasileiro. Composta há quase 40 anos por Caetano Veloso, *Tropicália* é um marco da contemporaneidade da arte brasileira e da sua afirmação como mercado. Retomando elementos simbólicos do Movimento Antropofágico que marcou a Semana de Arte Moderna de 1922, o Tropicalismo inaugura a modernidade brasileira na era da comunicação de massa e expressa características que hoje são atribuídas à pós-modernidade, como a utilização indistinta de passado e presente, tradição e vanguarda, além da fragmentação, aqui expressa com imagens multifacetadas, coladas de maneira quase aleatória, como um caleidoscópio de momentos da identidade brasileira. Uma espécie de crônica do Brasil da época, a letra da música pode servir ainda hoje para explicar muito da complexidade brasileira e claramente a nossa ambigüidade: passado e presente, democracia e ditadura, cultura de massa e cultura popular, desenvolvimento econômico e pobreza e exclusão social.

A segunda aula

Na aula seguinte, destacamos o Brasil colonial, com suas imagens míticas, a visão européia sobre nós – um misto de horror e fascínio – e as estratégias de afirmação da Coroa Portuguesa sobre o território brasileiro. Para essa aula, seguindo o mesmo procedimento da anterior, foi escolhida a música *Fado tropical* de Chico Buarque e Ruy Guerra (Quadro 21.3), composta para a trilha sonora da peça de teatro *Calabar, o elogio da traição*, censurada pelo Regime Militar no final dos anos 60.

Perfeita para ilustrar com a riqueza metafórica a cultura portuguesa que se funde à paisagem brasileira e a primeira miscigenação com o índio do Brasil, *Fado tropical* consegue, através de imagens poéticas, uma síntese ao mesmo tempo cruel e terna do processo inicial da colonização portuguesa no Brasil. A liberdade do artista aqui contribui com os esforços de outras áreas do conhecimento, como a história, a sociologia e a antropologia para buscar entender a complexidade do Brasil e sua marca mestiça desde o momento original da sua construção como nação a partir da descoberta pelos portugueses.

A terceira aula

Para a terceira aula, cujo tema é a escravidão e sua marca na identidade brasileira, a escolha ideal pareceu-me, sem dúvida, a música *Milagre do povo* de Caetano Veloso (Quadro 21.4).

Quadro 21.3 *Música* Fado tropical, *de Chico Buarque e Ruy Guerra.*

Oh, musa do meu fado
Oh, minha mãe gentil
Te deixo consternado
No primeiro abril
Mas não sê tão ingrata
Não esquece quem te amou
E em tua densa mata
Se perdeu e se encontrou
Ai, esta terra ainda vai cumprir seu ideal
Ainda vai tornar-se um imenso Portugal

Sabe, no fundo eu sou um sentimental
Todos nós herdamos no sangue lusitano uma boa dose de lirismo
Mesmo quando as minhas mãos estão ocupadas em torturar, esganar, trucidar
Meu coração fecha aos olhos e sinceramente chora...

Com avencas na caatinga
Alecrins no canavial
Licores na moringa
Um vinho tropical
E a linda mulata
Com rendas do Alentejo
De quem numa bravata
Arrebato um beijo
Ai, esta terra ainda vai cumprir seu ideal
Ainda vai tornar-se um imenso Portugal

Meu coração tem um sereno jeito
E as minhas mãos o golpe duro e presto
De tal maneira que, depois de feito
Desencontrado, eu mesmo me contesto
Se trago as mãos distantes do meu peito
É que há distância entre intenção e gesto
E se o meu coração nas mãos estreito
Me assombra a súbita impressão de incesto
Quando me encontro no calor da luta
Ostento a aguda empunhadura à proa
Mas o meu peito se desabotoa
E se a sentença se anuncia bruta
Mais que depressa a mão cega executa
Pois que senão o coração perdoa

Guitarras e sanfonas
Jasmins, coqueiros, fontes
Sardinhas, mandioca
Num suave azulejo
E o rio Amazonas
Que corre Trás-os-Montes
E numa pororoca
Deságua no Tejo
Ai, esta terra ainda vai cumprir seu ideal
Ainda vai tornar-se um império colonial
Ai, esta terra ainda vai cumprir seu ideal
Ainda vai tornar-se um império colonial

Quadro 21.4 *Música* Milagre do povo, *de Caetano Veloso.*

Quem é ateu
E viu milagres como eu
Sabe que os deuses sem Deus
Não cessam de brotar
Não cansam de esperar
E o coração
É no xaréu
Que brilha a prata luz do céu
E o povo negro entendeu
Que o grande vencedor
Se ergue além da dor
Tudo chegou
Que é soberano e que é senhor
Não cabe na escravidão
Não cabe no seu não
Não cabe em si de tanto sim
É pura dança e sexo e glória
E paira para além da história

Oju Obá ia lá e via
Oju Obá ia
Xangô manda chamar
Obatalá guia
Mamãe Oxum chora
Lágrima alegria
Pétala de Iemanjá
Iansã Oiá ria
Oju Obá ia lá e via
Oju Obá ia
Obá
Sobrevivente num navio
Quem descobriu o Brasil
Foi o negro que viu
A crueldade bem de frente
E ainda produziu milagres
De fé no Extremo Ocidente
Oju Obá ia lá e via
Oju Obá ia...

Composta para fazer parte da trilha sonora da minissérie *Tenda dos milagres*, baseada no romance homônimo de Jorge Amado, a música de Caetano consegue sintetizar narrativa histórica e discurso crítico atualizador do tema de uma forma que normalmente um acadêmico precisaria de muitas páginas, senão mesmo de um livro inteiro para transmitir. O tema da escravidão, que normalmente nos leva a uma descrição da crueldade e da absurda exploração do ser humano em todos os níveis, e do horror dessa marca na história e no imaginário brasileiros, é superado no discurso poético do artista por uma visão que afirma a grandeza do povo negro e lhe dedica, sem pedir permissão a ninguém, a verdadeira descoberta do Brasil. Esse tipo de provocação que a arte consegue exemplarmente nesse caso funcionou como elemento deflagrador de debate, e estimulou os estudantes a pensar o tema além da postura, muitas vezes imobilizadora, do sentimento de vergonha, além de abrir a possibilidade da visão da negritude, além do papel de vítima, mas de agente fundamental da nossa história.

A quarta aula

Na quarta aula, trabalhamos com os elementos fundamentais da construção da identidade baiana, que chamamos baianidade. Aqui, tive a felicidade de poder escolher a reunião, numa obra, do primeiro grande poeta baiano, Gregório de Matos, com a sua descrição crítica da Bahia dos anos 1600, com o nosso poeta contemporâneo mais importante, o compositor Caetano Veloso. Isso foi possível através da canção *Triste Bahia*, que é uma música que Caetano fez para um soneto de Gregório de Matos (Quadro 21.5). Essa relação entre dois momentos da história, reunindo o antigo e o contemporâneo, é uma expressão ideal para os objetivos do curso e mais especialmente para a temática dessa aula.

Nesse caso, juntei mais dois poemas de Gregório, que continuam a descrever de forma crítica a realidade da Bahia do século XVII e, depois de terminada a música, pedi a um estudante que a recitasse. Foi interessante perceber, por um lado, a sua tentativa de se adaptar a uma linguagem poética moderníssima associada a algumas palavras de português arcaico e, mais ainda, a sua dificuldade em falar um palavrão que já era popular no período seiscentista e que continua a ser palavrão e a ser popular hoje. Fundamental na temática daquele soneto e muito comum na obra de Gregório, o palavrão até hoje é um elemento de pouco uso em sala de aula. Mas o constrangimento foi superado e os estudantes puderam tecer uma relação entre a Bahia antiga e a contemporânea e perceber a familiaridade de certas características que estão presentes na nossa identidade cultural contemporânea e cujas raízes remontam aos primórdios da nossa história.

Quadro 21.5 *Sonetos de Gregório de Matos, século XVII.*

PONDO OS OLHOS PRIMEYRAMENTE NA SUA CIDADE CONHECE, QUE OS MERCADORES SÃO O PRIMEYRO MOVEL DA RUINA, EM QUE ARDE PELAS MERCADORIAS INUTEIS, E ENGANOSAS.

Triste Bahia! Oh quão dessemelhante
Estás, e estou do nosso antigo estado!
Pobre te vejo a ti, tu a mi empenhado,
Rica te vejo eu já, tu a mi abundante.

A ti tocou-te a máquina mercante,
Que em tua larga barra tem entrado,
A mim foi-me trocando, e tem trocado
Tanto negócio, e tanto negociante *

Deste em dar tanto açúcar excelente
Pelas drogas inúteis, que abelhuda
Simples aceitas do sangaz Brichote.

Oh se quisera Deus, que de repente
Um dia amanheceras tão sisuda
Que fora de algodão o teu capote!

** Apenas as duas primeiras estrofes foram utilizadas por Caetano Veloso na sua música, chamada* Triste Bahia.

DEFINE A SUA CIDADE

Mote:
De dous ff se compõe
esta cidade a meu ver
um furtar, outro foder

Recopilou-se o direito
E quem o recopilou
com dous ff o explicou
por estar feito, e bem feito:
por bem Digesto, e Colheito
só com dous ff o expõe,
e assim quem os olhos põe
no trato, que aqui se encerra
há de dizer, que esta terra
De dous ff se compõe.

Se de dous ff composta
está a nossa Bahia,
errada a ortografia
a grande dano está posta:
eu quero fazer aposta,
e quero um tostão perder,
que isso há de preverter,
se o *furtar* e o *foder* bem
não são os ff que tem
Esta cidade a meu ver.

DESCREVE O QUE ERA REALMENTE NAQUELE TEMPO A CIDADE DA BAHIA DE MAIS ENREDADA POR MENOS CONFUSA.

A cada canto um grande conselheiro,
Que nos quer governar cabana, e vinha,
Não sabem governar sua cozinha,
E podem governar o mundo inteiro.

Em cada porta um freqüentado olheiro
Que a vida do vizinho, e da vizinha
Pesquisa, escuta, espreita e esquadrinha
Para a levar à Praça, e ao Terreiro.

Muitos Mulatos desavergonhados,
Trazidos pelos pés os homens nobres,
Posta nas palmas toda a picardia

Estupendas usuras nos mercados,
Todos, os que não furtam, muito pobres,
E eis aqui a cidade da Bahia.

Provo a conjetura já
prontamente como um brinco:
Bahia tem letras cinco
Que são B-A-H-I-A:
Logo ninguém me dirá
Que dous ff chega a ter,
Pois nenhum contém sequer,
Salvo se em boa verdade
São os ff da cidade
Um furtar, outro foder.

Riscos e desafios no uso da música popular em sala de aula

Os riscos e as dificuldades de uma metodologia menos convencional não são muito diferentes dos de uma aula mais tradicional. Existe sempre a preocupação de associar um conteúdo enriquecedor, pertinente e adequado com um processo de aprendizagem que se mostre estimulante e produtivo para os estudantes e para nós próprios, os professores.

Na minha experiência com música popular, em que a letra é importante para estabelecer uma relação com o conteúdo da aula, pude perceber que ainda que seja analisado o discurso poético das letras e sua relação com os temas do curso, deve-se considerar que a obra artística dá margem às mais variadas e pessoais interpretações e que a nossa visão da obra é apenas uma das possíveis. Os estudantes também devem construir sua própria interpretação, e a maior riqueza desse processo é possibilitar o exercício do raciocínio, a capacidade analítica e a sensibilidade estética, sendo este último aspecto normalmente pouco valorizado no mundo da gestão até recentemente, quando surgiram os primeiros estudos no âmbito da estética organizacional. Estética tem a ver com expressão artística e a arte, por seu turno, ao reunir a imaginação, a racionalidade e a técnica, é uma forma de expressar o mundo e, assim, um dos caminhos possíveis para compreendê-lo.

Para o uso didático, a arte oferece infinitas possibilidades e cabe a nós utilizá-la respeitando essa potencialidade, evitando sempre restringir a expressão artística a uma utilidade mais aparente ou a um significado mais óbvio. Metáforas, imagens, expressões e sentimentos podem servir para ampliar os caminhos de aprendizagem e não devem se tornar novas regras para aprisionar a contribuição dos estudantes. Trabalhar com arte é aceitar, tacitamente, que a criatividade, a imaginação, as idéias devem ser instrumentos de enriquecimento da experiência compartilhada entre o professor e os estudantes no desafio de aliar a experiência estética ao conhecimento.

Minha percepção da experiência

Talvez uma das maiores descobertas desse processo, para mim, seja que o conhecimento produzido pelas artes tem como origem uma liberdade de discurso e de opinião que lhe faz alçar vôos mais ambiciosos de representação. O artista é livre e seu discurso não depende de legitimação de outros autores, métodos ou paradigmas. Com essa liberdade, a arte pode ser, realmente, um elemento de construção de conteúdo das ciências humanas e sociais.

Um dos impactos que sempre percebo nos estudantes é a sua surpresa diante da riqueza e multiplicidade de significados que uma simples canção popular pode ter. E de como pode dar pistas sobre a nossa história e a nossa identidade cultural. Para mim, além do prazer de propiciar e desfrutar de uma experiência de ensino-aprendizagem em que o prazer estético se associa à reflexão da história e da cultura, existe o sentimento de ampliar as minhas possibilidades de construir conteúdos que certamente não se encontram prontos em livros e manuais, mas que se constroem na sala, na vivência daquele momento, o que torna cada aula uma experiência única.

22

A música clássica na aprendizagem da contabilidade[1]

Nicole Racette

Interesso-me pelos diferentes métodos que facilitam a aprendizagem, desde que fiz minha graduação em Contabilidade e que deveria ser bem-sucedida no exame final realizado pela ordem profissional dos contadores. Tal exame é considerado uma experiência muito difícil, às vezes traumatizante.

Mais tarde, tornei-me professora de Contabilidade. Aconselhava os estudantes, da melhor forma que podia, com o objetivo de facilitar-lhes a aprendizagem. Buscava melhorar a minha pedagogia, responder às suas perguntas, apoiar a sua metodologia, mas a aprendizagem pertencia-lhes. Acreditava firmemente que era possível aprender de uma forma mais agradável. Interessava-me, portanto, por tudo que encontrava sobre os métodos eficazes de aprendizagem que permitiam potencializar o prazer de aprender.

Neste momento, desenvolvo disciplinas a distância, nas quais percebo que os estudantes têm muita dificuldade na sua aprendizagem. Estes estudantes não estão num contexto ideal, já que faltam interações e contatos com outros estudantes, um meio que estimule como uma sala de aula. A matéria estudada é muito difícil. Em vários casos, os estudantes desencorajam-se e abandonam o curso no meio do caminho. O prazer de aprender, ou seja, a motivação, parece mais fraca em educação a distância, dado que o estudante é autodidata. Esta situação exige disciplina e motivação. Ou seja, ninguém lhe fará uma observação negativa se ele estiver atrasado na realização das atividades da disciplina. Por

[1] Tradução do francês de Claudiani Waiandt; revisão técnica de Eduardo Davel e Sylvia Constant Vergara.

outro lado, isso pode resultar numa acumulação muito grande de trabalho e, por conseguinte, num desânimo, seguido de abandono.

Enfim, particularmente para os adultos que retornam aos estudos, freqüentemente por meio da teleaprendizagem, os obstáculos multiplicam-se, sobretudo por causa da falta de tempo, precisando administrar a família, o trabalho e os estudos. Neste caso, onde o hábito do estudo é incipiente, a música poderia ajudar na tarefa da aprendizagem.

A música clássica como apoio à concentração e à motivação

Com o objetivo de ajudar estes estudantes de Contabilidade, realizei duas experiências muito diferentes, aproveitando a escuta musical. A primeira experiência era para os estudantes inscritos no estudo intensivo para a realização do exame para se tornarem reconhecidos pela ordem profissional dos contadores do Quebec. Este exame, similar aos vestibulares, exige muito estudo e sua preparação é, geralmente, feita pelas universidades. A segunda experiência foi realizada com dois estudantes do curso de Contabilidade III, oferecido a distância por meio de videocassete.

Exame da Ordem de Contadores do Quebec

Quando descobri diferentes livros de terapia sugestiva, fiquei surpresa. Eles descreviam diferentes métodos para melhorar a aprendizagem que incluiam a utilização da música. Na qualidade de diretora do módulo de Ciências Sociais, submeti um resumo da abordagem de ensino pela música aos estudantes que estavam se preparando para o exame. Esses estudantes passavam por um período intensivo de estudo que duraria quatro meses. Este exame dava continuidade ao curso de graduação em Contabilidade e precedia o exame final da Ordem de Contadores do Quebec. Entre outras atividades, eu lhes pedi que escutassem uma música de fundo dentre as obras indicadas no Quadro 22.1, recomendadas por Christian Bandeira para a aprendizagem de línguas extrangeiras.[2]

[2] DRAPEAU, C. *J'apprends à apprendre*. Boucherville: Éditions de Mortagne, 1996.

Quadro 22.1 *Músicas sugeridas aos estudantes em Contabilidade.*

Compositor	Música
Haydn, J.	– Sinfonia nº 67 em Fá maior; – Sinfonia nº 69 em Si maior; – Concerto nº 1 em Dó maior para violino e cordas; – Concerto nº 2 em Sol maior para violino e cordas.
Vivaldi, A.	– Cinco concertos para flauta e orquestra de câmara; – As quatro estações; – Concerto em Dó para flauta, RV. 444; – Concerto em Dó para oboé, RV. 449; – Concerto para violino de amor.
Bach, J. S.	– Sinfonia em Dó maior; – Sinfonia em Ré maior; – Fantasia em Sol maior; – Fantasia em Dó menor.
Bach, J. C.	– Concerto em Dó menor para violoncelo e orquestra; – Sinfonia em Sol menor, op. 6, nº 6.
Haendel, G. F.	– A "*Water Music*"; – Concerto Grosso, op. 3, nºs 1, 2, 3, 5; – Concerto para órgão e orquestra.
Corelli, A.	– Concerto Grosso, op. 6, nºs 3, 5, 8, 9; – Concerto Grosso, op. 4, nºs 10, 11, 12.
Beethoven, L.v.	– Concerto nº 5 em Mi Bemol maior para piano e orquestra, op. 73; – Concerto em Ré maior para violino e orquestra.

Somente uma estudante integrou a música à sua aprendizagem, como havia recomendado. Como o exame em questão é muito reconhecido, não o reexaminei até o momento de fazer o exame. O tempo era contado e gostaria de incomodá-la o menos possível. Sei que ouvia música, mas não investiguei a freqüência com que ouvia, nem as obras musicais que privilegiava.

Para minha grande surpresa, nesse ano vários estudantes foram reprovados, exceto os dois melhores estudantes do grupo e a estudante que tinha resultados médios, mais fracos que os outros estudantes que tinham sido reprovados. Por isso, esta experiência suscitou o meu interesse, pois elementos externos à aprendizagem, como a música clássica, podiam ajudar a melhorar ou tornar a aprendizagem mais agradável.

A Música na disciplina de Contabilidade

Após esta experiência, experimentei os benefícios da música na aprendizagem em uma disciplina de Contabilidade oferecida a distância, dado que neste contexto de estudo as investigações apontam para a existência de problemas de ansiedade, de motivação e um importante sentimento de solidão.

Assim, um estudante pode ser mais motivado a obter o seu diploma para exercer a profissão que escolheu (motivação a longo prazo), mas demonstrar muitas dificuldades de assiduidade, ou seja, sentar-se à sua mesa de trabalho para estudar durante longas horas (motivação a curto prazo). Mesmo que a motivação a longo prazo seja útil, é, sobretudo, a motivação para realizar as atividades diárias que deve ser ativada para se obter êxito nas atividades de aprendizagem, nos exames, nas disciplinas e, em seguida, no curso escolhido. Fala-se aqui de saturação ao estudo. É um fenômeno de não perseguir seu objetivo de estudo por falta de recursos internos. Mesmo que o estudante, no fundo, queira continuar, reencontra-se freqüentemente privado por causa de diferentes problemas e abandona o seu período de estudo.

Esta descrição não é muito animadora em relação à continuidade de um curso de Contabilidade a distância. No entanto, este modo de realização (a distância) é a única maneira para vários estudantes terem acesso a tal formação, por causa da inacessibilidade à universidade, pela restrição de horário ou, simplesmente, por falta de interesse para o ensino face a face. Assim, o fato de estudar a distância pode criar problemas de motivação. Além disso, como a disciplina necessita de um elevado nível de memorização, a motivação e a memorização são susceptíveis de falha neste contexto de estudo, sem contar que o nível de estresse pode ser significativo.

É na disciplina de Contabilidade III, oferecida a distância por meio de videocassete, que experimentei pela segunda vez a escuta musical. Escolhi esta disciplina simplesmente porque se tratava da disciplina a distância que supervisionava e porque havia uma ansiedade grande da parte dos estudantes. O assunto da disciplina, que era de 45 horas divididas em 15 semanas, é bem complexo. Creio que a audição de música clássica poderia contribuir para suscitar e apoiar a motivação ao estudo, diminuir o estresse e aumentar a memorização a curto e longo prazos, como vários estudos apontam. Para mim, este problema poderia ser corrigido em parte pela escuta musical.

Assim, com o objetivo de ajudar os estudantes de Contabilidade, num contexto de tele-aprendizagem, a música foi proposta para contribuir de duas maneiras: durante as diferentes atividades de aprendizagem realizadas, ouvindo músicas adequadas à escolha do estudante, e, assim, aumentar a motivação para o estudo e diminuir o estresse. Ao fim do processo de aprendizagem, a escuta de um concerto passivo foi experimentada, método de aprendizagem mencionado por estudos em sugestão que tem por objetivo aumentar a memorização. O concerto passivo consiste em ouvir a síntese do conteúdo de uma disciplina com um fundo musical. No entanto, antes de ouvi-lo, os conceitos devem ter sido mostrados e compreendidos, e, deste modo, interferindo principalmente na memória de longo prazo.[3]

Solicitei a dois estudantes que participassem da experiência e ambos aceitaram. Eles foram escolhidos de acordo com a facilidade em obter a sua confiança nesta experiência, dado que sou professora e tutora ao mesmo tempo; e também porque residiam a menos de 300 km do meu trabalho, diminuindo os custos de deslocamento para realizar as entrevistas. No entanto, por causa de um conflito de horário, entrevistei apenas um destes dois estudantes.

Num primeiro momento, pedi aos dois estudantes que ouvissem, se quisessem efetivamente, a música clássica durante ou após a realização das atividades de aprendizagem. Sugeri-lhes que ficassem atentos às vantagens e aos inconvenientes percebidos no fato de integrar a música às suas aprendizagens, que ouvissem músicas clássicas ou qualquer outra música que preferissem, e que notassem o título destas músicas ouvidas durante três semanas de cursos.

Num segundo momento, um CD foi entregue a estes mesmos estudantes. O CD continha uma síntese do conteúdo da disciplina Contabilidade III – As Mudanças Contábeis –, da qual 75% foram feitos com um fundo musical de Mozart, Sonata número 10 em Fá Maior, K378. O estudante podia, assim, avaliar o impacto da aprendizagem com um fundo musical ou não. Foi sugerido ouvir este CD após o término da matéria do curso e após ter realizado os exercícios correspondentes. O estudante foi convidado a ouvir esta síntese, sem demandar esforço de concentração ou memorização. A escuta deste CD tinha por objetivo aumentar a memorização a longo prazo. Trata-se daquilo que os escritos científicos nomeiam "o concerto passivo".

A escuta do CD constituía um trabalho suplementar para o estudante, dado que esta etapa do seu estudo compreendia efetivamente a sua matéria. Esta audição pôde parecer desnecessária, mas a escuta da síntese tem por objetivo fazer uma recordação e, assim, melhorar a memorização de longo prazo. É necessário que este trabalho suplementar solicitado seja o mais agradável possível. Nele se utiliza uma música de fundo e uma voz adequada. Um documento que apresente a síntese do CD permitia, além de entender a síntese, lê-lo, aumentando os estímulos à aprendizagem.

O estudante utilizou apenas quatro músicas no andamento desta experiência. Primeiramente, as que ele escolheu para integrar à sua aprendizagem:

- Clássico: *The only classical CD you' ll ever need.*
- Piano: Lionel Ritchie e acompanhamento ao piano – música de Céline Dion.

---

[3] DUCOURNEAU, G. *Éléments de musicothérapie*: clinique, technique, formation. 2ᵉ éd. Paris: Collection Thérapie, 1997.

- Diana Krall, álbum 1 – estilo entre *jazz*, o *soul* e o *crooner* (com palavras não compreensíveis para o assunto).

Em segundo lugar, a música utilizada no concerto passivo foi a seguinte:

- Mozart, Sonata nº 10 em Si Bemol Maior, K378.

Somente um dos dois estudantes foi encontrado uma semana após ter feito o estudo do assunto sobre o qual levou à síntese produzida em CD. Eis o que surge desta entrevista. De acordo com esse estudante, as músicas devem ter certas características para serem ouvidas durante a aprendizagem: devem ser pouco ritmadas e sem palavras compreensíveis para realizar o conjunto das atividades de aprendizagem, à exceção das atividades de redação, em que uma música ritmada e com palavras pode igualmente ser utilizada, omitindo o *heavy metal*.

Globalmente, a música provocou nesse estudante maior motivação, diminuindo ao mesmo tempo o estresse. O estudante notou igualmente uma melhoria na sua concentração e calma.

As músicas muito ritmadas, utilizadas para redigir, poderiam possivelmente ativar, fornecer certo ritmo, favorável à escrita, de acordo com Hourst.[4] Segundo esse autor, a escolha da música depende da atividade que o estudante deseja realizar. Uma música rápida e viva harmoniza-se bem com atividades que estimulam, ou, ainda, motivam a trabalhar rapidamente. Uma música lenta ajuda a criatividade, a memorização ou a revisão. Desta forma, o estudante parece ter utilizado bem a música na sua aprendizagem.

O estudante gostou de escutar o CD. Parecia muito consciente dos limites deste instrumento, ou seja, não se aprende com o CD, mas se consolida o conhecimento obtido, objetivo efetivo desta experiência. No entanto, não verifiquei se a memorização teria realmente melhorado e aumentado a partir da audição desta síntese com fundo musical. Posso afirmar que o instrumento se mostrou muito interessante nas suas aprendizagens e que a música para os estudantes parece ser o elemento determinante para a motivação.

Além disso, o segundo estudante, que desistiu da pesquisa, confessou que normalmente nunca ouviu música durante suas aprendizagens. Por causa do problema de horário, não se apresentou à entrevista. No entanto, o meu projeto estimulou a sua curiosidade para tentar estudar ouvindo música clássica. Este estudante, bem resistente a essa maneira de estudar e ao estilo, descobriu, com surpresa, uma forma agradável de abordar os seus estudos.

---

[4] HOURST, B. *Au bon plaisir d'apprendre*. Paris: InterÉditions, 1997.

Racionalidade contabilística e música

O objetivo pretendido pela integração da escuta musical na aprendizagem era fornecer uma estratégia de ajuda à aprendizagem, que solicita pouco esforço de aplicação, já que estes estudantes são absorvidos pelo trabalho. Além disso, os professores de Contabilidade não têm formação pedagógica, nem psicológica. Estes visam obter um bom rendimento dos seus estudantes sem realmente entender como atingi-lo. Os dois estudantes pesquisados mostraram um intenso interesse por esta investigação. Pareciam ávidos por estratégias de aprendizagem que poderiam ajudá-los. Creio que se trata de uma clientela com necessidade que espera apenas a informação sobre estratégias eficazes de aprendizagem para aplicá-las com grande interesse.

Como sabemos, a contabilidade fundamenta-se em números, lógica e racionalidade. Ela abre pouco espaço à criatividade, às artes e às emoções. O casamento destas diferentes dimensões poderia auxiliar a aprendizagem, ao mobilizar a pessoa em sua integralidade.

Shaw[5] faz a seguinte relação entre a música de Mozart e os números: a música de Mozart ajuda a compreender conceitos espaço-temporais, ou seja, os conceitos que levam em conta o espaço e o tempo. Em linguagem comum, trata-se de cálculos. O autor realizou dois estudos sobre a escuta musical com Rausher e Ky.[6]

A primeira pesquisa demonstrava que uma escuta de 10 minutos da Sonata de Mozart para dois pianos em Ré Maior (K448), antes de responder a um questionário com conceitos de espaço-tempo, mostrou estatísticas significativas sobre a superioridade dos resultados de exames por formulário em relação aos estudantes que escutaram uma música de abrandamento e os estudantes que ficaram em silêncio durante este mesmo período. Estes investigadores acreditam, então, que o efeito desejado pela música não devia durar além de 10 a 15 minutos do período em que os estudantes respondem aos questionários.

A segunda investigação foi realizada em cinco dias consecutivos, em que três grupos eram formados: (a) o grupo de Mozart, (b) o grupo em silêncio e (c) o grupo de músicas diversificadas (uma música diferente a cada dia). Uma melhoria de 62% dos raciocínios espaço-temporais foi observada no grupo de Mozart, em comparação com 14% no grupo em silêncio e 11% no grupo de músicas diversificadas.

Estas duas investigações ressaltavam a melhoria dos raciocínios espaço-temporais, ou seja, a melhoria dos métodos analíticos de cálculo, que podem ser de um interesse evidente em relação a cursos com conteúdos relacionados a cálculo. Mas estas últimas investigações não tinham por objetivo revelar outros impactos

---

5 SHAW, G. L. *Keeping Mozart in mind.* 2ª ed. California: Academic Press, 2004.

6 RAUSCHER, F. H., SHAW, G. L.; KY, K. N. Listening to Mozart enhances spatial-temporal reasoning: towards a neurophysiological basis. *Neuroscience Letters,* v. 185, p. 44-47, 1995.

na aprendizagem, ou uma modificação da motivação, do estresse e da memorização. Assim, a utilização da música de Mozart no concerto passivo pôde ajudar a compreender os raciocínios espaço-temporais que envolvem a Contabilidade.

A música faz já parte de certos programas. Alguns acreditam nos seus efeitos benéficos sobre a aprendizagem e mesmo sobre a saúde em geral. Mas os programas que combinam música à aprendizagem, como os estudos sobre o assunto sustentam, resumem-se a cursos primários em que se integra a aprendizagem de um instrumento de música ao currículo da escola. Quando se trata de cursos para adultos, fala-se, sobretudo, de música para a aprendizagem de línguas ou em cursos de desenvolvimento pessoal, nos quais distinguem-se três maneiras de utilizar a música: (a) brincar de um instrumento de música, (b) ouvir música, (c) fazer o *toning*, ou seja, sons ou mantras, e (d) cantar.

Conclusão

Com o objetivo de ajudar na boa aprendizagem, provavelmente é demasiado ambicioso pensar em ensinar música a uma clientela adulta que na sua maioria combina trabalho e estudo. Mas, de acordo com esta experiência, a música pode contribuir para a aprendizagem, simplesmente pela audição de alguns trechos. Os estudos acadêmicos confirmam que a música é favorável à aprendizagem: ouvir certas músicas aumenta a concentração, a memorização, a capacidade efetiva de gerir o estresse.

Escolas foram criadas fundamentadas nestas descobertas, como a Escola *Optilangues* em 1989 e a Escola Humana em 1981. Novos sistemas pedagógicos e de aprendizagem foram criados.[7] São reconhecidos os benefícios da qualidade do ambiente educativo para favorecer a aprendizagem. A música faz parte deste ambiente educativo que pode ajudar a aprendizagem, meio que relaciona o consciente e o inconsciente. Esta estratégia permite ao estudante criar e manter um estado positivo em relação à aprendizagem. Estas qualidades, embora úteis em qualquer forma de aprendizagem e em qualquer tipo de conteúdo, podem ser particularmente benéficas na área da Contabilidade, em que o nível de dificuldade é muito elevado e o prazer de aprender, às vezes, é esquecido.

---

[7] HOURST, B. *Au bon plaisir d'apprendre*. Paris: InterÉditions, 1997.

23

Jazz no ensino de organizações e gestão

Tânia Fischer

Escutando e vendo uma banda de *jazz*

Naquela noite, os estudantes do MBA da Escola de Administração da Universidade Federal da Bahia tiveram a surpresa de encontrar na sala de aula a banda de *jazz* de Joatan Nascimento, trompetista, pós-graduado em música e bastante popular por se apresentar em casas de espetáculo e teatros em Salvador. A disciplina que acolhe os músicos intitula-se Organizações Contemporâneas e esta era a primeira seqüência de ensino, orientada pela questão: o que são organizações?

A disciplina Organizações Contemporâneas tem por objetivo a construção de quadros de análise das organizações e a revisão crítica de valores, papéis e estilos de gestão exercidos pelos estudantes. Os objetivos específicos da disciplina são:

- caracterizar a organização contemporânea como campo de atividade humana, associada a contextos de mutação permanente;
- conceituar a organização como recorte de análise de múltiplos paradigmas;
- caracterizar a diversidade organizacional por meio de exemplos de práticas gerenciais de diferentes contextos.

Os estudantes são executivos com experiência mínima de cinco anos. Como são praticantes da gestão, com experiências significativas e desejosos da "luz que ilumina a prática", ou seja, de referenciais teóricos para melhor compreender a ação gerencial, escolhi o *jazz* como recurso estético e a apresentação de uma banda de *jazz* em sala de aula como uma organização em si mesma e também como metáfora organizacional.

Como o *jazz* tem sido usado por vários autores como organização paradigmática da pós-modernidade[1] em contraponto à orquestra sinfônica, emblema da modernidade,[2] achei que podia desafiar músicos a olharem organizações e gerentes a ouvirem *jazz* para melhor compreender a gestão. Assim sendo, meu interesse em trazer a banda não era o de ilustrar o conteúdo e menos ainda de usar a música como estímulo, como um arabesco lateral de uma aula teórica.

Minha intenção era de trabalhar a interdisciplinaridade, isto é, de buscar elementos estruturais convergentes entre a Música e os Estudos Organizacionais como campo de conhecimento e práticas. Os usos recorrentes da orquestra e da banda de *jazz* como metáforas de organização moderna e hipermoderna, respectivamente, seriam discutidos na intenção de entender melhor que as orquestras e as bandas de *jazz* são organizações diferentes que fazem parte de um mesmo universo.

Não foi por acaso que convidei Joatan Nascimento para vir, com sua banda, tocar e discutir com os estudantes. Trompetista, músico há 20 anos, com sólida formação acadêmica, ele é bastante popular em Salvador e apresenta-se com freqüência em teatros e casas de espetáculo. É solista e acompanhante de artistas como Caetano Veloso e Carlinhos Brown, de jazzistas, de Luciano Pavarotti. Recentemente, lançou um CD com chorinhos do século passado, pesquisados por ele próprio.

Lendo sobre o *jazz*

A dinâmica da aula aconteceu da seguinte forma: primeira e previamente, os estudantes receberam e leram um artigo de autoria de Mary Jo Hatch. Os músicos também receberam e leram o mesmo texto. A leitura prévia funcionou como um elo entre os músicos e os estudantes.

Além disso, solicitei aos músicos que apresentassem a banda antes de realizar seu espetáculo e iniciar a discussão em sala de aula. Já aos estudantes pedi que lessem o texto antecipadamente, sem preveni-los do que iria ocorrer. O encontro com a banda de *jazz* tornou-se, então, uma situação inesperada para eles. Optei, portanto, por uma estratégia indutiva de ensino que vai da experiência sensível aos conceitos, à análise, à reflexão crítica.

---

1 HATCH, M. T. Explorando os espaços vazios: *jazz* e estrutura organizacional. *Revista de Administração de Empresas*, v. 42, n. 3, p. 19-35, 2002.

2 DRUCKER, P. *O gerente eficaz*. São Paulo: Atlas, 1996.

Aprendendo com a banda de *Jazz* em sala de aula

Foi solicitado a Joatan Nascimento que confrontasse as afirmações do texto, confirmando ou não a propriedade do uso do *jazz* como metáfora de organização. Já em sala de aula, ele começa dizendo que encontrou muitas relações entre *jazz* e organizações, não só pela forma da música, como também pelo fato de a banda constituir em si própria uma organização, contando com um líder e constituindo-se por músicos em interação entre si e com o público, o seu objetivo final.

Para Joatan Nascimento, se as organizações têm metas, a organização musical, seja uma orquestra, seja uma banda de *jazz*, tem a satisfação do público como aspiração principal. Satisfazer esteticamente a públicos ecléticos e exigentes é o desejo de qualquer músico, especialmente se ele é o regente, maestro ou líder da banda como ele, afirmou Joatan.

A primeira situação em sala de aula consistiu na apresentação feita por Joatan do *jazz* como música, bem como da organização que o produz: a banda e seus músicos. Ele relatou a história do *jazz* no século XIX, destacando a improvisação e a criatividade que caracterizam o gênero nos Estados Unidos. O ponto mais destacado de sua fala inicial é o conceito de estrutura. A estrutura jazzística é baseada na harmonia e na estrutura rítmica, podendo assumir diferentes formas, como a do *blues*, por exemplo.

Os músicos da banda, em sala de aula, improvisam sobre estruturas conhecidas, que são desconstruídas e reorganizadas. Os temas musicais podem ser refraseados e, mesmo, ressignificados. Os instrumentos dialogam entre si e o líder pode (e freqüentemente o faz) ceder a posição de solista para os outros instrumentistas. Nesse momento, Joatan enfatiza a necessidade de dominar a estrutura para poder improvisar, especialmente o líder da banda. Dominar a estrutura para poder apresentá-la de diferentes formas é um requisito fundamental. A improvisação não se dá no vazio e na ignorância. É preciso muito rigor, muito conhecimento musical e muitas horas de ensaio para que uma banda possa criar com qualidade, embora em *jam-sessions* músicos que nunca tocam juntos possam produzir *performances* inigualáveis, nos explica o músico.

Então, pergunto-me: paradoxo? Sim, nas bandas de *jazz* e nas organizações. Em momentos de grandes crises e catástrofes, como foi o tsunami e o episódio de 11 de setembro em Nova York, pessoas que não se conheciam formaram rapidamente organizações de socorro de alta *performance*. Em grandes eventos lúdicos, como o carnaval baiano, há momentos de fantástica improvisação coletiva, que une artistas, público em geral e toda a estrutura de apoio de festa, desde a dimensão empresarial até os serviços públicos essenciais, como policiamento e limpeza. A organização que se produz é a própria festa.

Mas a improvisação é também de alto risco, como se verá a seguir na apresentação da banda. Dando continuidade, Joatan solicita que a banda execute solos de quatro compassos, fazendo diversas improvisações, com bateria, piano e contrabaixo. Interrompe e pergunta se os estudantes perceberam o erro. Segundo ele: "pequenos desastres ocorrem com facilidade impressionante". É muito importante estar concentrado no momento presente, ouvir e interagir muito em uma execução. Mas, se ocorrer um erro, deve se transformá-lo em oportunidade. Erros acontecem, diz Joatan. Na improvisação, é possível sair do andamento. Por isso, é tão importante estar atento e, se necessário, parar e recomeçar.

Na sala, além dos estudantes do MBA, havia outros professores apreciadores de *jazz*, que criaram uma organização chamada *Sójazz* que se reúne semanalmente. Depois da apresentação da banda, tanto professores como estudantes lançaram aplausos, movimentos de corpo e outros sinais que permitiram evidenciar o prazer de ouvir boa música e de participar de uma boa aula.

Durante a explicação relacionando o *jazz* à gestão, Joatan comenta:

> Uma das coisas mais prazerosas do *jazz* é a interação com o público. Satisfazê-lo é o objetivo final. A reação do público a um solo pesado, a uma frase interessante vem através dos jargões da participação; desde um movimento da cabeça e do pé até os gritos característicos do público de *shows*.

Novamente, a banda recomeça e toca *Garota de Ipanema* de três formas diferentes. A primeira vez, como se tocasse para um público americano, em Nova York, com forte acento jazzístico. A segunda, no Brasil, na forma de bossa nova convencional. A terceira, como se fosse em Porto Rico, com acento caribenho. Ou seja, dependendo do público e do contexto, ajustes são feitos e acentos levados em consideração. Pode-se falar a mesma coisa de formas bastante diferentes, sem renegar a estrutura ou a tradição anterior, como mostra a banda e nos fala Joatan:

> Toda a história do *jazz* deriva do que já foi feito. Se toco bossa nova, evoco o Rio de Janeiro. Se toco um *jazz* dos anos 40, lembro de Dizzy Gillespie. Imagino que nas organizações passa-se o mesmo. Constrói-se sobre o passado.

Neste momento, apresentei dois conceitos de organização. O primeiro, como metáfora de orquestra sinfônica, de Peter Drucker, que compara a organização a uma orquestra sinfônica, fortemente hierarquizada. "Faz-se música dentro de padrões. Cada músico toca um instrumento e só o maestro pode regê-los. E todos tocam uma peça por vez".[3] O segundo, como metáfora de banda de *jazz*, de Max de Pree: "organização contemporânea é como uma banda de *jazz*, em que há espaço para a improvisação individual e coletiva e todos compartilham o prazer de execução".[4] Os músicos discutem estes conceitos e concordam com as associações que os mesmos evocam.

---

3 DRUCKER, P. *O gerente eficaz*. São Paulo: Atlas, 1996. p. 116.

4 DE PREE, M. *Ladership jazz*. New York: Currency Doubleday, 1992. p. 89.

Comparando um dos inúmeros conceitos de *jazz* com um dos múltiplos conceitos de organização, temos algumas convergências. Afinal, segundo a *Enciclopédia Britânica*, "o *jazz* é uma forma musical, geralmente improvisada" e a organização "é constituída de argamassa, trabalho humano e símbolos que podem ser construídos e desconstruídos, adquirindo e reconstruindo formas estruturadas e estruturantes". Formas são representações de estruturas. No entanto, do *ragtime* ao *bebop*, do *cool jazz* ao *free jazz*, do gospel ao *funk* é o movimento, a dinâmica e o *swing* que fazem do músico um grande solista e da música um bom *jazz*.

Aberta e interativa como organização, a banda de *jazz* depende de liderança, de gestão. Mas não prescinde de regulação e controle. Joatan é o líder da banda, sem nenhuma dúvida. Os músicos estão sempre atentos aos sinais que ele dá.

Ao final da aula, voltamos às questões iniciais: O que são organizações? O que é, então, *jazz*? Será que aprendemos sobre *jazz* ao final da aula de Joatan? Ou será que aprendemos sobre organizações? Inicio, assim, a discussão com os estudantes sobre estas questões, com a participação dos músicos. Todos falam animadamente e é difícil regular a participação. As falas dos músicos e estudantes têm convergências muito instigantes sobre organizações e *jazz*.

Sobre minha aprendizagem e a dos estudantes

A experiência estética vivida por mim, pelos estudantes e pelos professores presentes tocou os sentidos e explorou vários modos de conhecer. Evidenciou, antes de tudo, que a música e os estudos organizacionais são dois mundos que podem dialogar, como campos em que se conjugam o engenho e a arte.

Os estudantes vivenciaram, por meio de estímulos estéticos, uma organização com história, configuração, estrutura e estratégia. A aprendizagem sensível ocorreu não apenas nos estudantes. Aprendi muito sobre *jazz* e sobre a força dos recursos estéticos em contextos de ensino. Aprendi que o *jazz* é a vida representada em formas musicais e traz energia criadora aos atos de ensinar e aprender.

O envolvimento dos estudantes foi intenso e as contribuições ao debate relevantes e apropriadas. A música criou espaços de interação inesperados entre estudantes e entre os estudantes e eu. Estudantes mais tímidos ou dispersivos nas aulas participam com evidente alegria e pareciam satisfeitos em compartilhar o momento comigo e com os colegas. Compartilhar o prazer de ouvir boa música estimula a aprendizagem e facilita o convívio. A partir deste dia, o convívio foi de maior cumplicidade entre todos. Temos, agora, um momento prazeroso em comum. Neste clima de interação criativa, o debate fluiu e as relações entre conceitos foram estabelecidas, discutindo-se mais consistentemente organizações e seus contextos.

O uso de recursos estéticos como a música tem muitas possibilidades, mas também riscos. O principal deles é o erro de escolha. Se não tivesse encontrado Joatan e sua banda, músicos com formação universitária, muito competentes em seu ofício e abertos a uma experiência como esta, não teríamos sucesso, pois os músicos poderiam não estabelecer relações adequadas entre os mundos da música e das organizações.

Outro risco é termos uma excelente *performance* que não sensibilize os estudantes. Ou o professor não conseguir articular recursos e conteúdos, desperdiçando a oportunidade. Por exemplo, eu poderia ter banalizado a experiência e usado o *jazz* como mera ilustração.

No entanto, não se podem ter tantas pretensões. Estudantes não aprendem somente na sala de aula. O tema "organizações" nunca será completamente desvendado, pois as organizações transformam-se continuamente, como o *jazz*. Por exemplo, as próprias bandas e, por que não, as universidades?

Um bom recurso estético tem desdobramento em outros contextos de ensino e permite múltiplas utilizações. Tenho usado o vídeo desta experiência em aulas de Didática de Administração em cursos de mestrado e em reuniões e treinamentos com professores. A situação representada suscita questões sobre ensinar e aprender como processos intimamente associados, sendo a música um elemento estruturante.

Quanto a saber o que é *jazz* ou o que são organizações, sejamos cautelosos. Vale para ambos o princípio de Louis Armstrong: "Se você precisa perguntar, então nunca saberá."

24

Jazz como uma metáfora para promover a liderança, o trabalho em equipe e boas discussões em sala de aula[1]

Mary Jo Hatch

Jazz pode ser uma metáfora para o trabalho em equipe e para pensar o processo organizativo como um evento simultaneamente estruturado e improvisado. Tem funcionado para mim tanto no ensino de graduação quanto nos cursos para executivos (embora, com os executivos, eu enfatize o que essa metáfora diz sobre liderança, processo organizativo e trabalho em equipe). A metáfora é apresentada apenas em uma aula, mas o vocabulário do *jazz* permeia todo a disciplina como uma forma de gerenciar as interações ocorridas nas discussões de qualquer tópico da disciplina.

Usando *jazz* com estudantes de graduação

Como fazer com que um grupo de 40 estudantes de graduação adote uma forma homogênea de interação com os seus colegas, de forma a proporcionar uma boa discussão em sala de aula? É esta problemática que demandou a utilização do *jazz* como metáfora para minhas turmas de graduação, desde o primeiro dia de aula! Durante os primeiros dois anos, os estudantes da nossa universidade acostumam-se a grandes turmas e pouca participação. Mas, quando eles entram na nossa universidade, são colocados em grupos de 40 estudantes, instruídos por uma equipe de seis professores que apresentam te-

[1] Tradução do inglês de Maria Tereza Flores-Pereira; revisão técnica de Eduardo Davel e Sylvia Constant Vergara.

mas interdisciplinares como finanças, estratégia, marketing, comportamento organizacional, comunicação e pesquisa quantitativa. Nosso ensino é feito de maneira integrada com uma forte ênfase na participação em sala de aula por meio do uso de vários estudos de caso integrados e da realização de projetos. É necessário convencer os estudantes a rapidamente adotar um novo modelo mental sobre como se comportar em sala de aula de maneira a proporcionar um aprendizado nesse novo e, para alguns, intimidante cenário. A metáfora do *jazz* parece comunicar o que é esperado deles e oferece aos estudantes e à nossa equipe interdisciplinar de professores um modelo para o processo a que todos aspiramos.

É assim que funciona. Primeiro, introduzo o conceito de metáfora de maneira simples, como a comparação de duas idéias ou campos do conhecimento, com um sendo usado como forma de explicar ou repensar o outro. Por exemplo, a comparação que Romeu, de Shakespeare, faz de Julieta em relação ao Sol enfatiza a sensação de calor e a imagem de luz, o que nos ajuda a conhecer Julieta através da percepção de Romeu. Nietzsche acreditava que a metáfora sustenta indiretamente a percepção humana,[2] o que conduz à idéia de que a comparação é um processo essencial para nosso processo de decodificação do mundo. Da primeira diferenciação entre o bebê e sua mãe, até posteriores experiências de comparação entre si mesmo e os outros, cães e gatos, e assim por diante, a capacidade humana de perceber o mundo depende do processo de pegar emprestado o conhecimento de um determinado domínio, para aplicá-lo em outro. Lakoff e Johnson,[3] por exemplo, mostraram que a metáfora está ligada ao uso da linguagem, como quando orientamos nosso autoconhecimento através de metáforas espaciais que muitos de nós utilizamos freqüentemente (por exemplo, "estou me sentindo pra cima hoje"). Depois, apresento um pouco da filosofia de Richard Rorty.[4] Rorty disse que a metáfora pode inspirar novas formas de pensamento com a introdução de novo vocabulário por meio de uma nova descrição (explicar coisas que já são conhecidas utilizando novos termos).

Depois de apresentar uma breve introdução à teoria da metáfora, falo de *jazz* e por que acredito que esta é uma metáfora para as organizações que enfrentam um contexto crescente de complexidade e mudança (por exemplo, a metáfora do *jazz* introduz a arte nos negócios, promove compartilhamento de liderança, foca na questão da atenção ao escutar e responder e, simultaneamente, suscita a reflexão sobre a idéia de competição e colaboração etc.).

---

[2] CANTOR, P. Friedrich Nietzsche: the use and abuse of metaphor. In: MIALL, D. S. (Ed.). *Metaphor:* problems and perspectives. Atlantic Highlands: Humanities Press, 1982.

[3] LAKOFF, G.; JOHNSON, M. *Metaphors we live by*. Chicago: University of Chicago Press, 1980.

[4] RORTY, R. *Contingency, irony, and solidarity*. Cambridge: Cambridge University Press, 1989.

Depois, fazemos uma atividade desenvolvida por Ron Purser e Alfonso Montuori[5] na qual os estudantes escutam uma canção de *jazz*. Purser e Montuori recomendam utilizar *Freddie freeloader*, uma faixa do álbum *Kind of blue* de Miles Davis, porque a maior parte das pessoas a considera muito acessível à escuta (os músicos se revezam fazendo solos de maneira direta, com o baixo fazendo o solo final acompanhado por um extraordinário exemplo de acompanhamento de piano). Complemento a música com um pouco da história do álbum com o livro de Ashley Kahn,[6] *Kind of blue: the making of the Miles Davis masterpiece*. Conto aos estudantes como os músicos foram convidados por Miles para tocar nesse álbum (ele buscava um som específico), que eles não sabiam que música deveriam tocar na sessão de gravação, como Miles rudimentarmente esboçou as notas para eles próximo ao início da gravação, e que cada faixa do álbum foi gravada na primeira vez (eles fizeram alguns falsos começos, mas cada faixa do álbum foi gravada na primeira vez em que os músicos tocaram cada música).

Aos estudantes é dada uma tarefa. Mostro a eles um *slide* listando o nome e o instrumento de cada músico e peço-lhes que escolham um deles e escutem apenas o que aquela pessoa está fazendo por toda a música. Eles são convidados a fazer anotações que descrevam o que o músico por eles escolhido está fazendo, sendo que também é lhes dito que isso pode mudar no processo da música. Depois, a música é tocada, o que leva aproximadamente 10 minutos, como foi feito com a música *Freddie freeloader* (se você escolher outra música, certifique-se de pegar uma longa com vários e diferentes solos, pois será dessa forma que todos poderão escutar seus músicos, tanto conduzindo quanto fazendo outra coisa). Dou a dica para eles fecharem os olhos enquanto escutam, o que ajuda a focar e leva o ouvinte a uma experiência fantástica de percepção da música, um importante resultado dessa atividade.

Quando a música termina, os estudantes se revezam descrevendo o que eles escutaram o seu músico fazer. À medida que apresentam suas idéias, introduzo a terminologia do *jazz* que corresponde ao que eles observaram (Quadro 24.1 para vocabulário básico). Também começo a tomar notas no quadro ou num *flip chart* para destacar os princípios dos músicos ilustrados através da sua *performance* musical. (Coisas como a importância da dinâmica, de construir uma estrutura para que os outros possam tocar a partir de, de passar o solo para que todos tenham a chance de contribuir com idéias compartilhando dessa maneira a liderança do grupo, de primeiro escutar um dos músicos para depois a música como um todo etc.). Quando apropriado, começo a relacionar estas idéias a coisas que acontecem nas organizações e em sala de aula.

---

[5] PURSER, R.; MONTUORI, A. Miles Davis in the classroom: using the jazz ensemble metaphor for enhancing team learning. *Journal of Management Education,* v. 18, n. 1, p. 21-31, 1994.

[6] KAHN, Ashley. *Kind of blue*: the making of the Miles Davis masterpiece. New York: Da Capo Press, 2000.

Quadro 24.1 *Vocábulário básico do Jazz.*

Jazz	Descrição	Ligação com Tópicos de Gestão
Solando	Tomar a liderança.	Liderança
Acompanhamento	Apoiar o solo de outro músico.	Trabalho em equipe Colaboração
Trading fours	Rápida troca entre solista e acompanhamento, músicos se revezam tocando pequenos *four bar* solos, com o baterista fazendo um solo entre cada troca.	Liderança Trabalho em equipe Colaboração
Escutando e respondendo	Abertura para as idéias dos outros. Responder e acomodar as idéias dos outros.	Criação de sentido Comunicação
Balanço e sentimentos	Tocar com o tempo ou o ritmo da música. Produzir tensões emocionais e relaxar através da variação de tempos e batidas. Sem isso, o *jazz* perde o seu caráter entusiasta. Criar comunicação entre músicos e público.	Cultura organizacional Emoções nas organizações

Termino a discussão enfatizando como, através da atividade de escuta dos músicos de *jazz*, eles coletivamente podem criar um tipo de *jazz* comunicacional. Como os meus estudantes irão se engajar na discussão de um estudo de caso na próxima aula, eles têm uma oportunidade de praticar essa forma improvisada de interação que o exercício introduz. Nesse sentido, peço a eles que se lembrem de constituir sua *performance* a partir das idéias uns dos outros, não se fixando no solo de outra pessoa, nutrindo as idéias dos outros colegas, sem atrapalhar os solos. Aqueles que já são fãs de *jazz* muitas vezes assumem o papel de líderes, ajudando a turma a se orientar nesse modelo de interação.

O mais impressionante resultado dessa atividade é a rapidez com que os estudantes respondem às idéias uns dos outros e colaboram, em oposição à postura de competição que instiga a apresentação de assuntos sem conexão em sala de aula. À medida que os professores utilizam o vocabulário do *jazz* em sala de aula para facilitar os processos de grupo, o modelo de interação baseada na improvização é reforçado e os papéis de comportamentos desejáveis são encorajados. À medida que os estudantes usam esse modelo de interação e aprimoram sua escuta uns dos outros, eles começam a respeitar esse estilo de *performance* em sala de aula, o que passa para o nível do inconsciente. A faculdade aprecia discussões lúdicas e divertidas em sala de aula, que não foquem indivíduos, mas grupos. Comparações com outras turmas do nosso programa cujos professores não utilizam essa forma de iniciação do semestre reportam que seus estudantes não são tão bons quanto os nossos nos estudos de caso. Acredito que escutar *jazz*, mesmo que apenas esta vez, incrementa a capacidade intuitiva dos estudantes de tratar com idéias e inspira o esforço conjunto dos nossos professores.

Cozinhando com *jazz*: uma aula para executivos baseada em metáforas

Uso o mesmo exercício com executivos quando dou uma aula sobre metáforas para liderança, trabalho em equipe e processo organizacional a partir de meu trabalho com *jazz*. O desafio para o qual fui apresentada na organização da disciplina de uma semana para executivos era como colocar um peso acadêmico em uma aula na qual os executivos participassem de uma aula de culinária liderada pelo chefe de cozinha do hotel onde o curso estava acontecendo. A aula de culinária foi desenhada para que os participantes do curso superassem seu desconforto inicial sobre seus problemas e erros, mas os organizadores pressentiram que essa aula precisava estar mais amarrada com conteúdo acadêmico. Eles me convidaram para tentar criar uma solução na qual eu improvisasse uma aula baseada na metáfora do *jazz*.

Comecei essa aula de forma bastante semelhante àquela utilizada com os estudantes de graduação, introduzindo o conceito de metáfora e alguma filosofia básica contida nesse tema. Usamos a mesma atividade de Purser e Montuori, mas, como a temática desse programa é liderança, dispensamos mais tempo discutindo sobre os líderes de bandas de *jazz* do que nas aulas de graduação. Apresentei aos executivos histórias de como Miles Davis dinamizava seus vários grupos de *jazz* e conto a eles como essa abordagem diferia da de outros líderes de bandas como Duke Ellington (organizador de *big band*), John Coltrane (inspiração espiritual) e Bill Evans (democracia). Também contrastei a metáfora do *jazz* com outras que podem ser obtidas a partir de orquestras e bandas.

Depois, falei-lhes que iriam praticar as técnicas que eles tinham escutado os músicos utilizar. Na cozinha, sob orientação do chefe geral da cozinha e dos chefes dos souls (!!) e das massas, eles iriam preparar aperitivos, prato principal e sobremesa para o seu próprio jantar. Pedi-lhes que tentassem algumas habilidades-chave dos músicos de *jazz* (fazer solos, mas deixando espaço para os outros dizerem alguma coisa, atuar por trás dos solos realizados por outros etc.) e também observar como os chefes de cozinha trabalhavam com eles.

Depois, eles cozinharam por algumas horas. Observei os chefes, assim como os participantes, tomando notas para simbolicamente lembrar-lhes que deveriam refletir sobre a experiência enquanto cozinhavam.

Após a refeição ser preparada, nos reunimos em sala de aula e conduzi uma aula de reflexão durante a qual tentei me comportar como um bom líder de *jazz*, facilitando os solos de cada participante. Fiz um solo no início e no final, mas mais que isso, procurei escutar e encorajar os membros do grupo a se engajarem num diálogo uns com os outros, para ter uma conversação de uma forma verdadeiramente jazzística (músicos de *jazz*, eu disse-lhes nesse momento, sempre usam a metáfora da conversa para explicar para os iniciantes o que é o *jazz* – todo mundo usa metáfora!). A discussão foi ampla; geralmente, iniciava-se na cozinha com observações sobre como os participantes ajudariam, ou não, uns aos outros a aprender novas habilidades de cozinha ou a participar na preparação da refeição.

A partir daí, lhes pedi que refletissem sobre se seu chefe de cozinha (eles foram divididos em três grupos, dependendo do tipo de prato que estavam ajudando a preparar) estava agindo de maneira jazzística. Nesse ponto, eles já estavam falando de como eles ou outros líderes nas organizações se comportavam, fazendo suas próprias conexões e comparações com o mundo do trabalho de onde eles tinham vindo.

Em algum momento, alguém levantava sua resistência à metáfora do *jazz* (eles podiam não gostar de *jazz* ou preferir uma forma de liderança mais rígida). Algumas pessoas se negavam a abrir suas cabeças para modelos mais lúdicos e improvisados. Eles estavam comprometidos em manter o estereótipo gerencial de comando e controle e simplesmente não conseguiam adotar a metáfora, nem que fosse por um momento. Sem o desejo de suspender a descrença, nada pode funcionar, ainda mais um modelo construído a partir da improvização de *jazz*. É por isso que estou sempre preparada para lidar com objeções ao *jazz*.

Limitações da metáfora do *jazz*

Uso este espaço para passar para as considerações finais sobre como nenhuma metáfora oferece uma completa explicação para qualquer situação. Assim, outras metáforas serão sempre úteis. O objetivo é como encontrar metáforas que comuniquem novas idéias para aqueles com os quais você trabalha. *Jazz* é apenas, nesse sentido, uma forma de utilizar metáforas, sendo que a minha esperança é que eles se sintam inspirados; se não for para utilizar a metáfora do *jazz*, que o seja para encontrar uma que melhor se encaixe neles e nas suas organizações. Mas em qualquer dos casos, sugira que pensem sobre o uso de metáforas no cotidiano e no contexto de liderança.

A primeira parte da minha resposta é perceber que nenhuma metáfora irá funcionar para todas as situações ou para todo o mundo. Posiciono-me a partir da idéia de que não existe um modelo único de beleza, ou seja, algo que seja aplicado universalmente, mas isso não significa que não possamos utilizar a metáfora com o propósito de direção ou liderança. De fato, se Lackoff e Johnson estão corretos, não podemos nem mesmo falar sem metáforas, logo escolher uma em detrimento de outras é algo que irá acontecer. Depois, reitero minhas razões para a escolha da metáfora do *jazz* e por que acredito que ela é surpreendentemente apropriada para os nossos tempos, embora não funcione para todos ou em todas as situações.

A parte seguinte da minha proposta se refere a convidar os participantes a refletir sobre as metáforas que eles já utilizam nas suas organizações. Pontuo que muitas organizações utilizam a metáfora da família e que muitas outras são aficcionadas pelo uso de metáforas de guerra para a descrição de seus negócios (por exemplo, roubar o território de seus concorrentes, fazer distinção entre estratégia e tática), e que muitos gerentes se baseiam em metáforas esportivas dos mais variados tipos. Na maior parte dos casos, as metáforas utilizadas nas organizações não são geradas a partir de um novo entendimento ou de uma reflexão sobre práticas correntes. Apenas metáforas ricas em evocação – como a metáfora do *jazz* que desenvolvemos de forma conjunta – irão proporcionar-lhes a capacidade de suscitar mudança em suas organizações.

Depois reitero meu ponto inicial sobre a noção de *nova descrição* de Rorty, de que inventar um novo vocabulário (como aquele adaptado do *jazz*) para descrever liderança, trabalho em equipe e processo organizacional permite-lhes uma nova perspectiva naquilo que eles fazem cotidianamente para ajudar suas organizações na obtenção de seus propósitos.

Por fim, admito que eles podem achar que o *jazz* não oferece o controle que eles desejam ter. Então, sugiro-lhes que pensem sobre suas metáforas preferidas, aquelas que reflitam seus estilos e preferências de liderança. Se *jazz* não é confortável para eles, o que isso diz sobre seu estilo de liderança? Será que eles preferem um tipo de liderança que se assemelha a de uma orquestra? Ao líder de uma banda? Por que eles se sentem tão desconfortáveis com essa metáfora, mas não com outras? E, ainda, como e por que suas organizações responderiam às várias metáforas que eles consideraram passíveis de ser usadas?

Assim, termino como iniciei, com a metáfora como um modo de viver e de mudar, tanto pessoal quanto organizacionalmente.

25

Gestão da qualidade por meio da dança expressiva

Jace Theodoro

O curso de Dança Expressiva foi implantado em 1995 na antiga Superintendência do Instituto Nacional do Seguro Social (INSS) em Vitória, Espírito Santo, um órgão ligado ao Ministério da Previdência Social do governo federal brasileiro. O projeto foi criado pela Divisão de Recursos Humanos daquela superintendência, com o objetivo de propiciar aos funcionários melhor qualidade de vida no trabalho por meio da expressão corporal, da liberdade de criação, das possibilidades de movimento de cada participante, seus limites e o contato com este corpo que, afinal, pertence a um corpo maior: o da própria humanidade. A melhoria da qualidade de vida no trabalho está intimamente ligada à gestão da qualidade na organização. Por ser assim, aspectos da prática organizacional puderam ser refletidos. O desencadeador da reflexão foi a experiência com a dança.

Inicialmente, a turma começou com cerca de 15 estudantes, dos quais restaram quatro que participaram da criação do espetáculo "Nós do Afeto". Nesse curso, pude desenvolver minha experiência como bailarino e professor de dança em que sempre trabalhei o corpo fora do seu contexto hedonista, tão em moda nos dias atuais. A proposta das minhas aulas sempre foi por um corpo consciente que pudesse expressar por meio dos seus gestos a história de cada um daqueles estudantes, a chamada memória corporal que cada um de nós carrega. Apesar de a dança não ter sido acoplada à aprendizagem direta de um tema da administração, em meu caso ela permitiu a aprendizagem pelos estudantes de dimensões da qualidade de vida no trabalho, aspecto fundamental das atividades de organização e coordenação nas organizações contemporâneas. Exporei neste depoimento minha percepção dessa experiência: o potencial que a dança apresenta para a aprendizagem num contexto organizacional.

Expressando-se pela dança: as aulas

As aulas, uma vez por semana, tinham a duração de uma hora e meia e duraram cerca de quatro meses (aulas propriamente ditas e os ensaios) e eram realizadas numa sala vazia nas dependências do local de trabalho. As aulas começavam com um alongamento ao som de uma música suave para que os estudantes abstraíssem o mundo externo, pois elas saíam das suas salas de trabalho direto para as aulas e precisavam de um tempo neutro para entrar num outro tipo de expressão, mais corporal e emocional que intelectual.

Depois, fazíamos um trabalho de percepção de cada parte do corpo, com os estudantes deitados de olhos fechados, numa viagem mental que visualizava dos pés à cabeça, tudo sem movimento, só pela percepção mental. A seguir, eu dava um estímulo musical para que o corpo fosse acordando e começava o movimento propriamente dito a partir do ritmo musical proposto. O ritmo variava de acordo com a proposta e o momento de cada aula: *jazz*, música clássica, música brasileira (samba, batidas afro, forró, chorinho, *rock* ou pop brasileiro).

Numa aula, podíamos trabalhar alguma musculatura específica – o abdômen, por exemplo – e a partir dessa musculatura todos os exercícios de criação ou coreografia teriam a ver com o abdômen. Na parte final da aula, fazíamos as chamadas "diagonais", em que os estudantes em dupla percorriam uma diagonal da sala com algum movimento determinado por mim ou criado por eles a partir de alguma indicação minha. Em algumas aulas, havia um espaço para que o estudante expressasse verbalmente as suas sensações emocionais/corporais que os exercícios tinham lhe proporcionado, uma espécie de "grande roda", todos sentados no chão, trocando entre si sensações, descobertas, mudanças (ou não) que a aula ou determinado gestual tinham provocado.

Criação final: "Nós do afeto", o espetáculo

Como as aulas se desenvolveram num clima amistoso e de muita cumplicidade entre professor e estudantes, sugeri que criássemos um espetáculo para uma festa de fim de ano. A maioria acolheu a idéia, só que muitos deles não queriam participar indo para o palco; queriam ajudar nos bastidores. Fazer um espetáculo em que você tem de expor suas emoções para um público que era basicamente composto por colegas de trabalho e que seria feito ao ar livre, no pátio da Superintendência do INSS, demanda coragem de se mostrar inteiro para o outro. Só quatro estudantes, Cristina, Sandra, Olívia e Lucia, toparam o desafio, minhas "quatro cavaleiras do pós-calipso", como as apelidei.

E começamos a ensaiar. Primeiro, eu sugeria dinâmicas e exercícios de criatividade e elas improvisavam sobre os temas, como uma partitura de *jazz*, em que há a base musical e os músicos improvisam sobre o tema original. Depois, recolhia as sugestões gestuais de cada uma e sistematizava os movimentos, transformando-os em coreografia, sempre respeitando os seus limites corporais, já que elas não eram bailarinas, apenas pessoas interessadas na arte da dança expressiva.

E assim chegamos ao espetáculo "Nós do Afeto", com música de Saint-Saenz (*Renascer*, versão de Althay Veloso, interpretada por Zizi Possi) e Grieg (*A manhã*, de *Peer Gynt*). A idéia, já anunciava o título, era mostrar os "nós", substantivo, a que somos submetidos no ambiente de trabalho e o "nós", pronome, em que podemos transformar essas relações cheias de entraves, de nós: sair do eu, egoísta e sozinho, para o nós, plural e pleno. Na coreografia, trabalhamos com fitas. As intérpretes/estudantes ficavam em círculo e eram amarradas por essas fitas a um centro, onde eu ficava. Depois, as fitas se libertavam do centro, "o centro do poder" (e aí, façam a associação que quiser: ou com o poder representado pelo professor, o que coordena ou o poder central de qualquer ambiente de trabalho que tudo determina e comanda). Adiante, as fitas se libertavam daquele centro e elas ficavam amarradas em duplas fazendo movimentos de espelho – faziam o mesmo movimento uma da outra, só que ao inverso, como é no espelho (ou seja, por mais igual que pareçamos, vamos sempre ter o outro lado do espelho, uma outra história pra contar). Ao fim, todos se ligavam pelas fitas, não mais amarrados, mas "ligados, unidos" por elas, a união dos afetos individuais em prol do coletivo, até se libertarem de todos aqueles nós, os das fitas e os dos afetos.

Toda a movimentação do espetáculo foi feita pensando no movimento das pessoas de uma organização: ora são solitárias, ora se juntam em pequenos grupos e depois em grupos maiores, com ou sem objetivos claros. A outra idéia foi a de mexer com as estruturas do poder central, aquele que tudo aponta, conduz e determina, e mostrar que há a possibilidade do autocomando, maduro, consciente. Assim, por meio da experiência da dança, as estudantes iam aprendendo e refletindo implicitamente sobre as dimensões sociais e pessoais que se manifestavam no dia-a-dia de trabalho.

É evidente que no movimento as mensagens são abstratas (assim é a arte e o material com que lida o artista) e nada era dito claramente, porque as palavras que poderiam ser ditas ficaram no terreno da sugestão, do abstrato: a voz do corpo contém uma linguagem secreta que invade o inconsciente e ali crava suas palavras silenciosas. Com "Nós do Afeto", a mensagem chegou ao seu destino, mesmo que os receptores nem imaginem isso conscientemente. Os aprendizados sobre as dimensões implícitas e subjetivas da qualidade de vida no trabalho iam, assim, acontecendo.

Impressões da dança

Como professor, eu me portava mais com um orientador daqueles talentos até então embutidos, indescobertos. Minha função era sistematizar tanto vigor, tanto desejo e tanta alegria e fazer das aulas e dos ensaios o "nosso momento", íntimo, intransferível. Um momento de aprendizagem coletiva, por meio da dança e do corpo, de questões organizacionais ligadas à qualidade de vida no trabalho. Mais que ensinar, foi um grande aprendizado para mim. Testemunhei a vivência do outro e a transferi para minha própria experiência. Os estudantes podiam ver-se no outro para achar suas próprias respostas. Podiam também tocar o outro e tocar-se: descobrir juntos e descobrir sozinho.

Comunhão e solidão tiveram espaço fundamental em todo esse processo, o que conduziu todos ao aprendizado gradual segundo o qual, para que uma organização aconteça no cotidiano, é necessário conjugar o entendimento dos processos coletivos (por exemplo, o trabalho em equipe, as reuniões de grupo) com o dos processos individuais e subjetivos, que remetem os indivíduos à introspecção, à intuição e à reflexão, aspectos centrais de qualquer tomada de decisão que se queira efetiva. Assim, a dança despertava nos estudantes essas dimensões amplificadoras da aprendizagem sobre a participação de cada um num contexto tanto coletivo, quanto individual. E daí a qualidade de vida se torna cada vez melhor. Isso sustenta um sentimento de motivação para a realização do trabalho, que aparece nas impressões das estudantes, a seguir.

Impressões das participantes

Logo que tomei conhecimento das aulas de Dança Expressiva que seriam promovidas pela instituição, não hesitei e fiz minha inscrição. [...] No decorrer dos ensaios, percebi que os exercícios físicos funcionavam como remédio para meu corpo e espírito. Sentia maior disposição para desempenhar as diversas atividades sob minha responsabilidade, as decisões fluíam sem causar demasiada inquietação. Minha energia vital estava renovada, percebi que ganhava maior imunidade para combater males que surgem em função do desgaste físico e emocional (Lúcia Lena Lourenço).

A participação nas aulas me fez ver que podia fazer qualquer coisa que me propusesse realizar. Também melhorou minha auto-estima e interatividade com os demais colegas. Tornei-me mais comunicativa, mais solta para participar dos eventos que a partir dali surgiram. A Dança Expressiva me mostrou que, para se fazer alguma coisa, não basta apenas querer, temos de fazer, enfrentando tudo e todos os obstáculos. A partir do espetáculo que apresentamos, a minha autoestima deu um grande salto, acho que me tornei outra pessoa em todos os aspectos (Olívia Figueira).

O espetáculo "Nós do Afeto" representou para mim um oásis no meio de um deserto de processos, licitações, contratos e mesmices do Serviço Público. Foi o brotar do talento e riqueza interior que desconhecíamos e a oportunidade de nos fazer observados e admirados por pessoas que não cultivam o hábito de dar-se um tempo para apreciar a beleza. [...] "Nós do Afeto", com o cuidado com que foi concebido, exaustivamente (e alegremente) trabalhado e delicadamente apresentado, despertou em mim (e sei que em todos) capacidades que não sabia possuir (Sandra Mateus).

Lembro-me de que, na época, eu não conhecia muito bem os colegas, logo que começamos a ensaiar. Porém, aos poucos, nós fomos descobrindo uns aos outros. [...] Na verdade, os ensaios foram tão ou mais importantes que a própria apresentação. Ver a mudança da turma a cada dia, ganhar confiança em você mesma para expor a um público (que eram colegas também, mas estariam avaliando a cada um de nós). Foi muito importante o que construímos nesse período. Amizade. E a certeza de que você trabalha num lugar que se importa com você, e o considera mais do que um número, mas procurando te melhorar por dentro, no seu relacionamento com você e conseqüentemente com os seus colegas (Christina Liz da Rocha Silva).

Até hoje, tenho em mente as imagens de alguns movimentos da coreografia, e me emociono. Tenho certeza de que as pessoas que participaram não são mais as mesmas. Houve uma mudança de atitude tanto no trabalho como na relação com os colegas e a instituição. Meu sentimento é de que ficou muita coisa boa, as pessoas foram reconhecidas com aquele espetáculo e puderam aparecer, ser valorizadas. (Maristela Pasolini Pozzi, então chefe da Equipe de Treinamento e Desenvolvimento).

A co-construção na aprendizagem

Não se exerce a função de professor sem a co-participação do estudante. E, aqui, entenda-se o professor menos como o "mestre" que tudo comanda no exercício de poder que lhe é atribuído e mais como o orientador que faz da troca entre as partes o seu mote. Cada estudante teve uma vivência particular, intransferível, que mereceu atenção individual e é nesta circunstância que a aprendizagem representou uma co-construção.

Perceber cada um deles como único e, portanto, de uma riqueza de diamante muitas vezes a ser lapidado foi minha função nessa experiência. Nesta percepção é que os mundos se encontram. Eu, professor, e as estudantes puderam se fundir sem que com isso se perca o foco do lugar ocupado por cada um. Na relação, eu detinha a informação a ser trabalhada, enquanto as estudantes eram coadjuvantes com possibilidade de protagonizar o processo de aprendizagem.

No ensino por meio da arte, a relação entre professor e estudante se constrói numa espécie de bate-volta. No nosso caso, há a necessidade de ter um parceiro do outro lado da rede. Com as estudantes, pude vivenciar na prática essa relação. Prática no sentido da ação de que carece um treinamento, já que músculos treinados, trabalho de concentração em si mesmo e no outro conduziriam à técnica e a perícia necessárias ao resultado: o espetáculo "Nós do Afeto". Sem estabelecermos uma relação de mutualidade, de encontro entre aqueles mundos, não alcançaríamos jamais a afinação do instrumento de trabalho que, naquele momento das aulas, era o nosso corpo, espírito e mente. A prática das estudantes em suas organizações beneficiou-se desse aprendizado da qualidade de vida no trabalho trazido pela experiência da dança. Esta suscitou aprendizado sobre a relação entre o coletivo e o individual em uma organização, bem como sobre a relação entre o subjetivo e o objetivo, entre a mente e o corpo, aspectos importantes nas práticas de cooperação no contexto do trabalho em equipe, por exemplo.

Mas a emoção, ou a inteligência emocional, não é também um aspecto significativo do trabalho em equipe? Nos exercícios em que trabalhávamos o olhar, por exemplo, as dificuldades ficavam perceptíveis na medida em que *olhos nos olhos* deixa de ser tema de canção para se tornar um encontro consigo e com o outro. E ver o outro pelo encontro das íris, da menina dos olhos, no que ela tem de brilho e de lusco-fusco, é tarefa árdua. Ver o outro nele mesmo e ver o outro em mim era a questão. Ou, então, nos exercícios musculares que tocavam os limites corporais das estudantes: fico no meu limite ou avanço? Uma pergunta quase existencial que só poderia ter resposta dentro dos limites e avanços que cada aula, presente ou futura, proporcionava. E sempre havia espaço para discutirmos aonde cada estudante poderia – ou queria – ir.

Geração da aprendizagem coletiva

Os depoimentos das estudantes naquele momento e os de agora, distantes do ato, confirmam a relação que se estabeleceu nas aulas. A possibilidade que a arte oferece na geração da aprendizagem coletiva é determinante se compararmos com a educação formal dos recursos teóricos e da fala distante. Não à toa, as escolas estão se apropriando de outros recursos – a arte entre eles – para conseguir resultados mais consistentes com o processo de aprendizagem das estudantes.

Quando a arte entra na estrutura estanque de uma empresa, uma revolução silenciosa se faz. Alguns podem considerar utopia a pequena revolução empreendida pela arte nesses lugares, já que lugar de artista é no palco e não "fazendo arte" (vale o duplo sentido). Tolice. Qualquer movimento artístico com alguma consistência, imbuído de conceito e trabalhado no foco daquele ambiente – a empresa –, pode, sim, resultar em mudança, quebrar o gelo do preconceito, ativar centros nervosos adormecidos em quem vivencia, seja como agente do processo, seja como espectador.

A arte, no momento da criação, exige o encontro de pares e ímpares, exige a participação conjunta, o coletivo em harmonia. Exigências de qualquer empresa para o seu corpo funcional, mas as experiências do dia-a-dia se revelam contrárias a isso. Mas pela arte não há outra possibilidade que não a do fazer conjunto, a interdependência, a parte no todo, o geral buscando o íntimo, o particular.

Uma das estudantes narra sua dificuldade em memorizar os passos da coreografia. Quando isso acontecia, ela recorria a alguma colega para lhe ajudar. Era o momento da troca, o que uma esquecia a outra lembrava, o que as estimulava a trabalhar em conjunto, a se exercitar juntas, trabalhando as dificuldades e descobrindo soluções por si próprias, sem depender tanto do professor/orientador. Assim, a prática do trabalho em equipe no contexto da dança permitia desenvolver uma consciência coletiva, obstáculos, limites e potencialidades do trabalho colaborativo. Essa aprendizagem tanto cognitiva quanto corporal também era realizada no âmbito do trabalho em equipe na organização das estudantes. Havia, portanto, um transpor da aprendizagem no âmbito da equipe de dança para a aprendizagem no âmbito da equipe da organização da qual cada estudante fazia parte.

Riscos e desafios

Uma pergunta que sempre ouvi dos estudantes, ou melhor, das estudantes, era por que havia uma proporção muito maior de mulheres que homens nessas salas de aula. Para o homem, é sempre mais difícil correr o risco da exposição que uma aula como essa provoca. Uma aula em que ele tem de se colocar, muitas vezes de maneira frágil e/ou delicada, não é exatamente um comportamento que corresponda à cultura do macho latino-americano. É mais fácil para esse homem jogar futebol, praticar lutas ou esportes radicais que dançar e deixar seu corpo se expressar livremente.

Por outro lado, com tantas mulheres na sala de aula, a energia masculina – e esse foi o caso do trabalho de Dança Expressiva – fica em desvantagem diante de tanta energia feminina. E como se lida com energias corporais, eu, como professor, era a única energia masculina, o que gerou – e é natural isso acontecer – confusões de sentimentos; uma estudante ou outra que deposita no professor suas carências, vê nele uma espécie de "salvador da pátria", a figura do homem ideal. Tudo isso tem de ser tratado com muita delicadeza, muito tato, para que tais sentimentos ganhem um outro lugar que não o da paixão. E estamos falando de corpos que são tocados durante a aula, deixando, portanto, os sentidos à flor da pele. Aliás, tal situação trazida pela experiência da dança não poderia ser também geradora de aprendizagem para as relações com superiores hierárquicos em uma organização? Não poderia ser fruto de aprendizagem para refletir sobre questões de assédio sexual no trabalho?

O que essas aulas tiveram de mais bonito e comovente foi ver como aqueles corpos que chegaram cheios de nós e amarras foram se dispondo ao trabalho com coragem, com desejo de crescer e sair das suas cascas. Corpos mais livres, pessoas mais livres, as minhas destemidas "quatro cavaleiras do pós-calipso".

Embora houvesse carências de recursos materiais (CDs, colchonetes, uma sala apropriada), havia uma disponibilidade do setor de Recursos Humanos para que fizéssemos o melhor, com funcionários sempre prontos a nos atender. A própria localização das sala dentro do ambiente de trabalho, ao lado de outras salas onde havia funcionários trabalhando, era uma limitação. Mais de uma vez, houve reclamações de que a música estava alta ou de que o som produzido pelos estudantes em alguns exercícios atrapalhava a concentração de quem trabalhava ao lado. E não havia outro lugar na empresa onde pudéssemos trabalhar. Ou seja, ambos os lados teriam de conviver com o "ruído" do outro. O desafio era vencer a resistência dos outros a um trabalho que muitos viam como um desperdício de tempo e dinheiro. O incômodo que toda mudança provoca mostrava sua face. Era a alteração dos dias comuns por um "movimento" incomum nas salas e corredores e a inevitável convivência entre as diferenças, não sem alguma intolerância e desconfiança.

A armadilha mais comum nos programas de qualidade é que muitos dos dirigentes que os implantam em suas empresas não é por outro motivo se não para seguir a cartilha do mercado, o deus-mercado. Não me parece haver uma atitude convincente e de crença no trabalho realizado, mas sim uma necessidade, política muitas vezes, de dar uma satisfação à sociedade, "ficar bem na foto" com seus pares, acrescentar um item ao currículo profissional, o de quem "deixou" que fizessem arte na sua empresa.

E não foi por outra coisa que o nosso trabalho não foi adiante. À entrada de novos dirigentes, não era conveniente dar continuidade ao trabalho do antecessor. Seria assinar embaixo que o caminho trilhado por nós naquelas aulas era o da real qualidade de vida no trabalho, embora nem todos compreendessem assim, e isso só acrescentaria munição às armas do "inimigo". Ficamos impedidos de continuar, embora os motivos apresentados fossem outros que não os da velha politicagem brasileira.

Em suma...

Da mesma forma que o artista vive o céu e o inferno de produzir um trabalho para o palco ou outro veículo, também assim o é ao introduzir a aprendizagem de um conteúdo específico por meio da arte dentro de uma empresa. São níveis diferentes de dificuldade, mas que igualmente tocam no preconceito, nas conveniências do mercado, em negativas que vão de encontro aos seus propósitos.

O fazer artístico é laborioso, exige resistência felina (sete vidas e um pouco mais), desapego de idéias velhas, disponibilidade para o novo que a cada passo se apresenta. Não há maior desafio na arte que o de estar pronto para o desafio, a prontidão que não estanca, que clama por rapidez sem perda da sensibilidade, que nos empurra para o abismo na esperança de asas.

Uma empresa que consegue unir prontidão, rapidez e margens de abismo, sem perder a sensibilidade, sem temer o desafio, já pode abrir as cortinas e anunciar o espetáculo. Não só para cumprir a agenda politicamente correta e se prostrar às exigências do mercado, mas com fiéis disposição e intenção. Quem se dispuser ao hercúleo trabalho pode contar com todas as recompensas que os deuses da arte podem oferecer e que vão muito além do mero aplauso.

26

Música e dança de salão em curso de excelência no atendimento ao cliente

Sylvia Helena Constant Vergara

Um dos temas mais em voga na atualidade empresarial refere-se ao modo pelo qual o cliente deve ser atendido de forma que fique satisfeito e possa, de alguma forma, contribuir para a rentabilidade da empresa e sua manutenção no mercado.

É neste escopo que se insere o curso por mim elaborado para profissionais do mercado de trabalho. Busco alcançar os resultados pretendidos, partindo da premissa segundo a qual inteligência intrapessoal e interpessoal são requisitos fundamentais para o atendimento adequado ao cliente.

Cada pessoa tem uma história de vida diferente da outra. Refletir sobre como ela aprendeu a se relacionar com o outro, tomando consciência de sua história, é um fator de libertação das potencialidades humanas.

No Curso de Excelência no Atendimento ao Cliente, utilizo como recursos estéticos a música e a dança. É um curso com carga horária de 16 horas e classifica-se como de extensão. É aberto a profissionais do mercado e é ministrado na Fundação Getulio Vargas, no Rio de Janeiro. Também é ministrado em empresas públicas e privadas, como o foi para a Ordem dos Advogados do Brasil, o Tribunal Regional do Trabalho, a Vésper, a Transportadora Carvalho, Canetas Compactor, Banco Itaú, Repsol, Sicpa, Unimed, entre outras.

A música é utilizada para o desenvolvimento de todo o curso e a dança para um tópico dentro do curso. A idéia de incluir a música e a dança surgiu com o objetivo de oferecer ao ensino de administração um caráter mais socializante. A crença que tenho como pedagoga é aquela segundo a qual o estudante assimila melhor os conteúdos programados em um curso se forem estimulados diferentes sentidos: o tato, a visão e a audição.

O objetivo do curso é oferecer insumos para que, ao seu final, os participantes sejam capazes de: (a) perceber a interdependência das diversas áreas da organização; (b) reconhecer a importância do trabalho em equipe; (c) perceber a importância da comunicação verbal e não verbal na interação com os clientes; (d) valorizar o autoconhecimento e o autodesenvolvimento; e (e) identificar as habilidades necessárias ao profissional de atendimento.

As habilidades necessárias para o profissional de atendimento ao cliente interno e externo são: paciência, cordialidade, flexibilidade, simpatia, atenção, facilidade de relacionamento, busca de harmonia, empatia. Também é necessária motivação para aprender novos conteúdos e enfrentar desafios para solucionar os problemas dos clientes.

Utilizo a música porque acredito que ela facilita o desenvolvimento de sentimentos maiores, como o amor, a bondade, a entrega e a solidariedade. É um som que toca ao coração. O profissional de atendimento tem que ter disposição para servir, para ajudar os clientes e solucionar-lhes problemas. A empatia é fundamental, pois ele precisa entender as razões do cliente para poder oferecer uma solução.

Quanto à dança, lanço mão da dança de salão. É uma atividade na qual se espera que a dama tenha flexibilidade para as mudanças de passo do cavalheiro, assim como o profissional deve ter para entender incertezas, contradições e certezas do seu cliente. Espera-se, também, que o profissional, ao atendê-lo, seja cortês, simpático e atencioso como deve ser um cavalheiro com uma dama na referida dança. Se o cavalheiro ou a dama não dominam o passo, é preciso que ambos tenham paciência e busquem acertá-lo e tornar harmônica a relação. Aqui, o papel do cavalheiro é fundamental, assim como o é o do profissional no trato com seu cliente.

Escutando *Aprendendo a jogar* na voz de Elis Regina

No início do curso, os estudantes recebem um texto de minha autoria com os seguintes tópicos que serão abordados durante a aula: (a) breve histórico sobre cliente; (b) mudanças na dinâmica dos negócios que causaram impacto no interior das empresas; (c) expectativas da empresa em relação ao desempenho do profissional; (d) comportamento do profissional frente às reclamações dos clientes; (e) regras básicas de atendimento telefônico e mensagens eletrônicas; (f) regras básicas de comportamento social; (g) importância do trabalho em equipe; (h) como atrair e reter clientes.

Antes de abordar um tópico da disciplina, aplico uma dinâmica de grupo, pois a metodologia do ensino é de base vivencial. Depois de os estudantes terem vivenciado a situação por meio de simulações, pergunto-lhes o que perceberam neles próprios durante aquela atividade. Vou adiante, perguntando-lhes como podem utilizar os conceitos apresentados naquela atividade lúdica, na realidade cotidiana. Após as reflexões dos estudantes, introduzo o conteúdo.

Para falarmos sobre trabalho em equipe, simulo em sala de aula a fabricação de um produto encomendado pelo cliente. O objetivo é fabricar e entregar o produto para o cliente de acordo com as especificações solicitadas por ele e dentro de um prazo determinado. Este exercício tem a duração de 30 minutos. Cada grupo tem cinco membros que são os funcionários e o gerente das respectivas empresas fictícias. Neste exercício, atuo como um cliente que contratou uma empresa para confeccionar um produto. Antes de eles iniciarem a tarefa, chamo os gerentes das respectivas empresas fictícias e pergunto se têm condição de entregar o pedido em 15 dias, que, nesta atividade, equivale a 15 minutos. De pronto, os gerentes dizem que têm condições de atender. Eles, então, pegam o material necessário para a confecção do produto, reúnem-se com a sua equipe e iniciam as atividades.

Enquanto eles estão simulando a fabricação do produto, coloco, como fundo musical, a música da autoria de Guilherme Arantes, cantada por Elis Regina, chamada *Aprendendo a jogar*. A letra desta música inclui o seguinte trecho: *vivendo e aprendendo a jogar* [...] *vivendo e aprendendo a jogar* [...] *nem sempre ganhando, nem sempre perdendo, mas aprendendo a jogar* [...] *água mole em pedra dura* [...] *mais vale que dois voando* [...] *se eu nascesse assim pra Lua...não estaria trabalhando* [...] *vivendo e aprendendo a jogar.*

Após 15 minutos, dou como encerrada a atividade. Chamo os gerentes, mas um de cada vez, para receber o produto solicitado. O resultado é desanimador para o cliente, pois os gerentes, em geral, não entregam o produto de acordo com as solicitações e no prazo estipulado. Cada gerente justifica a falha de uma forma diferente. Uns dizem que os funcionários foram incompetentes, outros dizem que não conseguiram entrar em contato com o cliente para avisar que não poderiam entregar no prazo, e por aí afora. Enceno um cliente que não teve suas expectativas atendidas e que ficou insatisfeito com o resultado. No final, peço que reflitam sobre o que aconteceu nas equipes de trabalho.

As reflexões dos estudantes são as de que o planejamento foi bom, mas se perderam na execução da tarefa; nem todos da equipe se empenharam para atingir o resultado esperado. Também dizem que o estilo de liderança não foi adequado para a atividade, isto é, o líder não soube comunicar com clareza as regras do jogo, não aceitou sugestões e não procurou o cliente para negociar o prazo. Pergunto ao grupo o que podemos aprender com esta atividade e eles dizem que a capacidade de avaliar, julgar, deliberar, estabelecer relações das organizações causa impacto na relação com o cliente.

A intenção da escolha da música é mostrar que, com as mudanças constantes e velozes, a competição acirrada e a globalização, a equipe precisa se adaptar a novas demandas. Ela se forma quando há um propósito comum, que é o de servir aos clientes de uma organização. Problemas de relações humanas (conflitos, discussões, insatisfação) podem surgir, e o que a organização mais precisa é de indivíduos hábeis no exercício da cidadania, tomada esta como respeito aos limites impostos pelo convívio social. Daí, colocar uma letra que diz: *vivendo e aprendendo a jogar*. A premissa é a de que quanto mais a organização proporciona um aprendizado que facilita o desenvolvimento das relações interpessoais, maiores são as chances de atender bem ao cliente.

Dançando no salão

A dança de salão é inserida no tópico que fala sobre o profissional e o relacionamento com o cliente. A utilização deste recurso estético visa alcançar os seguintes objetivos:

- desenvolver a coordenação psicomotora, agilidade, ritmo, flexibilidade e percepção espacial, todos componentes físicos de nossas ações cotidianas;
- permitir uma melhora na auto-estima e quebra de diversos bloqueios psicológicos;
- permitir a liberação da substância chamada endorfina, que causa uma sensação de prazer e torna mais fácil a reflexão e a percepção de conceitos;
- desenvolver a interação social, a confiança no outro e a autoconfiança.

Inicio a atividade dizendo que vamos aprender um novo conteúdo: dança de salão, na qual homens e mulheres dançam juntos. Geralmente, não há resistências no grupo quanto a fazer esta atividade. Para incentivá-los, digo que temos de estar preparados para enfrentar novos desafios. E que temos de estar abertos para aprender novos conteúdos. Faço uma roda e ensino aos estudantes o passo básico da dança, seja ela samba, forró ou outra qualquer. Primeiro, individualmente, eles fazem o passo básico. Aviso que para conseguirmos ir para a mesma direção e não pisar o pé do colega, ao lado, temos que começar a marcação do passo com a perna direita. Se vejo que existe algum estudante com dificuldade de coordenar o passo, fico ao seu lado, junto com o grupo, ensinando-lhe como deve fazer. No final do ensaio, todos fazem o passo certo e na mesma direção. Pergunto o que eles aprenderam com isto e eles dizem que, quando as regras são claras, o objetivo é alcançado.

Antes de a turma dançar com seus pares, solicito que um estudante faça comigo o passo para a turma ver como é dançar junto e, depois, eles fazem com seus respectivos pares. Coloco a música e eles dançam durante cinco minutos.

Durante a atividade, peço que troquem de par e continuem a dançar. Cada novo par, novos cuidados para acertar o passo.

Após a dança, peço que comentem o que aprenderam com a atividade. Os estudantes dizem que cada pessoa tem um ritmo, que no início é difícil acertar o passo com o colega (ou o cliente), que eles achavam que não iam conseguir dançar junto com o outro. No entanto, aprenderam que se deve dançar conforme o ritmo ou a música, o que pode ser traduzido no atendimento ao cliente, que se deve agir conforme o serviço prestado e a quem se presta. Também afirmam que a atividade foi muito alegre e diferente. Após os comentários dos estudantes, coloco um *slide* (Quadro 26.1) que resume a comparação entre a dança e o profissional de atendimento ao cliente interno e externo.

Quadro 26.1 *Comparando a dança e o profissional de atendimento ao cliente.*

Dança	Profissional de atendimento
Passo básico	Base: entender pessoas
Dar o primeiro passo	Mudar de atitude
Cavalheiro conduz a dama	O Código de Proteção e Defesa do Consumidor conduz a relação entre cliente e fornecedor
Cavalheiro protege a dama	O profissional de atendimento protege o cliente
Cavalheiro corteja a dama	O cliente é tratado com cortesia
Dama e cavalheiro têm que ter leveza	O profissional tem que se trabalhar para ter equilíbrio
Aprender novos passos	O profissional tem que desenvolver novas competências
Cuidados com o "espaçoso"	O profissional tem que respeitar os limites impostos pelo convívio social
Acertar o passo	Entender o ritmo do cliente
Dançar junto com o outro	Saber trabalhar em equipe

Em relação a este recurso, sinto-me feliz, primeiro, porque sei como ensinar os estudantes a dançar, pois pratico esta atividade. Segundo, porque sei que os brasileiros gostam muito de música. Respeito as diferenças regionais brasileiras, privilegiando a dança preferida por determinada região. Por exemplo: no Norte e Nordeste, os estudantes gostam de dançar forró. Neste caso, levo um CD de forró, ensino-os a dançar e eles o fazem com os colegas. No Sudeste, levo um CD de samba.

Quanto aos estudantes, primeiro eles ficam surpresos, pois afinal vieram aprender um conteúdo dentro da área de Administração e não esperavam que esta atividade fizesse parte do curso. Aproveito para dizer-lhes que, se a empresa quiser conquistar um cliente, precisa surpreendê-lo. Assim é o nosso curso.

Depois, alguns estudantes acham que não têm jeito para dançar e que não vão conseguir aprender os passos. Aproveito, então, para comentar que as mudanças são velozes e que precisamos estar abertos para aprender novos conteúdos e que sempre que nós nos deparamos com um novo aprendizado temos uma certa resistência, acreditando que não é possível aprender. No final da atividade, introduzo o conceito de Jean Piaget sobre como se processa o conhecimento, explicando o que Piaget fala sobre assimilação e acomodação.

No final da atividade, todos ficam alegres, rindo. Aproveito, então, para dizer-lhes que o bom humor é necessário num ambiente empresarial em que a pressão por resultados é constante. Lembro que o mau humor e a má vontade contagiam as pessoas, assim como o bom humor e a boa vontade também contagiam.

A percepção dos estudantes

Em matéria de resultados da aprendizagem obtidos pelos estudantes, os relatos enviados por *e-mail* após a aula demonstram que os objetivos foram alcançados. Eis alguns deles:

> Foi muito bom ter feito este curso, por vários aspectos: na faculdade, no trabalho e na vida profissional. Depois de tanto tempo no mercado consegui acordar para os desafios do mercado de trabalho. Hoje, tenho vários planos para o futuro. Estudo informática e trabalho com vendas. Busco alternativa para conciliar as duas áreas: de informática e de vendas. Sentia-me um pouco acomodado com medo de arriscar o novo. Com certeza, uma palavra saiu do meu vocabulário: "não". "Não posso, não consigo, não quero, talvez, acho que sim"; são palavras que aprendi a dizer somente em último caso (Edelson Estevão, 2004).

> Tenho grande satisfação em expressar o meu entusiasmo por este curso. Por estar trabalhando em um dos melhores sistemas de ensino de pós-graduação e com os melhores professores da América Latina, tinha receio de me relacionar com essas pessoas de nível intelectual elevado e também no atendimento ao telefone. Porém, essa falta de confiança em mim mesmo continuava sendo um fato que me impedia de comunicar-me com essas pessoas incrivelmente talentosas e, também, progredir na vida. Por esse motivo, fui indicado para o Curso de Atendimento, que serviu para aprimorar pessoal e profissionalmente, devido aos exercícios realizados (dança de salão) que me estimularam para enfrentar obstáculos. Hoje,

> minha auto-estima aumentou e com isso o atendimento ao público ficou excelente, as amizades aumentaram abrindo oportunidades de trabalho, estudo (Marcos Ludugero, 2004).
>
> Agradeço os momentos de felicidade e aprendizado que você nos proporcionou neste curso, além de muita informação; devo parabenizá-la pelo excelente trabalho que conciliou conhecimento e motivação, essa mistura é vitoriosa! (Juliana Ribeiro, 2004).
>
> Quero que saiba o quanto me apaixonei pela aula. Cheguei em casa e aqui na empresa simplesmente fascinada. Foi muito esclarecedor e estou realmente encantada (Jeanne Assunção, 2005).

Os depoimentos enviados pelos estudantes me emocionam. Quando os leio, sinto a força do papel do educador na área de administração. Diante de estruturas enxutas e das cobranças das organizações em obter o maior resultado possível do trabalhador em um curto espaço de tempo, a utilização destes e outros recursos estéticos é ferramenta fundamental para que o professor consiga atingir os resultados esperados pelas organizações.

No decorrer do processo, uma das limitações está referida à possibilidade de ter uma turma só de homens. Quando é só de mulheres, não há problema, pois uma dança com a outra. Outra limitação diz respeito a estudantes impossibilitados de dançar, por conta de algum problema físico. Em um curso, uma estudante tinha uma perna menor que a outra. Mesmo assim, ela fez o passo básico, dançou com o colega e gostou. Quando se quer algo, barreiras são superadas.

Uma limitação, ainda, é fazer esta atividade num ambiente empresarial em que algum componente do grupo tenha dificuldades de se relacionar com alguns colegas de trabalho. Neste caso, a troca de pares tem que ser bem estimulada, pois o funcionário apresenta resistência em dançar com algumas pessoas do grupo. Uma vez, em um curso em uma empresa, uma das funcionárias, secretária do diretor da empresa, não quis dançar com alguns colegas. Neste caso, conduzia-a a trocar de par com colegas que ficaram próximas a ela durante o curso.

Um dos riscos desta atividade é de ter um estudante que não queira dançar. Houve um caso de uma turma, por exemplo, em que uma jovem profissional do mercado de trabalho não quis dançar. Enquanto os outros estudantes dançavam, sentei-me ao lado dela para entender suas razões. A estudante, então, disse-me que na família dela o único que gostava de dançar era o seu pai. Ela e sua mãe não gostavam. A ausência da estudante na atividade fez com que o grupo imaginasse que ela era uma adolescente rebelde, já que o grupo estava gostando tanto da atividade que não queria parar de dançar. Aproveito, então, para comentar que precisamos estar preparados para lidar com vários tipos de clientes. Uns serão corteses, outros descorteses, alguns apresentarão problemas subjetivos, e por aí afora. Portanto, precisamos cuidar da nossa auto-estima para nos manter em equilíbrio e lidar com diversos tipos de situações.

A dança é uma atividade prazerosa e torna o ambiente alegre. Os estudantes gostam muito. E se surpreendem com esta atividade em um curso da área de administração.

Conclusão

Ensinar é uma arte. Requer criatividade, adequação ao contexto social, conhecimento dos processos psicológicos envolvidos na aprendizagem, conhecimento de dinâmica de grupo e formas de comunicação para auxiliar no manejo de classes.

O desenvolvimento da disciplina Excelência no Atendimento ao Cliente leva os estudantes a refletirem sobre a complexidade das relações humanas. Alguns estudantes enviam-me *e-mail*, relatando a aplicação prática dos conceitos aprendidos no curso. Portanto, forma (música e dança) e conteúdo servem como recursos incentivadores ao alcance do objetivo do curso.

As dificuldades apresentadas pelos estudantes na dança, tais como: não querer dançar com colegas de trabalho com os quais não tenham afinidade ou simplesmente não querer dançar por timidez ou algum bloqueio psicológico nos servem como base para o entendimento do comportamento humano. Outros estudantes enviam-me *e-mail*, comunicando-me que entraram numa academia de dança. Sinceramente, fico muito feliz com as notícias.

Vejo a dança como um recurso para exercitar a disciplina, desenvolver a interação social, melhorar a auto-estima tão necessárias a um profissional que deseja continuar empregado num mercado de profundas e velozes mudanças e, com elas, muita pressão, muito estresse. A forma de lidar com esta realidade é buscar informações, aprimorando-se, investindo em educação continuada.

Dança é movimento construído em função de um objetivo. Assim são as organizações. Por que, então, não estabelecer a relação? É o que busco fazer.

27

Desenhos animados e cenários culturais no ensino a distância de administração

Mary Kimiko Guimarães Murashima

Início do diário

Em 2002, ingressei na Fundação Getulio Vargas e comecei a navegar por novas rotas no ainda jovem programa de ensino a distância dessa instituição: o *FGV Online*. Essa não foi – e ainda não é – uma tarefa fácil. Apesar da prática de vários anos no ensino superior, logo percebi que essa viagem me reservaria múltiplas surpresas e desafios, pois construir um curso a distância sob o compromisso de tornar viável a reconstrução do conhecimento e a agregação de valor pressupõe uma cartografia difícil e instiga a desconfiança de que mapeamos o imponderável: cada página "rolada" no ambiente virtual tem de ser capaz de vencer turbilhões de silêncios, escapar do abismo das lacunas e dos espaços vazios, resistir a um mar imenso de solidão.

No início, quando o quadro de giz apagou, a pauta sumiu e a boca secou, ficou a incômoda pergunta: E agora, professora? Contudo, em se tratando de Ensino a Distância (EAD) – com a devida licença poética –, percebi que ainda somos todos "josés". Somos vítimas do desconforto que assola a cara noção de identidade, frente à experiência do novo. Incomodava-me profundamente a falta do som de conhecidas palavras, dos instantes de brilho nos olhos, dos risos que aliviam o peso das horas. Frente à ameaça do novo, tudo parecia só solidão e sede. Era como se olhar para a frente significasse perder inelutavelmente o que, com muito custo, havia construído em um cenário presencial: "minha doce palavra, meu instante de febre, minha gula e jejum, minha biblioteca, minha lavra de ouro, meu terno de vidro",[1] nossa incoerência, como dizia o poeta.

O tempo se encarregou de revelar novos horizontes. Hoje, minha fé no EAD não se deixa abalar por tantas procelas e tormentas. Ela me leva a acreditar que, comumente, na prática docente, o grande perigo é, na verdade, o de nos preocuparmos excessivamente com a mudança de paradigmas e debatermo-nos contra o medo de sermos engolidos pela fenda de um novo corte epistemológico. Nesse sentido, o grande risco é o de sublinharmos as diferenças entre a prática docente presencial e a que se exercita a distância, como se, entre uma e outra, houvesse um abismo no qual nos perderíamos de nossa experiência e identidade, lastimando-nos debruçados sobre os tormentos da solidão e a impossibilidade da prática pedagógica sem o contato presencial. Se tomamos essa direção, acabamos nos esquecendo de que, na relação com o outro, como já dizia Sartre, estamos sempre sozinhos e de que, apesar disso (ou seria justamente por isso?), todo contato humano é pedagógico.

Vencer esses obstáculos foi o ponto de partida para exercitar, no EAD, a crença de que a prática docente deve estar comprometida com a formação da competência humana para a autonomia solidária e para a vida em espaços abertos, um processo no qual a aula – presencial ou virtual – torna-se um expediente secundário e onde, ainda, a aula meramente reprodutiva é capaz de assassinar a autonomia.

É essa experiência que me proponho dividir agora, descrevendo como, no *FGV Online*, o comprometimento com a gestão da autonomia do sujeito levou à exploração de recursos estéticos e cenários culturais em nossos cursos a distância, com o objetivo de motivar nossos estudantes a serem capazes de lidar crítica e criativamente com o conhecimento, indo em direção a um processo de aprendizagem como formação da competência humana para criar, surpreender, vencer limites e lidar, ousadamente, com o inusitado sem medo dos futuros que nunca se completam.

Memória das primeiras viagens

Nas duas últimas décadas, aproximadamente, a rápida evolução das tecnologias da informação e da comunicação gerou vários produtos que maximizaram a produtividade dos programas de formação a distância, principalmente aqueles assistidos por computador. A utilização de novas tecnologias – como o correio eletrônico, as conexões de redes a bancos de dados, o videotexto, as conexões

[1] ANDRADE, C. D. de. *Nova reunião*: 19 livros de poesia. Rio de Janeiro: Instituto Nacional do Livro: Fundação Nacional Pró-Memória, 1983. p. 101-103.

via satélite – possibilitou ainda o incremento da interatividade entre estudantes e professores, vista, até então, como fator negativo desses programas.

Alteraram-se, assim, os paradigmas dos programas de ensino a distância, evoluindo para modelos mais abertos, flexíveis e ricos na utilização de recursos tecnológicos: o paradigma que daí se origina é o da interação baseada nos recursos multimídia.

Os ambientes multimídia interativos possibilitaram o acesso, o tratamento e a difusão de todos os tipos de informações suscetíveis de serem digitalizadas – textos, sons, gráficos, imagens fixas e cinéticas –, disponibilizando o controle do conhecimento ao próprio estudante, que passa a definir suas estratégias de apreensão do conhecimento. Essa, em suma, foi a contribuição da tecnologia no cenário mundial: as ferramentas estavam lá, a nosso dispor, e iam se desenvolvendo a velocidades incríveis, motivando a criatividade, a inovação, as experiências, os desafios. No cenário do *FGV Online*, a iniciativa da Direção do Programa – sem medo de inovar e investir em pesquisa –, aliada à predisposição das equipes de TI e de desenho, sempre abertas às possibilidades de realização dos "devaneios" da Coordenação Pedagógica e de Pós-graduação, foram os elementos determinantes dos novos rumos do Programa.

Assim surgiu o *FuGitiVo* (Figura 27.1) – um personagem na forma de desenho animado que representava os anseios do Programa de fuga às amarras impostas pelas metodologias de ensino tradicionais –, cuja função era apresentar aos estudantes procedimentos de navegação e elaboração de atividades, além de sintetizar passagens importantes do conteúdo estudado, chamar a atenção para pontos importantes, dialogar com o estudante e, principalmente, atenuar a solidão no ambiente virtual.

Figura 27.1 *Desenho animado do personagem FuGitiVo.*

Ao mesmo tempo, começamos a investir na roteirização dos estudos de casos utilizados como ponto de partida das diferentes atividades *on line* presentes em nossas disciplinas. Esses roteiros, por sua vez, alimentavam a criatividade de nossa equipe de desenhistas e *designers*. Assim, em lugar de apenas lerem os *cases*, os estudantes começaram a ser levados a acompanhar histórias, sempre pinceladas com humor e ludicidade, e, principalmente, desenvolvidas com linguagem compatível com o dia-a-dia de cada um deles.

Partimos do seguinte pressuposto: nos cursos a distância, a veiculação do conhecimento se dá, na maioria das vezes, por meio de materiais didáticos – telas da *web*, livros-textos, apostilas, manuais – elaborados, primordialmente, na modalidade escrita da língua. Porém, a linguagem desse material costuma diferir da de seus usuários, frente às imposições da gramática normativa, que reina soberana nos meios acadêmicos.

Nos cursos presenciais, a dura linguagem presente nos materiais didáticos é atenuada pela interação entre estudantes e professores, franqueada pelo discurso oral, que rompe as barreiras da norma culta com uma variedade de língua mais viva e flexível. Nos cursos a distância, contudo, essa interação nem sempre assim se realiza: é o material didático utilizado que, a partir de objetivos previamente definidos, demarca o espaço discursivo dentro do qual seus usuários devem atuar. Conseqüentemente, isso acaba por determinar, muitas vezes, a minimização do ponto de vista do estudante, salientando o espaço de poder legitimado ao material didático. Neutraliza-se, assim, a dimensão dialógica da linguagem: ao diminuir a voz do usuário, sobressai a postura monológica do material didático, o que ignora a condição primária de falante desses estudantes. Esse *gap* se amplia, quando se exige que esses estudantes dominem a variedade padrão/culta da língua, já que nela é codificado o conhecimento veiculado dos materiais didáticos dos cursos a distância.

No *FGV Online*, a utilização de *desenhos animados*, em um processo de dessacralização dos meios de transmissão do saber em cursos de Pós-graduação, levou à utilização de uma variedade diferente de linguagem – enquanto mediadora da interação prazerosa entre conhecimento e estudante, ainda que às custas do discurso e da prática oficiais. Com os desenhos (Figura 27.2), investimos no caráter dialógico da linguagem – a interação –, que é um fator determinante da construção do conhecimento, o que motiva também os estudantes a se "soltarem" um pouco mais na sala de aula virtual, desinibindo-se das restrições impostas pelo registro escrito, normalmente policiado pela variedade culta da língua.

Acertando a bússola: personagens virtuais atenuando a solidão

Tão importante quanto a preocupação com o conhecimento e as metodologias é a ênfase na assimilação receptiva que o estudante deve fazer do conhecimento, além das visões valorativas da realidade, o que só se dá em um processo contínuo de interação.

Figura 27.2 *Maquiagem de relatórios financeiros: desenho animado da disciplina.*

Com o aumento do número de disciplinas a distância do Programa, contudo, percebemos que o antigo personagem do *FGV Online* já não cumpria seu papel de promover a assimilação receptiva e a interação com os estudantes nos cursos de longa duração, onde eram obrigados a conviver apenas com o *FuGitiVo* ao longo de até 12 disciplinas diferentes, como é o caso de nossos MBAs. Desse modo, desenvolvemos novos personagens, que passaram a desempenhar em nossas diversas disciplinas o antigo papel do *FuGitiVo*. Assim surgiram Einstein (Figura 27.3), para as disciplinas da área de Ciências Exatas; Freud, para as da área de Ciências Humanas; Cleópatra, para as disciplinas de Marketing; Napoleão, para as de Estratégia; Gandhi, para as de Meio Ambiente; Monteiro Lobato para as de Produção Textual; e Leonardo da Vinci para as de TI, além de alguns outros ainda em processo de gestação (Figura 27.4).

Figura 27.3 *Desenho animado da abertura do curso MBA em Administração de Empresas.*

Figura 27.4 *Desenho animado de apresentação dos personagens do FGV Online.*

A seleção desses novos personagens se deu não apenas em virtude da identidade que se pode depreender entre cada um deles e as diferentes áreas de saber listadas, mas também em função da necessidade de diálogo entre a cultura, a tradição e toda nova forma de saber. O novo se constrói não apenas sobre as ruínas do passado, mas ainda a partir da herança de todas as conquistas que ficaram para trás. Por mais estranho que isso possa parecer, como professora de Latim e coordenadora de *e-Learning*, hoje tenho a certeza de que a inovação não se aparta dos ecos da tradição e de tudo aquilo que deixamos para trás.

Nesse sentido, é certo ainda que toda e qualquer contribuição minha ao processo de ensino-aprendizagem a distância não se encontra apartada das mesmas motivações presentes no dia-a-dia de minha prática docente presencial. Essa prática me indica que nossos cursos de graduação deslizam facilmente para o acúmulo linear de informação, aprisionados na rigidez de currículos anacrônicos, de experiências burocráticas e tecnicistas. É preciso acreditar que devemos esperar e oferecer mais.

Nos cursos de Pós-graduação *Lato Sensu* – presenciais ou a distância –, devemos acreditar que o estudante interessado em saber pensar, depois de já ter experimentado os limites, deseja os desafios, quer o esboço para o futuro, a ultrapassagem de limites. Eis por que ele pode ter muito a ganhar com a EAD: porque nada melhor do que ela para representar a noção de aprendizagem que tem como paradigma a passagem, a inovação, a provisoriedade. Para todos nós, o lucro deve ser o de acreditarmos que nunca estaremos aptos a desenhar futuros, se tivermos medo de percorrer distâncias.

Segundo Michel Foucault,[2] que refletiu profundamente sobre a produção de pensamento em nossa cultura, o conhecimento implica, a princípio, duas dife-

---

2 MURASHIMA, M. K. G. *O olho do ciclone*: uma leitura do projeto arqueológico, genealógico e topológico de Michel Foucault. 1998. Tese (Doutorado) – PUC, Rio de Janeiro.

rentes dimensões: saber e poder. Saber é primeiramente ver e falar, mas com a condição de que o olho não permaneça apenas nas coisas e se dirija para as visibilidades, e de que, da mesma forma, a linguagem não permaneça apenas no nível das palavras, mas se encaminhe para os enunciados. É o pensamento como arquivo. Todavia, além disso, pensar também é poder, isto é, é estender relações de força, com a condição de que se compreenda que as relações de força não se reduzem à violência, mas que antes constituem ações sobre outras ações. É o pensamento como estratégia.

Nosso arquivo de visibilidades e enunciados nos cursos do *FGV Online* foi tecido por esses personagens históricos, traçados com pena artesanal e finalizados com tecnologia de ponta, figuras atemporais e simpáticas, que se intrometem em conteúdos teóricos, atividades e jogos, interagindo com seqüências de vídeo em animações diversas, com o intuito de motivar o processo de construção e reconstrução do conhecimento, o que pressupõe a utilização de novas experiências de linguagem, agregando valor às disciplinas ao mesmo tempo em que propiciam o prazer no processo de ensino-aprendizagem.

Nisto reside sua grande relevância em nosso trabalho: alinhados com nosso compromisso de investir na autonomia do sujeito, são eles elementos estratégicos de motivação, participação e interação, uma brincadeira muito séria e muito poderosa quando se trata de aprender e ensinar.

Navegando por um oceano de possibilidades: a utilização de cenários culturais

Michel Foucault,[3] afirmou ainda que, na constituição do pensamento, existe uma terceira instância, para além do saber e do poder: a da subjetivação. Para ele, pensar também é a descoberta de novos modos de sentir, ou seja, é a constituição de modos de existência ou a invenção de novas possibilidades de vida, que não se restrinjam ao poder, mas que possam nos permitir pensar a existência como obra de arte. Não apenas como agenciamento entre formas visíveis e enunciáveis, nem apenas como força que entra em relação com outras, mas como força que se dobra sobre si mesma, como modo de resistência e de autonomia, frente aos perigos que enfrentamos, quando adentramos nessa perigosa arte de entender.

A experiência positiva com a utilização de animações e personagens temáticos levou-nos a uma nova rota: a criação de cenários culturais.

Preocupava-nos sobremaneira o fato de nossos estudantes estarem voltados exclusivamente para a verticalização do saber. Ao optarem por cursos de extensão, atualização ou aperfeiçoamento, nossos estudantes demonstram claramen-

[3] Idem, ibidem.

te que respondem a uma necessidade premente de nosso tempo: especialização. Entramos, de fato, em uma grande corrida pelo domínio de mais e mais conhecimento em nossas áreas específicas de atuação, como se caminhássemos em linha ascendente por um caminho que se estreita cada vez mais.

Até então nossa preocupação era a de tornar menos árdua essa subida. Contudo, e se isso apenas não bastasse? Ajudá-los a subir, a chegar ao topo, olhando sempre em frente, nessa escalada contínua seria o bastante? Nossa tendência por rotas "mais tortuosas" nos levou a considerar então uma nova possibilidade: e se fosse possível que, nessa escalada, o processo de construção e reconstrução do conhecimento não se desse simplesmente como uma reta, mas como uma espiral, levando ao aperfeiçoamento de competências e habilidades específicas em determinadas funções e áreas de saber, mas ainda perpassando outras áreas e desenvolvendo competências e habilidades paralelas?

Vivemos em uma cultura que, cada vez mais, exige de nós olhares e competências plurais, e, dessa motivação, emana nossa atenção à interdisciplinaridade, nossa crença nas vantagens do acesso a um número maior de informações diferenciadas e selecionadas, nossa necessidade de estarmos prontos para lidar com diferentes situações, no lugar demarcado por nós em um espaço sociocultural cada vez mais amplo, mais diferenciado, mais globalizado, um espaço em que muito bem se encaixam os desafios foucaultianos das instâncias do saber e do poder, mas em meio ao qual não conseguiríamos resistir sem uma área respirável de subjetivação.

Essa área de subjetivação surge hoje, em nossas disciplinas, na forma de cenários culturais. Ao fim de cada módulo de conteúdo, apresentamos três diferentes cenários a serem interpretados por nossos estudantes: uma cena de um filme, um fragmento de uma obra literária e uma obra de arte.

Ao assistir à dada cena de um filme, o estudante é instigado a estabelecer relações entre o conteúdo por ele estudado no módulo finalizado e a cena – com duração aproximada de três minutos –, apresentada no CD que acompanha o material didático da disciplina. Na mesma tela em que a sugestão da cena é apresentada, os estudantes encontram um *link* para a biblioteca virtual do curso, na qual terão acesso ao resumo do filme, a possíveis interpretações que aliam o conteúdo estudado à cena indicada e ainda aos dados catalográficos do filme indicado.

Na disciplina Estratégia de Empresas, por exemplo, ao final do módulo que enfoca a administração estratégica, pretendemos que, ao assistir à cena indicada do filme *Na roda da fortuna* (Figura 27.5), os estudantes estejam aptos a identificar algumas características da chamada escola do planejamento financeiro, na qual o objetivo maior do executivo é cumprir ordens – processo que acaba inibindo a capacidade empreendedora e limitando o foco sobre a criação de estratégias –, o que bem representa o personagem principal do filme, um funcionário que consegue emprego no mais baixo posto de uma grande e opressora empresa e que acaba sendo transformado em um de seus maiores executivos por alguns diretores que desejam aplicar um grande golpe no mercado financeiro, aproveitando-se da ingenuidade do funcionário.

Figura 27.5 *Desenho animado de apresentação das sugestões de filmes do FGV Online.*

Da mesma forma, ao ler a sugestão de uma obra literária – um fragmento de um conto, de um romance, um poema, uma fábula, entre outros –, nossos estudantes são levados a estabelecer diferentes relações entre os fragmentos de obras literárias apresentados e o conteúdo do módulo que acabaram de estudar. Como na indicação de cenas de filmes, na mesma tela da sugestão de obra literária, os estudantes encontram um *link* para a biblioteca virtual do curso, na qual terão acesso ao resumo da obra, a possíveis interpretações que aliam o conteúdo estudado ao fragmento e ainda aos dados bibliográficos da obra indicada. Na disciplina Formulação Estratégica, por exemplo, ao final do módulo estudado, o desafio aos estudantes é refletir sobre as possíveis relações entre a fábula *A cigarra e a formiga* e as dimensões do processo decisório estratégico (Figura 27.6).

Figura 27.6 *Desenho animado de apresentação das sugestões de obras literárias do FGV Online.*

Por fim, o terceiro cenário apresentado ao final de cada módulo oferece aos estudantes uma obra de arte – uma pintura, uma escultura, entre outras –, levando-os à reflexão, com o auxílio das informações sobre o artista e a obra na biblioteca virtual, acerca do vínculo entre a sugestão apresentada e o conteúdo da disciplina estudado (Figura 27.7).

Figura 27.7 *Desenho animado de apresentação das sugestões de obras de arte do FGV Online.*

Na disciplina Responsabilidade Socioambiental, por exemplo, os estudantes são motivados a associar particularidades da composição da tela e seu tema com a idéia de desenvolvimento sustentável estudada ao longo do módulo inicial da disciplina.

Perigos de percurso e conquistas alcançadas

É preciso que procuremos as visibilidades e os enunciados, além da dimensão do lugar comum que envolve tudo o que vemos ou dizemos, para encontrar as possibilidades reais da utilização de cenários culturais no ensino a distância, abrindo um novo arquivo. É preciso dobrar as relações de força que estão presentes nas diferentes posturas pedagógicas, para que possamos fazer da prática docente uma estratégia para o ensino como obra de arte, não apenas nas aulas virtuais, mas também nas presenciais, e essa não é uma tarefa fácil.

Quando adentramos em zonas de subjetivação, estamos, ao mesmo tempo, lidando com diferenças pessoais e percorrendo territórios sem fronteiras definidas: os da interpretação. Um grande risco, nesse processo, é o de favorecermos a superinterpretação de objetos, deslocados para diferentes contextos, criando relações não apenas inusitadas, mas também perigosamente forçadas, que podem desmotivar os estudantes que, eventualmente, nessas circunstâncias, não conseguirão alcançar o mesmo olhar que motivou a seleção dessas obras.

Todo cuidado é pouco, os riscos e o esforço empreendidos no processo de seleção e apresentação das obras, bem como a construção das reflexões são grandes, mas o desafio faz valer a pena. Em diferentes circunstâncias, por meio do *feedback* de nossos professores-tutores, soubemos que nossos estudantes não só venceram as barreiras da surpresa e do imprevisto, como também criaram novas relações válidas, críticas e criativas entre os conteúdos trabalhados e os cenários propostos.

Outro aspecto que, a princípio, poderia parecer desfavorável mostrou-se absolutamente irrelevante na avaliação de nossos estudantes: a utilização de desenhos animados em cursos em nível de pós-graduação. Eles não apenas aprovaram o uso das animações, como também demandaram de nós a utilização de mais desenhos e personagens. Tudo indica que o fato de vivermos em uma cultura plural, aberta a novas influências e sem medo de inovações, possa ser um fator preponderante para que nossos estudantes avaliem a exploração de recursos lúdicos – personagens animados e jogos – como elementos que facilitam o processo de aprendizagem por torná-lo mais prazeroso, e não como elementos acessórios que infantilizariam o curso: é preciso *saber* sim, mas, de preferência, com algum *sabor* – palavras que, aliás, possuem a mesma raiz etimológica.

A taxa de evasão mundial em experiências de EAD é hoje superior a 40%. No *FGV Online*, contudo, considerando os mais de 5.000 estudantes inscritos hoje em cursos regulares do Programa, ela não ultrapassa os 11%. Para o alcance desses resultados, é certo que contamos com a contribuição de múltiplos elementos; contudo, certamente, entre eles, a utilização de cenários culturais e animações representa um diferencial do Programa tanto no cenário nacional como no internacional.

Direcionar a inventividade de novos recursos para ações efetivamente capazes de favorecer a assimilação de conteúdos, a intuição e o saber pensar pode ser, realmente, o desafio maior que nos oferece o EAD.

Para tanto, acredito que é preciso aproveitar também nossa experiência nos cursos presenciais, porque a criatividade não é fruto de um ato puro de espontaneidade; ela necessita da espontaneidade e do risco, mas não poderia existir sem o suporte de capacidades previamente desenvolvidas, sem a assimilação da herança cultural: "o novo nasce do velho e o supera por incorporação".[4]

É preciso aprender a viver perigosamente, porque esse é o preço da autonomia. "A inovação provém de quem sabe valorizar as incertezas, superar-se nos erros, saltar barreiras para começar tudo de novo,"[5] mesmo a experiência mais antiga. Só por isso a experiência valeu e ainda está valendo a pena.

[4] LUCKESI, C. *Avaliação da aprendizagem escolar*. São Paulo: Cortez, 1999. p. 140.

[5] Idem, ibidem. p. 12.

28

Combinando várias artes no ensino de comportamento organizacional

Miguel Pina e Cunha

Este capítulo depoimento apresenta o modo de utilização de recursos artístico-culturais na disciplina Comportamento Organizacional oferecida no âmbito de um programa de licenciatura em gestão. A disciplina divide-se em aulas teóricas e práticas. As aulas teóricas desenvolvem os temas principais do comportamento organizacional e seguem os Capítulos 1 a 12 de um livro-texto.[1] As aulas práticas recorrem a três suportes: (a) análise de casos retirados de um livro de casos de apoio ao manual;[2] (b) análise daquilo que foi chamado "casos da vida" (situações encontradas na *mídia* pelos estudantes); e (c) artes. Neste último caso, os estudantes são convidados a procurar no mundo das artes ilustrações de conceitos ligados a comportamento organizacional. Uma lista dos temas discutidos num semestre é apresentada no Quadro 28.1.

Sobre a disciplina

A disciplina Comportamento Organizacional é oferecida no âmbito de uma licenciatura em gestão. A licenciatura é generalista, cobrindo as áreas funcionais mais importantes – comportamento organizacional, estratégia, finanças, marketing e operações. A disciplina Comportamento Organizacional constitui prece-

---

[1] CUNHA, M. P.; REGO, A.; CUNHA, R. C.; CABRAL-CARDOSO, C. *Manual de comportamento organizacional e gestão*. Lisboa: RH Editora, 2003.

[2] Este livro inclui uma seção sobre possibilidades de utilização de recursos artísticos em comportamento organizacional e gestão.

Quadro 28.1 *Temas trabalhados num semestre letivo.*

Tipo de recurso	Recurso
Banda desenhada	Asterix e Obelix
Cartoon	Dilbert
Cinema	*Tempos modernos; Ocean's eleven; Gladiador; O rei leão; O resgate do soldado Ryan; Matrix; Clube da luta; Dança com lobos; A sociedade dos poetas mortos; Braveheart; A fuga das galinhas*
Civilizações	A civilização egípcia
Contos infantis	Branca de Neve
Cultura pop	The Beatles, grafite
Fotografia	Campanha fotográfica Benetton
Jogos para PC	Comandos
Literatura	*O triunfo dos porcos; Admirável mundo novo; O senhor dos anéis*
Organizações	O circo; A orquestra sinfônica; o grupo de teatro Crinabel
Pessoas	José Mourinho

dência obrigatória para as demais disciplinas da área de comportamento organizacional (teoria das organizações, gestão de recursos humanos, negociação).

O trabalho sobre artes serve para ilustrar toda a disciplina, embora a apresentação destes trabalhos esteja concentrada no último mês do curso. Antes da seção de artes, os trabalhos práticos (discutidos em sala) incidem sobre estudos de caso e notícias relatadas pela imprensa. Os estudantes são informados que o trabalho pode incidir sobre qualquer dos tópicos cobertos no programa, tendo total liberdade para a escolha do tema.

O objetivo da disciplina, tal como enunciado no programa, é o seguinte:

> A relevância dos comportamentos humanos para o sucesso organizacional é uma constatação antiga, recentemente atualizada pelo conceito de organização baseada no conhecimento. O objetivo desta disciplina é o de ilustrar o modo como a gestão pode criar um contexto organizacional com conseqüências positivas quer para os empregados (motivação, desempenho, satisfação), quer para a empresa (eficácia, adaptação). Para o efeito, serão discutidas as características individuais, os processos grupais e a importância do contexto organizacional.

Se um curso de comportamento organizacional incide sobre processos humanos, a busca de semelhanças e diferenças com outros contextos humanos, nomeadamente os discutidos nas diversas artes, ajudará certamente a desenvolver uma compreensão mais profunda do significado dos conceitos. O recurso a materiais artístico-culturais serve também como instrumento de motivação (isto é, para tornar as aulas mais interessantes) e para estabelecer uma relação mais clara entre o que se passa na sala de aula e o que se passa fora da sala, na sociedade e não necessariamente ao nível da vida empresarial.

O uso de conteúdos socioculturais e artísticos tem por isso o propósito de "complicar" a compreensão do mundo organizacional.[3] Ou seja, a busca de exemplos reais pode ajudar a deslindar mais adequadamente as sutilezas, as realizações, as contradições e os paradoxos da vida organizacional.[4] Por exemplo, se a noção de cultura organizacional pode ser facilmente simplificada como um instrumento gerador de virtuosidade e de harmonia organizacional, a análise de *O padrinho* ou *Os sopranos* ou a discussão de uma notícia sobre a cultura de corrupção numa esquadra policial podem ilustrar de forma poderosa o lado escuro da mesma.

Combinando e utilizando vários recursos artístico-culturais

Os estudantes são informados na primeira aula sobre o teor dos trabalhos que farão ao longo do ano, entre os quais o trabalho sobre artes. É-lhes dito que poderão escolher o recurso que considerarem mais adequado. É sublinhado o fato de se tratar de um elemento de avaliação, com um peso de 15% na nota final – outros 15% correspondem ao trabalho sobre o "caso da vida" e 70% ao exame final. A preocupação do grupo deverá como tal ser a de encontrar um caso com conteúdo e aplicação ao programa e não apenas um filme ou livro escolhido porque está na moda. Os recursos são escolhidos pelos estudantes e validados pelo professor, com o intuito de garantir o alinhamento com o espírito da disciplina (isto é, garantir que o tema organizacional subjacente à escolha do recurso seja claro) e evitar repetições. O trabalho é apresentado oralmente e discutido com todo o grupo. A mim é também entregue um relatório escrito.

Cada grupo tem 20 minutos para apresentar o seu trabalho, seguido de 10 minutos de discussão. As apresentações acontecem em várias aulas, ao longo do semestre. Dada a limitação de tempo, os estudantes são convidados, no caso de um filme, por exemplo, a centrar-se num ponto depois de fazerem um enquadramento geral. A maioria das escolhas, tal como expresso no Quadro 28.1, é bem conhecida dos estudantes, pelo que a discussão envolve toda a classe.

As experiências acontecidas em sala de aula permitem ganhar uma leitura distinta dos conceitos teóricos. Por exemplo, as virtudes do trabalho em equipe podem ser enriquecidas com o apoio de *O senhor dos anéis*. O filme sublinha

---

3 CUNHA, M. P.; CUNHA, J. V.; CABRAL-CARDOSO, C. Looking for complication: four approaches to management education. *Journal of Management Education*, v. 28, p. 88-103, 2004.

4 CLEGG, S. R., CUNHA, J. V.; CUNHA, M.P. Management paradoxes: a relational view. *Human Relations*, v. 55, p. 483-503, 2002.

a importância da liderança, da comunicação, da confiança, do trabalho árduo, da resiliência etc. Embora o grupo que a apresenta traga um foco preferencial, a discussão alarga o foco e permite a descoberta coletiva de novas ligações e explicações. Da mesma forma, *Matrix* "materializa" a questão abstrata da construção social da realidade, sugerindo que a realidade pode afinal ser "menos real" do que parece, ou melhor, que a realidade pode ser constituída por diferentes camadas, por várias realidades. O mundo da ficção científica ajuda deste modo a melhor compreender a noção de construção social.

Resultados e percepções

A introdução de uma seção de artes na disciplina Comportamento Organizacional visa ultrapassar a redução das aulas práticas à análise de casos. Os casos são um importante meio de trabalho, mas não têm que constituir a forma exclusiva de abordagem dos conceitos. A introdução dos recursos culturais/artísticos visa, por isso, acrescentar um quadro mental alternativo para a compreensão da disciplina e para o enquadramento das organizações no panorama mais vasto da existência humana. Por outro lado, tal como uma emergente literatura vem assinalando, a análise estética pode ajudar a melhor compreender a gestão e as organizações.[5]

A inclusão deste módulo corresponde, por isso, à necessidade de estimular o entendimento da gestão e das organizações como realidades sociais e humanas que precisam ser apreciadas e sentidas e não apenas conhecidas e manejadas. O discurso exclusivamente racional-tecnicista das organizações não é apenas incompleto, mas também é uma distorção da realidade, algo que um filme como *Recursos humanos* pode ajudar a sentir.

Os recursos artístico-culturais oferecem interessantes possibilidades de ilustração que complementam o estudo a partir do livro-texto. Alguns exemplos:

- o processo de liderança carismática é magistralmente ilustrado pelo discurso de William Wallace antes da batalha de Stirling em *Braveheart*;
- a importância da resiliência é patente em *A fuga das galinhas*, um filme que permite também tecer interessantes paralelos entre produção e sobrevivência na empresa moderna;
- a diversidade e a complementaridade nas equipes podem ser discutidas a partir da *A sociedade do anel*, parte 1 de *O senhor dos anéis*;
- a ilusão e a construção social da realidade podem ser ilustradas com *Matrix*.

[5] LINSTEAD, S.; HOPFL, H. (Ed.). *The aesthetics of organization*. London: Sage, 2000.

A transferência de conceitos e a busca de analogias e metáforas constituem uma forma de facilitar a assimilação de conceitos e a agilidade na sua utilização. Adicionalmente, a introdução de um elemento estético e de uma componente emocional enriquece as discussões em sala e ilustra o relacionamento entre conceitos psicológicos em diferentes contextos (organizacionais e extra-organizacionais).

Em suma: a arte como gestão; a gestão como arte

O principal risco inerente à utilização de recursos culturais em sala de aula refere-se à sua transformação em mero entretenimento. O objetivo, evidentemente, não é esse. Em todo caso, maior foco no recurso propriamente dito que nos conceitos é um risco real. No caso de um curso de comportamento organizacional, são também possíveis outros riscos, como o de haver um excesso de concentração nuns poucos temas, sacrificando outros. A liderança, em particular a liderança carismática, constitui um tema favorito, o que não surpreende se for considerado o seu lado romântico.[6]

Possibilidades de novas formas de utilização do recurso incluem:

- *Possibilidade 1*: definir os recursos em vez de permitir a sua escolha pelos estudantes. Esta possibilidade tem vantagens e inconvenientes. Entre as vantagens, a possibilidade de remover os casos mais óbvios ou os menos adequados e a apresentação aos estudantes de artistas até aí desconhecidos. O inconveniente mais óbvio é o de retirar dos estudantes a responsabilidade da escolha.
- *Possibilidade 2*: desenhar ciclos temáticos. Por exemplo: "Líderes disfuncionais", "A organização como teatro", "A empresa vista pelo cinema" ou "Processos". Neste último caso, tanto a música *jazz* como *O jogo das nuvens* (de Goethe) poderiam fornecer possibilidades deleitosas.
- *Possibilidade 3*: forçar a busca de relações entre as organizações e uma forma cultural específica. Por exemplo: organizações e artes plásticas, um desafio que permitiria explorar, por exemplo, a mudança incremental nas organizações e nas ilustrações de M. C. Escher.

O uso de recursos artístico-culturais num curso de Comportamento Organizacional contém possibilidades de exploração inacessíveis a outros suportes de ensino: o envolvimento emocional com os conceitos, o qual representa um possibilidade de aprendizagem relevante. Através das ligações com as artes, os conceitos ganham "nova vida" e adquirem significados que estavam por realizar.

---

6 MEINDL, J. R.; EHRLICH, S. B. The romance of leadership and the evaluation of organizational performance. *Academy of Management Journal*, v. 30, p. 91-109, 1987.

Com a ajuda de toda uma galeria de bons, maus e vilões, é possivelmente mais profunda a compreensão de que o comportamento organizacional é coisa de gente e não apenas um catálogo de conceitos. É mais fácil a um jovem estudante sem experiência de trabalho perceber a existência de más práticas organizacionais, compreender o significado da palavra *ética*, ou perceber como os processos decisionais podem ser afetados por aspectos não racionais, se virem e discutirem filmes como *A ponte sobre o rio Kwai*, *Jogador de alto risco* (*Rogue trader*), *Wall Street* ou *Doze homens em fúria* (*12 angry men*). Se, além deste resultado, esta seção da disciplina reforçar o gosto por algumas artes e estimular a vontade de melhorar o conhecimento de outras, ao útil ter-se-á então juntado o agradável.

29

Arte cenográfica, vídeos, dramatizações e música no ensino de teoria das organizações

Sylvia Constant Vergara

No segundo semestre de 1994, arquitetei um curso de Teoria das Organizações para o Mestrado em Administração da PUC-Rio (onde eu lecionava), o qual foi reproduzido em mais dois períodos letivos, com leves alterações. Destaco, aqui, o de 1994. Faz tempo, portanto. Por que resgatar essa experiência agora? Porque ela me foi fonte de aprendizagem, dela extraí lições que – acredito – merecem ser compartilhadas, mesmo agora, na época de tantos recursos tecnológicos e de tantas mudanças na maneira de ver as organizações e sobre elas teorizar.

Pedagoga por formação e fé na educação, move-me a crença segundo a qual educação tem duplo papel: manter, conservar, reproduzir valores, estratégias, metodologias, conteúdos e, ao mesmo tempo, inovar. Esse encaminhamento entre opostos torna-a um processo permanente de pulsação, de vida. Move-me, também, a crença de que no processo de ensino-aprendizagem, conteúdo e forma devem harmonizar-se, de modo a oferecer consistência aos objetivos pretendidos pelo professor. Conteúdos e formas são múltiplos, e escolhê-los de modo a tornar a relação ensino-aprendizagem mais prazerosa e profícua requer cuidados e esforços permanentes. Foi o que tentei.

A construção do conhecimento é um processo de interação entre o indivíduo e o mundo, assim como a expressão da capacidade do indivíduo para integrar, refletir, elaborar informações, criar. No processo de ensino-aprendizagem, o papel do professor é oferecer ao estudante oportunidades para que o conhecimento seja gerado, para que o estudante crie, adquira independência intelectual, cresça em suas dimensões física, intelectual, emocional, espiritual. Ao professor cabe prover os estudantes de orientação, de modo que eles possam observar, explorar, comparar, analisar, sintetizar objetos, eventos, fenômenos. Nessa direção, atividades grupais são interessantes. Como Nietzsche nos ensinou, para estabelecer relações temos de conversar e conversa exige atenção à fala do outro. Crescem todos.

Bem, e como foi estruturada a disciplina, a partir das crenças aqui expostas? É o que apresento a seguir.

A arquitetura da disciplina Teoria das Organizações e os temas

A disciplina tinha por objetivo oferecer aos estudantes oportunidades para que pudessem:

- informar-se acerca das diferentes visões de realidade que conformam diferentes teorias;
- estabelecer a relação entre construção teórica e prática diária;
- desenvolver o pensamento abstrato e a habilidade para refletir, analisar e sintetizar;
- desenvolver a consciência crítica, seu estar no mundo.

A disciplina foi dividida em temas que considerei relevantes, e cada um deles foi dinamizado em um dia de aula com três horas de duração, durante um semestre letivo. Antecipava os encontros a leitura prévia, por todos os estudantes, de textos por mim selecionados.

O desenvolvimento da disciplina foi o resultado de um acordo entre mim e os estudantes. Combinamos que cada tema seria apresentado por uma dupla diferente de estudantes, aos quais cabia a decisão da forma pela qual o conteúdo seria trazido para a reflexão e discussão de toda a turma. Eles tiveram autonomia para criar e usar técnicas e recursos que, segundo eles, tornariam mais fácil relacionar forma e conteúdo, teoria e prática. Isso não os impediu, todavia, de conversar previamente comigo, quando o desejaram.

Todos os temas foram desenvolvidos tendo como pano de fundo a discussão e o debate. Discussão foi entendida como a análise de um ponto de vista, o processo de cooperação intelectual que conduz o estudante não à aceitação passiva de uma posição, mas a considerar seus diferentes ângulos e submetê-los à análise. Debate foi compreendido como o processo de competição ou disputa intelectual que conduz estudantes a confrontar diferentes pontos de vista. O debate enriquece o trabalho intelectual e a discussão, na qual novos pontos de vista surgem.

Para fins deste depoimento, destaco apenas os temas cujo desenvolvimento incluiu recursos estéticos. Mesmo destes fiz uma seleção, porque o importante – considerei – é dar uma idéia do que foi realizado. Não é, portanto, um depoimento exaustivo. Ele inclui a explicitação do tema, os textos básicos orientadores, as dinâmicas, os recursos e uma avaliação do processo de ensino-aprendizagem.

Temas, dinâmicas, recursos

Tema: Paradigmas humanista radical e estruturalista radical

A leitura básica foi o livro clássico de Gibson Burrell e Gareth Morgan, intitulado *Sociological paradigms and organizational analysis*, publicado em Londres, pela Heinemann Educational Books, em 1979.

A dupla responsável pela dinâmica optou inicialmente pela *arte da cenografia*. Decidiu criar um cenário interativo e provocador para a apresentação do paradigma humanista radical. Na entrada da sala, a dupla colocou um pôster com uma mensagem humanista radical. No interior, cadeiras foram sobrepostas, formando uma escultura que remetia ao movimento estudantil de 1968, em Paris. Sutiãs queimados foram postos nas paredes, lembrando o movimento feminista dos anos 1970. Cartazes brasileiros contra a ditadura, cartões postais com pinturas de Miró e de Picasso, e pôsteres contendo pensamentos de filósofos que estavam conectados ao movimento contracultural também cobriam as paredes da sala. O ambiente foi completado com iluminação esverdeada, incenso, um vídeo com o filme *Koyaanisqatsi* produzido por Francis Ford Coppola rodando e, depois, um *background* musical com Raul Seixas e Caetano Veloso, do movimento Tropicália.

Os demais estudantes passearam pela sala, distribuíram seu olhar para este ou aquele objeto, espontaneamente, integrando-se à cena e refletindo sobre a mensagem. Esta primeira parte, referente ao paradigma humanista radical, terminou com um grande círculo formado pelos estudantes para a discussão, orientada pela dupla. Da discussão tomei parte, levantando questões, provocando posicionamentos, reorientando outros. Confrontamos esse paradigma com o funcionalista e com o interpretativo, discutidos na aula anterior. Sem dificuldade, os estudantes puderam perceber a distância entre as convicções dos construtores das teorias afeitas ao paradigma humanista radical e as práticas nas organizações.

Para a segunda parte, dedicada ao paradigma estruturalista radical, o cenário foi desmontado, as cadeiras foram posicionadas em um círculo e a luz tornou-se clara. Os estudantes receberam do par condutor da dinâmica cópias de uma minuta da criação do Partido Comunista Brasileiro, que foi lido. Ali. Como complemento, o filme *October*, que descreve a Revolução Russa de 1917, foi visto e discutido. Participei da discussão e percebi que os estudantes já estavam em nível superior de compreensão. Alguns se mostraram extremamente sensíveis às razões dos teóricos do paradigma humanista radical. Outros, nem tanto.

Entenderam os motivos de tais teóricos, porém sua adesão permaneceu ao paradigma funcionalista.

Os resultados obtidos com essas dinâmicas foram considerados altamente positivos. A reação inicial dos estudantes foi uma mistura de choque e entusiasmo. Forma e conteúdo formaram uma unidade que estimulou a discussão e, de certa forma, provocou um certo amadurecimento dos estudantes em relação às questões sociais, embora, ao final, eles se posicionassem diferentemente para justificar, ou não, esta ou aquela posição teórica.

Tema: Em busca de novos paradigmas

A leitura básica foram os Capítulos 6 e 7 do livro de Alberto Guerreiro Ramos intitulado *A nova ciência das organizações*, publicado no Rio de Janeiro, pela FGV, em 1981. Além destes textos, os estudantes leram o artigo de Sylvia Constant Vergara e Paulo Durval Branco, intitulado "Em busca da visão de totalidade", publicado na *Revista de Administração de Empresas da Fundação Getulio Vargas*, v. 33, n. 6, p. 20-31, 1993.

O encontro foi dividido em três partes. Na primeira, a dupla de estudantes apresentou os textos básicos em transparências, para resgatar seus conteúdos. Na segunda parte, grupos de até seis estudantes realizaram um *role-play*. Hipoteticamente, eles eram consultores que foram prestar seus serviços a uma companhia de produtos químicos, a qual pertencia ao par condutor da dinâmica. Os proprietários diretores da companhia apresentaram aos consultores o cenário que tinham idealizado para o futuro da companhia e que era diferente dos cenários usuais. Queriam uma empresa humanizada. Eles também mencionaram os fatores para os quais os grupos de consultores deveriam apresentar sugestões, que incluíam o perfil dos empregados, o meio para formá-los e a maneira de estruturar a organização. Cada grupo de consultores se reuniu e apresentou aos donos da companhia as sugestões que consideraram apropriadas.

A terceira parte consistiu em um debate, que focalizou as visões dos diferentes grupos de consultores, com ênfase nos fatores controversos que surgiram de seus trabalhos. Houve opiniões divergentes sobre a possibilidade de juntar interesses econômicos da organização e a prática de desenvolvimento individual e crescimento pessoal. Participei do debate, porém como em todas as aulas, mais como ouvinte, ou como provocadora de alguma questão, ou como reorientadora de certos posicionamentos, do que como detentora de verdades acadêmicas.

O resultado da dinâmica indicou ser necessário o desenvolvimento individual como um meio para construir uma sociedade mais equilibrada. Esta opinião foi um consenso entre os grupos. Consideraram que a mudança deve vir de cada um de nós, agindo na família, com amigos, colegas, comunidades. A necessidade de reavaliar o sistema educacional também ficou clara, sem esquecer que mudanças implicam grandes dificuldades, especialmente porque o sistema educacional tem sido, basicamente, dirigido aos interesses econômicos.

Tema: A burocracia é um paradigma?

A leitura básica foi o livro de Max Weber intitulado *Ensaios de sociologia*, editado no Rio de Janeiro pela Zahar, em 1946. Foi dada ênfase aos textos das páginas 229 a 282.

Utilizando a *arte cenográfica*, o par de estudantes encarregados da dinâmica, usando terno e gravata, adotou comportamentos típicos de organizações burocráticas. O objetivo foi provocar mais envolvimento com o tema. Na semana anterior, eles remeteram aos estudantes um telegrama, convocando-os para uma reunião. No dia da reunião, as cadeiras da sala foram arrumadas em filas. O par de estudantes registrou a freqüência dos demais estudantes em folha própria e distribuiu crachás.

A dupla fez uso de vários recursos audiovisuais para apresentar os principais tópicos do texto básico. Ela também apresentou partes editadas do filme *Brazil*, para reforçar alguns dos problemas burocráticos mais freqüentes. A intenção principal foi sensibilizar os estudantes, envolvendo-os pela razão e emoção.

Em um segundo momento, cinco grupos foram formados e cada um deles teve de responder a uma questão provocativa específica, baseada em extratos do livro de Weber. Após o trabalho de grupo, cada questão foi apresentada aos outros estudantes, seguidas de conclusões grupais abertas ao debate do qual participei nas condições já explicitadas neste depoimento.

A dinâmica atingiu seu objetivo, uma vez que os estudantes estavam motivados a participar do debate e da discussão, focando a validade das situações apresentadas por Weber, à luz da contemporaneidade.

Tema: Estruturas e processos organizacionais

Três foram os textos básicos, a saber:

- Organisations: a dialectical view, de J. Keneth Benson, publicado pela *Administrative Science Quarterly*, v. 22, p. 1-21, mar. 1977;
- Capítulos 12 e 13 do livro *As novas realidades no governo e na política, na economia e nas empresas, na sociedade e na visão de mundo*, de Peter Drucker, publicado em São Paulo pela Pioneira, em 1989;
- *Powershift*, de Alvin Toffler, publicado no Rio de Janeiro pela Record, em 1990, com ênfase nos trechos das páginas 223 a 239.

O encontro foi dividido em sete etapas. Na primeira, o par de estudantes fez uma breve apresentação do principal ponto dos textos selecionados, usando a transparência como recurso audiovisual.

Na segunda etapa, foi exibido o vídeo *Gestão participativa*. Tal vídeo foi uma edição de palestra proferida por Ricardo Semler, na Petrobras, em 1990. A palestra foi baseada no livro *Virando a própria mesa*, de Semler, no qual ele narra sua experiência de reorganização da empresa Semco, que herdou. Se o leitor se lembra, o livro foi um sucesso editorial internacional e a experiência da Semco foi, mais tarde, apresentada por acadêmicos consagrados, como Omar Aktouf.

Após a apresentação do vídeo, dois grupos foram formados para fazerem uma *dramatização*. Seu cerne era um exercício que dizia respeito à identificação de diferentes visões do fenômeno organizacional, por meio de análise dialética. Os estudantes começaram com um conjunto de teses e antíteses, como sugerido por Benson.

Um dos grupos representou o corpo diretivo de uma empresa hipotética e expôs argumentos a favor da política da empresa, referenciando aspectos sobre distribuição de poder na organização, alienação de empregados e participação nas decisões. O segundo grupo representou os empregados e explanou o outro lado da realidade política da empresa, levando em consideração alguns aspectos levantados pelo primeiro grupo. Em uma perspectiva dialética, um grupo representou a tese e o outro, a antítese. No entanto, o exercício conduziu a um debate entre os dois grupos, no qual a tendência não foi cada um fincar-se em suas posições (ainda que no escopo da simulação) e buscar encontrar culpados; antes, foi compreender as razões de cada um dos grupos e buscar uma contribuição criativa para a melhoria das relações entre empregados e empregadores. Esse encaminhamento para a síntese dialética foi natural, espontâneo.

Na quinta etapa os estudantes foram redistribuídos em quatro grupos, misturando membros dos dois grupos anteriores. Esse novo arranjo foi proposital, para reforçar a conversação possível entre opostos. Sublinhou-se a síntese esboçada na quarta etapa. Foi possível, então, levantar ações na empresa que promoveriam mudanças nas causas dos conflitos identificados no debate anterior. Após a preparação dos grupos de trabalho, a discussão, da qual participei nas condições já explicitadas, evidenciou habilidades de síntese dos indivíduos e grupos. No processo, os estudantes puderam identificar facilidades e dificuldades de ordem racional e emocional.

Na sexta etapa, o vídeo *Alinhavando uma vida melhor* foi exibido. Trata-se de um documentário sobre uma cooperativa de costureiras no município de Nova Iguaçu, no Estado do Rio de Janeiro, produzido pela comunidade em 1991. O objetivo do vídeo foi mostrar o esforço de uma comunidade para criar novas formas organizacionais pela proposição de questões geralmente próprias a análises dialéticas das organizações, como a humanização do trabalho, a autogestão, a descoberta de alternativas para a burocracia e a mitigação de sistemas de dominação.

O encontro terminou com o vídeo. O par orientador da dinâmica tentou provocar uma consciência crítica da realidade e promover a reflexão que conduziria a uma nova prática. Foi esse o comentário geral dos estudantes.

Tema: O que é bom para os Estados Unidos é bom para o Brasil?

Os textos básicos foram:

- Por uma antropologia da condição humana na organização, de Jean-François Chanlat, inserido no livro por ele organizado, denominado *O indivíduo na organização: dimensões esquecidas*, publicado em São Paulo pela Atlas, em 1992;
- The parochial dinosaur: organizational science in a global context, de Nakiye Avdan Boyaciller, publicado na *Academy of Management Review*, v. 16, n. 2, p. 262-289, 1991;
- Administração de empresas no Japão, de Hirochika Nakamaki, publicado pela *Revista de Administração de Empresas da Fundação Getulio Vargas*, v. 32, n. 5, p. 62-66, 1992. O texto sobre o Japão foi incluído para sublinhar diferenças e similaridades entre países.

O par responsável pela dinâmica trabalhou o tema por meio da *dramatização* da confrontação entre duas diferentes visões de organização: funcionalista e instrumental, de um lado, e humanista e social, de outro. O par criou um diálogo inspirado no texto de Chanlat, entre um suposto consultor americano com visão funcionalista e um entrevistador humanista. Eles chamaram o diálogo de "conversação entre surdos".

Em um segundo momento, o par responsável pela dinâmica fez uma breve apresentação de características marcantes das administrações americana e japonesa em seus aspectos positivos e negativos, estimulando os estudantes a darem suas opiniões. Extratos de dois vídeos foram mostrados para fazer a conexão com a situação do Brasil: *Poder e conflito – Estados Unidos versus Brasil*, e *Kaisen – aperfeiçoamento contínuo do indivíduo no trabalho*. A fim de ampliar as informações e finalizar a etapa, o par mostrou um texto com comentários sobre cinco doenças fatais da administração americana, baseado nos estudos de Edward Deming, e vários aspectos controversos do modelo japonês de gestão.

No final da etapa, três grupos foram formados para discutir o tema do encontro: O que é bom para os Estados Unidos é bom para o Brasil? Durante o debate tornou-se mais claro o mito da universalidade de representações e de práticas de gestão e organização. Embora alguns estudantes tenham considerado que há aspectos universalistas na prática da gestão, admitiram que gestão não é uma ciência exata, como a matemática. Ela é contextualizada. Tem seu viés cultural. Outros estudantes desde logo mostraram-se convictos dessa contextualização e da necessidade de pensar o trabalho nas organizações como uma prática social.

Foi possível identificar distintas visões organizacionais entre os estudantes, por meio das dinâmicas. O par fechou o encontro com uma frase de Confúcio para reflexão individual posterior: "*Todos bebem, todos comem, poucos distinguem os sabores.*" A decisão do par condutor foi, portanto, não discutir o pensamento de Confúcio naquele momento. Em se tratando de educação, nem sempre as respostas são imediatas. Às vezes os *insights* chegam muitos anos mais tarde. Tudo tem seu tempo e a dupla apostou nessa crença.

Tema: Afinal, o que é uma organização holística?

Os textos foram:

- o Capítulo 5 do livro *Gestão contemporânea: a ciência e a arte de ser dirigente,* de Paulo Roberto Motta, publicado no Rio de Janeiro pela Record, em 1991;
- o Capítulo 6 do livro *Renascença organizacional,* de Fela Moscovici, publicado no Rio de Janeiro por Livros Técnicos e Científicos, em 1989;
- o livro *Organizações e tecnologias para o terceiro milênio: a nova cultura organizacional holística,* de Pierre Weil, publicado no Rio de Janeiro pela Rosa dos Tempos, em 1991.

A dinâmica foi dividida em três partes: (a) introdução; (b) trabalho em grupo; (c) debate em plenário. A primeira parte teve a intenção de facilitar uma integração com o tema e criar um ambiente favorável à criatividade. A *arte cenográfica* entrou em cena. O par orientador da dinâmica usou *pôsteres,* música ambiente e uma couve-flor real, como símbolo holístico, pois cada uma de suas folhas reproduz o todo. Depois disso, o par fez um breve sumário dos pontos-chave dos textos, auxiliado pelo uso de transparências e tendo a música *O bolero,* de Ravel, como fundo musical. O cenário e a explanação objetivaram tocar alguns conceitos básicos relativos à organização holográfica, evocando sensação e sentimento e, possivelmente, produzindo uma construção holística.

Em um segundo momento, sete questões foram apresentadas. Elas tentavam aproximar assuntos sobre holismo em relação ao homem, à organização, aos paradigmas sociológicos, à dialética e à cultura. Os estudantes eram livres para formar os grupos, mas tinham de responder às sete questões. Então, eles tiveram limites, mas foram livres para organizar-se, como é próprio da organização holística.

O terceiro momento introduziu a música *Samba de uma nota só,* de Tom Jobim. O propósito foi ilustrar como grupos singulares de notas, uma vez juntas, podem construir uma expressão musical. Seguiu-se um debate no qual o conteúdo das respostas às questões apresentadas no segundo momento foram dadas pelos grupos de discussão.

O objetivo da dinâmica foi alcançado. Foi dada aos estudantes uma oportunidade para exercitar a razão, a emoção, a intuição na construção do que seria uma organização holográfica.

Para concluir

Do ponto de vista educacional, o desenvolvimento da disciplina Teoria das Organizações permitiu-nos observar o quanto o processo é multidimensional e admitir essa circunstância permite atender a características particulares de diferentes abordagens. Não foi uma mera oportunidade para estudantes realizarem tarefas durante o semestre. Eles tiveram a oportunidade de aprender a aprender, desenvolver potencialidades, estabelecer relações baseadas em visões críticas, buscar autonomia intelectual, redescobrir ou recriar conhecimento, saber-se como um ser do mundo, no mundo. Os debates, as discussões, os recursos utilizados os levaram a concretizar essas competências. Em suma, foi um esforço bem-sucedido para estabelecer a ponte entre teorias e o que é descoberto em classe. Para tanto, a busca de harmonização entre conteúdo (o explicitado nos textos) e a forma (dinâmicas, recursos, apresentações) foi fundamental. O texto de Benson sobre a visão dialética das organizações e a forma pela qual os estudantes manifestaram a tese, a antítese e a síntese é um bom exemplo.

Ao final de cada dia de aula, foi possível fazer breve avaliação do quanto a aula tinha ou não contribuído para o desenvolvimento de cada estudante. Eles fizeram auto-avaliações, para algumas das quais solicitei maiores explicações, tendo em vista o comportamento do estudante por mim observado. A idéia era provocar, mesmo. Mas sem ferir. No final do curso, a avaliação foi mais ampla. Conjunta, isto é, minha e dos estudantes, ela permitiu chegarmos à conclusão de que tínhamos acertado no formato geral do curso. Ao vivenciar um certo cenário, ao realizar uma dramatização, ao buscar envolver-se em tudo que surgia na sala de aula, ao assistir a um vídeo provocativo, os estudantes integraram as diferentes dimensões de cada ser humano. Não quer a educação formar o ser integral? Mas não foi uma avaliação ingênua. Identificamos vários aspectos que poderiam ser melhorados e outros que até deveriam. Pudemos mesmo identificar um risco desse tipo de desenvolvimento de um curso: os estudantes ficarem tão empolgados com a forma, que negligenciem o conteúdo, ou seja, que façam exatamente o contrário da proposta: harmonizar conteúdo e forma.

De minha parte, considero que, além da possibilidade não desejada de a forma suplantar o conteúdo, há dificuldades como, por exemplo, o par responsável pela dinâmica penetrar fundo nos textos, enquanto os outros estudantes negligenciam. Isso faz com que boa parte de recursos cognitivos que poderiam ser canalizados para os trabalhos se perca. Outra dificuldade está na competência criativa e no engajamento dos pares responsáveis pela dinâmica. Se pouco atraentes, as discussões também assim se tornam. Mas dificuldades, armadilhas, riscos, fazem parte do tecido individual, social, educacional, organizacional. Com eles também se pode aprender, em algum tempo de nossas vidas, mesmo que este tempo esteja bem distante daquele em que nos arranjávamos em uma sala de aula para estudar as teorias das organizações.

Organizações são espaços objetivos e subjetivos, únicos e contextualizados. São espaços complexos. São espaços humanos. Então, nosso esforço na disciplina Teoria das Organizações foi oferecer oportunidades para que os estudantes, auxiliados por outros pensadores e provocados por recursos diversos, como a arte cenográfica, o vídeo, a dramatização e a música pudessem ter a oportunidade de refletir sobre esses espaços, e que o fizessem integrando energia física, emoção, intelectualidade, espiritualidade. Mas foi, apenas, um oferecimento. Andragogicamente, a realização ficou por conta deles, adultos que eram.

A disciplina teve também uma avaliação de conteúdo. Penso que foi criativa. Mas discorrer sobre ela foge ao escopo do presente depoimento.

Concluindo

Arte no ensino da administração e administração com arte

Sylvia Constant Vergara, Eduardo Davel
e Djahanchah Philip Ghadiri

A arte expressa a vida com sua maneira própria, admitindo de quem a vivencia múltiplas interpretações e diferentes sensibilidades. Administração, por seu turno, é campo do conhecimento cuja prática tantos afirmam ser um misto de ciência e arte. Este livro deliberadamente juntou arte e administração, apresentando possibilidades de ensino da administração, com o uso de recursos artísticos.

A coletânea de depoimentos apresentada revela a inventividade e a inovação de professores na busca de fazer da sala de aula um espaço diferenciado, provocador do desenvolvimento integral do estudante, como ser corpóreo, racional, emocional e espiritual que é. A arte, sem dúvida, tem grande potencial para provocar tal desenvolvimento. Não foi sem razão que Fischer,[1] marxista, poeta, filósofo, escritor e jornalista austríaco, viu na arte a possibilidade de ajudar as pessoas a compreenderem a realidade e até a transformá-la.

A partir das experiências relatadas ao longo dos vários capítulos que compõem este livro, podemos refletir sobre implicações diversas. A arte e o ensino-aprendizagem com arte permitem repensar nossa prática como professores, pesquisadores e como gestores. As implicações são, então, de ordem pessoal, organizacional e de pesquisa. Permitem o vislumbramento de novos rumos. Vejamos.

---

1 FISCHER, E. *A necessidade da arte.* 5. ed. Rio de Janeiro: Zahar, 1976.

Implicações pessoais

Cada depoimento revela a ousadia do professor em buscar o enriquecimento de suas aulas, apresentar opções à tradicional aula expositiva, tentar expor-se ele mesmo à crítica e ao julgamento de estudantes e colegas. E crescer com isso.

Revela, também, humildade intelectual de professores quando explicitam que usaram um método de trabalho, avaliaram e, muitas vezes, reformularam o método. Foram experimentações realizadas, experiências vividas, descobertas feitas que alimentaram o processo de aprendizagem do próprio professor, um "eterno aprendiz".

Ao partilharem suas experiências com os leitores, os professores estão ilustrando a crença segundo a qual só criamos o mundo com os outros. Pondo-nos junto a outros, estamos realizando uma construção comum, como bem argumentam Maturana e Varela.[2]

Há implicações pessoais também com relação aos estudantes. Muitos passam a conhecer melhor o colega e a si mesmo, suas potencialidades, disponibilidades, receios, entregas, no momento de uma vivência com arte. Mente e coração se abrem.

Implicações organizacionais

Não raro, aulas como as do tipo aqui apresentadas foram as primeiras em determinado programa, curso ou escola. Houve um certo pioneirismo e, com ele, a abertura para outras experiências, sejam do mesmo professor, sejam de colegas. O campo didático/pedagógico se alarga.

Os cursos nos quais os recursos foram utilizados contaram com a adesão de estudantes na sua construção, implementação, avaliação e crítica. Concretizou-se o processo educacional como uma relação: a de ensino-aprendizagem.

Do ponto de vista pedagógico, cursos desta natureza provocam a aprendizagem de tipos diferenciados de comunicação além da linguagem escrita e oral, a compreensão desses tipos, suas múltiplas interpretações e significados, a reflexão crítica, a escuta, a sensibilidade, a interação entre estudantes e professor.

Fischer[3] lembra que toda obra de arte é condicionada pelo seu tempo histórico, representando idéias, aspirações, necessidades, esperanças de uma época e de um artista. Mas, ao mesmo tempo, a arte supera esse condicionamento e revela a promessa de constância no desenvolvimento humano. A arte transforma e ensina.

---

2 MATURANA, H.; VARELA, F. J. *A árvore do conhecimento:* as bases biológicas da compreensão humana. 5. ed. São Paulo: Athena, 2005.

3 FISCHER, E. *A necessidade da arte.* 5. ed. Rio de Janeiro: Zahar, 1976.

Alunos afirmam, por exemplo, que passaram a assistir a filmes com outros olhos. Certamente, são olhos mais conscientes, mais concentrados, mais cuidados. Mas houve casos de resistência de estudantes a recursos da arte. Quando isso acontece, abre-se ou reforça-se para o professor uma outra aprendizagem: a do próprio conceito de resistência. Por que isso acontece? Que elementos de identidade são perdidos por estudantes ao se defrontarem com uma novidade, fazendo-os a ela resistir?

Se a arte ensina, uma obra literária, uma peça de teatro, uma foto, uma pintura, um desenho, uma música ou outro recurso qualquer pode permitir ao estudante perceber que independentemente de posições hierárquicas, nível de escolaridade ou outras diferenças, pessoas têm medo, ira, afeto, gratidão, repulsa, enfim, têm sentimentos e emoções que fazem delas seres humanos. Shakespeare, por exemplo, aborda um lado humano das organizações que, historicamente, foi esquecido em prol de uma suposta racionalidade funcional.

Por outro lado, a percepção da objetividade e da subjetividade humana é relevante em uma organização, já que ela sustenta qualquer esforço de colaboração necessário à execução de trabalhos em equipe, por exemplo. Mesmo com suas diferenças, um propósito comum e um entendimento de tal propósito têm de ser alcançados pelos membros das equipes. Tal como a dança, uma organização é movimento que se realiza em função de objetivos, visões e negociações contínuas.

Na sua prática docente, o professor abre espaços para formas prazerosas de aprendizagem, cria elementos de troca, de partilha e de integração, apresenta ao estudante outras possibilidades didáticas além da tradicional exposição, ainda que dialogada. Esta circunstância lhe abre portas de sinalização aos estudantes para as limitações e as possibilidades presentes igualmente no contexto organizacional.

Implicações de pesquisa

Os depoimentos aqui reunidos trazem implicações para o campo das investigações, também. Por exemplo: revelam a especificidade de cada arte, assim como a multidisciplinaridade existente entre elas, como elas se nutrem, se completam, enfim, como cada arte revela sua singularidade e, ao mesmo tempo, sua conectividade com outras artes. Usá-las como metáforas para a compreensão das ações e interações humanas parece ser uma idéia fecunda em termos de pesquisa organizacional, pois enriquece nosso conhecimento sobre temas não somente diversos, como também fundamentais da Administração, por exemplo, liderança, estratégia, tomada de decisão.

Os textos chamam a atenção para a subjetividade humana e sua estreita relação com a objetividade. Neste sentido, reforçam o pensamento complexo, aquele que é capaz de ligar emoção e razão, unidade e diversidade, inovação e conservação.[4] A arte, por si só, incorpora significados de criação, de transformação, de inovação, indispensáveis a quem pretenda administrar. Pesquisas suportadas pela teoria da complexidade também se mostram atrativas.

Priorizando a arte como recurso didático, os textos somam-se a outros que elegem recursos de outra ordem para o enriquecimento pedagógico de aulas e revelam novos direcionamentos para o campo de estudos sobre ensino-aprendizagem da Administração.

Enfim...

Administrar é o que nos propomos a ensinar. Com base nos conteúdos aqui apresentados, nos propomos a ensinar com recursos da arte. Significa dizer que a proposta abraça a crença de que nós, professores, estamos o tempo todo aprendendo a perceber os processos sociais, estéticos e psicológicos envolvidos na aprendizagem, a sutileza das interações humanas, a racionalidade e a afetividade existente em cada estudante, como lhes provocamos esta mesma aprendizagem. Aproveitamos a arte e sua função de abrir portas, de ampliar e de singularizar o processo de aprendizagem.

Se formos bem-sucedidos, os estudantes adquirirão competências que lhes permitirão administrar com arte, isto é, compreendendo o contexto organizacional, sua diversidade, suas múltiplas visões e ações e, ao mesmo tempo, a busca de realização de um propósito comum de forma responsável e consciente. Se formos bem-sucedidos, os estudantes crescerão em sensibilidade e discernimento para lidar criativamente com outras pessoas no contexto organizacional, bem como com a complexidade que lhes é inerente.

Esperamos outros livros, outras experiências contadas, outras provocações. A criatividade demonstrada pelos professores parece não ter limites. Se nos dispusermos a partilhar nossas experiências, certamente contribuiremos para a geração de uma riqueza inestimável no processo de ensino-aprendizagem.

Rubem Alves,[5] educador, escritor, professor, comenta que Monet pintou inúmeras vezes um monte de feno. Mas em verdade ele não pintava um monte de feno, erva ceifada e seca; ele pintava a luz, espelhada no monte de feno. E o fazia percebendo-a não como uma coisa fixa; antes, como uma coisa móvel. Como disse Rubem Alves, devagar a luz ia se desnudando. Valho-me desta imagem para desejar que sejamos todos Monet, olhando cuidadosa, atenta e conscientemente para os recursos que a arte põe à nossa disposição e que ela possa desnudar a luz que existe em cada um de nossos estudantes.

---

[4] MORIN, E. *Ciência com consciência*. Rio de Janeiro: Bertrand Brasil, 1996.

[5] ALVES, R. *A escola com que sempre sonhei sem imaginar que pudesse existir*. Campinas: Papirus, 2001.

CTP, Impressão e Acabamento
IBEP Gráfica

e aqui Cole aqui

Sim. Quero fazer parte do banco de dados seletivo da Editora Atlas para receber informações sobre lançamentos na(s) área(s) de meu interesse.

Nome: ______

______ CPF: ______ Sexo: ○ Masc. ○ Fem.

Data de Nascimento: ______ Est. Civil: ○ Solteiro ○ Casado

End. Residencial: ______

Cidade: ______ CEP: ______

Tel. Res.: ______ Fax: ______ E-mail: ______

End. Comercial.: ______

Cidade: ______ CEP: ______

Tel. Com.: ______ Fax: ______ E-mail: ______

De que forma tomou conhecimento desse livro?

☐ Jornal ☐ Revista ☐ Internet ☐ Rádio ☐ TV ☐ Mala Direta

☐ Indicação de Professores ☐ Outros: ______

Remeter correspondência para o endereço: ○ Residencial ○ Comercial

e aqui

Indique sua(s) área(s) de interesse:

○ Administração Geral / Management
○ Produção / Logística / Materiais
○ Recursos Humanos
○ Estratégia Empresarial
○ Marketing / Vendas / Propaganda
○ Qualidade
○ Teoria das Organizações
○ Turismo
○ Contabilidade
○ Finanças
○ Economia
○ Comércio Exterior
○ Matemática / Estatística / P. O.
○ Informática / T. I.
○ Educação
○ Línguas / Literatura
○ Sociologia / Psicologia / Antropologia
○ Comunicação Empresarial
○ Direito
○ Segurança do Trabalho

Comentários

______

______

______

Corte aqui

ISR-40-2373/83

U.P.A.C Bom Retiro

DR / São Paulo

CARTA - RESPOSTA

Não é necessário selar

O selo será pago por:

editora atlas

01216-999 - São Paulo - SP

REMETENTE:

ENDEREÇO: